LES GRANDES BATAILLES DE LA GUERRE

VERDUN

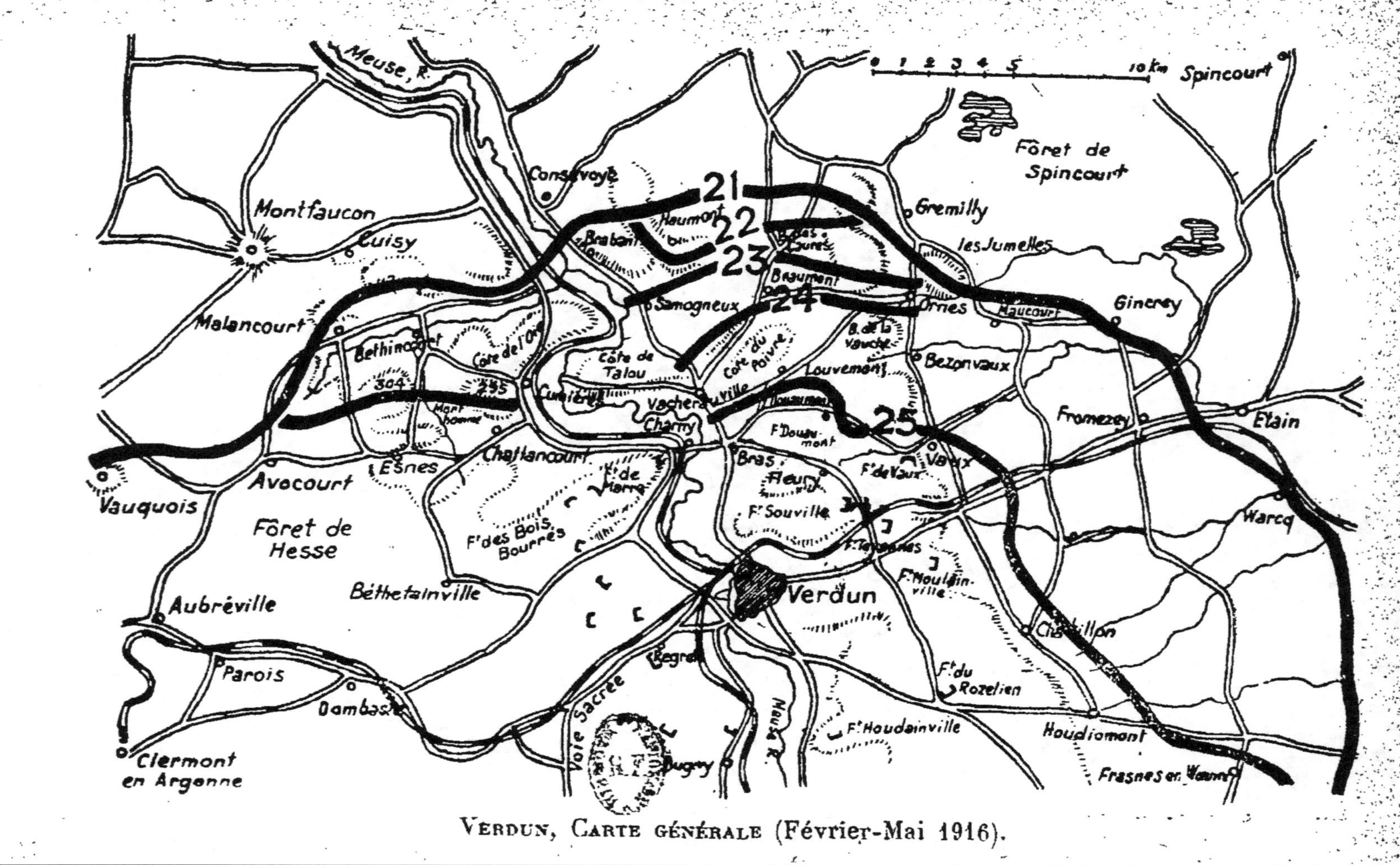

VERDUN, CARTE GÉNÉRALE (Février-Mai 1916).

LA BATAILLE

DE

VERDUN

PAR

Louis GILLET

PARIS ET BRUXELLES

LIBRAIRIE NATIONALE D'ART ET D'HISTOIRE

G. VAN OEST ET Cⁱᵉ, ÉDITEURS

1921

LA BATAILLE

DE

VERDUN

PAR

Louis GILLET

PARIS ET BRUXELLES

LIBRAIRIE NATIONALE D'ART ET D'HISTOIRE

G. VAN OEST ET Cⁱᵉ, ÉDITEURS

1921

A MES ANCIENS CAMARADES

DE LA IIe ARMÉE

SOUVENIR DES TEMPS MAGNIFIQUES.

AVANT-PROPOS

« Dans presque toutes les batailles napoléo-
niennes, on trouve un point de résistance sur
lequel la manœuvre s'appuie, un point fixe autour
duquel le mouvement se développe. A Auster-
litz, c'est Davoust qui tient la droite et qui
maintient de front les colonnes autrichiennes et
russes tandis qu'Oudinot et Soult les chargent en
flanc ; à Wagram, c'est Masséna qui tient à Aspern
et à Essling contre les attaques furieuses de la
droite autrichienne, pendant que la batterie de
Drouot enfonce le centre, et qu'au loin, vers
Neusiedel, Davoust dessine son mouvement enve-
loppant. La destinée des corps chargés de ces
opérations de résistance est particulièrement dure.
On n'y doit employer que le minimum de forces et,
tandis que l'adversaire vient s'y épuiser, d'autres
corps recueillent les fruits de cette résistance victorieuse et prononcent la manœuvre qui reste dans
la mémoire des hommes. A Friedland, tout le
monde se rappelle la charge magnifique de Ney :

mais elle n'a été rendue possible que par la résistance héroïque des premières troupes engagées, ces corps de Mortier et de Lannes qui ont tenu tête, inférieurs en nombre, à toute la masse de l'ennemi. Pour que la victoire se dessine sur un point, il a fallu que sur un autre une troupe se changeât, comme la garde consulaire à Marengo, en redoute de granit [1]. »

J'emprunte cette page lumineuse au plus brillant de nos chroniqueurs militaires, M. Henry Bidou. Tout le monde sait en effet qu'à la fin de 1915, les Alliés se sont mis d'accord pour agir tous ensemble et livrer à l'ennemi une immense bataille concentrique, qui commencerait sur tous les fronts à la date du 1er juillet. L'Allemagne, en prenant les devants à Verdun, n'a eu d'autre objet que de traverser nos desseins et de mettre hors de cause l'adversaire principal, sans attendre l'arrivée des autres. Le nôtre, au contraire, n'a été que de gagner du temps et, tout en vendant cher à l'ennemi ses succès, de ménager nos forces en vue de notre propre offensive. Seulement, il se trouve que cette offensive n'a pas joué à fond, ou du moins qu'elle n'a pas eu, après des débuts magnifiques, le résultat qu'on attendait. Si bien que cette fois ce n'est pas la charge des cosaques de Broussiloff, ni

---

1. *Situation militaire* du 5 juillet 1916.

celle de l'infanterie française devant Péronne, ou celle des Britanniques devant Contalmaison, qui « restent dans la mémoire des hommes ». C'est la bataille défensive, c'est l'immense « cimetière d'Eylau » des plateaux de la Meuse qui demeurent le tableau, l'épisode immortels et déjà légendaires. L'année 1916 est l' « Année de Verdun ».

Tout ceci a été expliqué d'une façon supérieure dans l'ouvrage de M. J. Reinach qui porte précisément ce titre et forme le deuxième volume de *La Guerre sur le front occidental* [1]. Je n'y reviendrai pas dans les pages qu'on va lire. Je ne m'y suis occupé de la situation générale que dans la mesure où des éclaircissements de ce genre étaient indispensables à l'intelligence de la bataille. En revanche, je me suis efforcé de mettre en lumière les répercussions de cette bataille sur l'ensemble de la situation, l'influence qu'elle a exercée sur l'évolution de l'armement et des idées tactiques, et en particulier sur la genèse de la bataille du 16 avril 1917.

Sans doute, une histoire véritable de la bataille de Verdun ne sera pas possible avant de longues années, aussi longtemps que les documents ne seront pas publiés par notre état-major, et que les Allemands, de leur côté, n'auront pas ouvert leurs

---

1. J. Reinach, *L'Année de Verdun*, Paris, Fasquelle, 1918.

archives. Même alors, beaucoup de faits demeure-
ront obscurs et seront controversés jusqu'à ce que
les mémoires des principaux acteurs, leurs corres-
pondances intimes, les souvenirs de leurs familiers
apportent leurs lumières. Une critique sévère devra
présider alors à l'examen de ces sources. Ce travail sera l'œuvre de plusieurs générations d'élèves
et de professeurs de notre École de guerre. Les
diplomates, dans des questions qui par tant de
côtés touchent à la politique, auront à dire leur
mot. Dans cinquante, dans cent ans peut-être
nos petits-neveux auront-ils des chances de connaître ces secrets d'État, s'ils s'en soucient encore
et n'ont pas pour eux-mêmes de problèmes plus
urgents à résoudre.

En attendant, j'ai cru permis de procéder à un
premier débrouillage des faits, à un premier essai
de composition. Était-il interdit de chercher dans
l'immense bataille quelques groupes de faits, des
masses, des traits simples d'où résulte un dessin ?
Il m'a paru que la chose valait la peine d'être
tentée. J'avais un modèle et un guide : le remarquable rapport qui a paru sans nom d'auteur dans
l'été même de 1916, sous le titre : *La victoire de
Verdun, une bataille de 131 jours*. Mais ce guide,
qui d'ailleurs n'a jamais été accessible au public,
s'arrête à la date du 15 juillet et ne comprend par
conséquent qu'un fragment de la bataille. Les

ouvrages de M. G. Jollivet et de M. Henri Dugard [1]
sont moins des essais historiques que des compila-
tions d'articles de journaux. Des récits fragmentaires
ont été publiés dans le *Bulletin des armées* et dans
diverses revues, telles que l'*Illustration* [2]. L'un des
plus beaux à tous égards est celui de M. Henry Bidou
dans la *Revue des Deux Mondes* du 1er mai 1916.
Faut-il nommer encore ces livres (le lecteur l'aura
fait avant moi) du commandant Henry Bordeaux,
son *Épopée de Vaux-Douaumont* [3] ? Vingt autres
ouvrages ont paru, souvenirs, lettres de combattants
sur divers épisodes de la grande bataille, souvent
fort beaux, comme les lettres du R. P. Dubrulle,
celles d'Augustin Cochin, les notes du capitaine
Delvert, du commandant Raynal, du lieutenant Péricard, ou l'émouvant journal que M. P.-A. Muenier
intitule : *l'Angoisse de Verdun*. On n'attend pas que
je dresse ici cette bibliographie [4], dont l'abondance
même atteste l'impression prodigieuse produite
par cette bataille, la trace légendaire qu'elle laisse
dans les âmes. Ce sont là les éléments d'un *roman-*

1. G. Jollivet, *L'Épopée de Verdun*, Paris, Hachette, 1916.
H. Dugard, *La victoire de Verdun* (21 février 1916-3 novembre
1917). Paris, Perrin, 1919.

2. Voir en particulier les remarquables études de M. André
Tardieu, *Notre infanterie* et *Notre artillerie à Verdun*, dans
l'*Illustration* d'avril 1915.

3. *Les derniers jours du fort de Vaux, les Captifs délivrés*,
2 vol., Plon, 1916 et 1917.

4. On la trouvera esquissée dans l'ouvrage de Henri Dugard.

cero de Verdun. Nul autre épisode de la guerre, hormis peut-être la Marne, n'a produit une pareille floraison de poésie[1]. Et cela s'explique aisément : c'est peut-être la bataille où l'homme a le plus souffert.

En ramenant les faits à leur plus simple expression, on voit que la bataille se compose de deux parties : offensive allemande du 21 février au 11 juillet, et même au 1er août 1916, contre-offensive française à partir de cette dernière date. A ce moment, l'intérêt de l'ennemi est de laisser la bataille s'éteindre, le nôtre est de la rallumer. Terminée dès le 1er août 1916 en tant qu'offensive allemande, elle reprend le 24 octobre en tant qu'offensive française, pour se continuer le 15 décembre et le 20 août 1917. La division en « livres » m'avait séduit d'abord pour exposer le rythme de ces deux batailles inverses. Une telle simplification aurait eu l'inconvénient de coûter le sacrifice de trop de nuances. Elle conduisait à considérer la bataille de Verdun comme une chose indépendante, dirigée par deux volontés continuellement maîtresses de toutes leurs décisions, alors que la réalité offre un spectacle bien

---

1. Deux de ces poèmes au moins sont des chefs-d'œuvre qu'il faut citer ici : c'est la *Passion de notre frère le Poilu* par M. Marc Leclerc, et, dans le recueil de Maurice Bouniols, intitulé : *Sans gestes*, le magnifique poème du *Coureur*.

différent. A dire vrai, la bataille de Verdun ne peut pas s'isoler de l'histoire de la guerre. Elle entre comme composante dans la trame des faits. Elle commence dès les premiers jours de septembre 1914 et ne se termine qu'au 11 novembre 1918, avec de longues éclipses où l'intérêt se porte sur d'autres champs de bataille. Mais alors même son importance latente ne laisse pas de se faire sentir. Du commencement à la fin, sur le front occidental, Verdun joue le rôle de pivot. C'est ce qui explique l'acharnement de la bataille de 1916, quand les Allemands ont résolu de le faire sauter. L'état-major allemand, à propos de la capture d'un des forts de Verdun, a prononcé imprudemment le mot de « pierre angulaire ». On peut dire, en toute vérité, que Verdun dans cette guerre a été, comme l'écrit Bidou, le « pilier angulaire » d'une immense bataille des nations.

On ne trouvera dans ce livre aucune trace des polémiques auxquelles a donné lieu la bataille de Verdun, ni aucun élément propre à les réveiller. L'histoire, en définitive, même celle d'un phénomène d'héroïsme collectif comme celui qui nous occupe, se ramène toujours à l'action de quelques individus. Le peuple ne change pas. Le poilu de Verdun est sublime, mais aurait-il gagné la guerre sans ses chefs ? En dernière analyse, il faut toujours en revenir, en histoire, à l'action des héros.

Ces grandes figures sont de caractères et de tempéraments divers. Elles se détachent différemment sur le fond de la tragédie. J'ai essayé de peindre chacune d'elles avec l'admiration et la reconnaissance que leur doit un Français, et avec le sentiment que l'historien doit avoir de la vie.

Je ne me dissimule pas les lacunes et les imperfections que présente ce petit ouvrage. D'autres le compléteront sans peine par de nouveaux documents. En dehors des sources que j'ai citées, j'en ai connu d'originales. Surtout, j'ai eu l'honneur, pendant une partie de la bataille, de vivre les faits que je raconte. Beaucoup se sont passés sous mes yeux. J'en ai fréquenté les acteurs. J'ai longtemps respiré l'air héroïque de la bataille. Si ce livre vaut quelque chose, c'est par là qu'il le vaut. Ce serait dommage, en effet, si nous devions, faute de connaître tous les documents, être condamnés à tout ignorer des faits contemporains. L'histoire ne se trouve pas tout entière dans les archives. Grâce à Dieu, il y a une part de la vérité qui n'est pas déposée dans la poudre des paperasses. C'est l'atmosphère, c'est la couleur elle-même des choses, c'est l'émotion qu'elles dégageaient, c'est tout ce qui constituait leur vie. Cela aussi est de l'histoire. Si un peu de cette atmosphère a passé dans ces pages, s'il s'y retrouve une trace de l'émotion et de l'orgueil qui nous soulevaient quand nous avions conscience, à Verdun, de vivre les heures de notre vie les plus dignes d'être vécues ; si mes anciens camarades de la IIe armée reconnaissent ici la nuance de ce que furent nos impressions, nos angoisses, nos gloires communes, alors le but de ce livre est rempli : qu'ils veuillent bien l'accueillir comme un souvenir de mon affection et, pour la place qu'ils m'ont faite longtemps à côté d'eux, un témoignage de ma reconnaissance.

VERDUN

CHAPITRE PREMIER

RAISONS DE L'OFFENSIVE ALLEMANDE
LE TERRAIN. — LES PRÉPARATIFS

A la fin de 1915, l'Allemagne se trouve dans une situation brillante et difficile.

A l'ouest, ses troupes sont à Noyon, mais l'armée française est intacte et se montre une ennemie mordante et redoutable. A l'est, une campagne magistrale l'a menée aux portes de Riga, mais l'armée russe a échappé à l'anéantissement; en Macédoine, après l'écrasement de la Serbie, elle se trouve en face de notre armée de Salonique. En Vénétie, l'armée italienne dessine sa menace sur Trieste. Sur la carte, partout (en exceptant la mer) des gains de territoires, des succès éclatants, des gages : en réalité, aucun ennemi n'est abattu et de nouveaux adversaires se lèvent.

L'Angleterre achève d'instruire son armée de volontaires et elle est à la veille de s'imposer la conscription obligatoire.

L. GILLET.

Depuis le début de la guerre, ce n'est un secret pour personne que les ressources des Alliés sont bien supérieures à celles de l'Allemagne. L'Allemagne le sait et en tire orgueil. Il lui plaît de se battre contre un monde d'ennemis. Elle se flatte d'en venir à bout par d'autres avantages : sa position centrale et surtout l'excellence de l'organisation et du commandement. Si les Alliés parvenaient à agir tous ensemble, l'Allemagne courrait le plus grand danger de son histoire. Mais elle compte sur les difficultés de l'entente dans une coalition, et sur d'autres raisons qui empêcheront toujours les Alliés d'être prêts à la même heure. Or, il semble que cette fois, les Alliés aient réussi à concerter entre eux cet effort commun et à convenir d'un plan d'ensemble pour le printemps de 1916. Dans une circonstance semblable, Frédéric II n'avait dû son salut qu'à une paix séparée avec la Russie : il traita et se tira d'affaire. En 1915, la Russie n'était pas encore disposée à trahir : mais il lui fallait plus de six mois pour refaire ses armées. Il en faut autant à l'Angleterre pour donner le plein de ses forces. La situation, au bout de quinze mois de guerre, se retrouve donc à peu près telle qu'au premier jour : des ennemis à l'est et à l'ouest, qui seront formidables si on leur laisse le temps de conjurer leurs forces. Il faut donc profiter du délai qui leur est nécessaire et les battre séparément, avant qu'ils aient pu se réunir.

C'est ainsi que menacée d'une attaque générale à l'échéance du printemps ou de l'été de 1916, l'Allemagne ne pouvait pas ne pas prendre l'offensive. C'était le jeu correct, et c'était le parti conforme à son tempérament. Elle n'avait d'autre alternative que d'attendre l'assaut avec ses chances toujours douteuses, ou de le devancer par quelque coup écrasant. Elle fit le choix que dictaient la doctrine et l'instinct militaires : elle prit le parti d'attaquer.

Elle pouvait le faire à l'Est, et achever d'accabler la Russie : c'était l'opinion d'Hindenburg. L'Empereur jugea plus habile de ménager le tzar et de réserver pour l'avenir une alliance des trois empereurs. Que fût-il arrivé si l'effondrement russe avait eu lieu un an plus tôt ?

Cependant, le parti du front occidental ne manquait pas de bonnes raisons : c'est la France qui était l'adversaire principal, c'est le seul qui possédât une armée redoutable, l'armée anglaise ne comptant pas encore et l'armée russe étant hors de cause pour longtemps. C'est la France qui était le nœud de la coalition. Battre la France, c'était donc ruiner les espoirs de l'Entente, casser les reins à sa puissance militaire. Cela fait, il serait aisé de composer avec les autres pays ou de les mettre à la raison. C'était donc à la France qu'il fallait d'abord régler son compte. Il ne s'agissait que de reprendre les choses où les avait laissées la bataille de la Marne. Depuis cette époque, l'Allemagne n'avait cessé d'entretenir en France les deux tiers de ses forces (122 divisions sur environ 170). Le matériel était à pied d'œuvre. Le front était voisin des bases d'opérations. C'est là qu'un grand succès aurait le plus de retentissement, produirait le plus d'effet politique et moral, troublerait davantage le système nerveux de la coalition. C'est là qu'on pouvait espérer les plus grands résultats. C'est donc là qu'il fallait frapper. Le parti de l'offensive en France l'emporta, et résolut de faire son coup dans le secteur de Verdun.

II

Pourquoi Verdun ?

Pour une armée partant de Metz, le premier obstacle
sur la route est cette muraille verticale, dressée entre
la Lorraine et l'Argonne, et qu'on appelle les Hauts-de-
Meuse. Vers le nord, cette muraille porte un bastion,

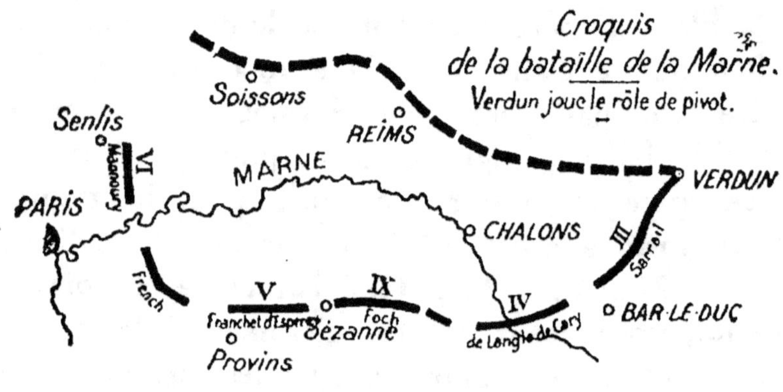

Verdun ; elle en porte un second au sud, Toul ; un
peu en avant de Toul, Nancy. Si l'envahisseur ne veut
pas se buter à cette muraille il n'a pour la tourner que
deux passages ouverts, l'un au sud par la trouée de
Charmes, l'autre au nord par Varennes et la vallée de
l'Aire. C'est ce double mouvement qu'il tente en 1914.
Le mouvement échoue au sud sur le Grand-Couronné.
Il réussit au nord et c'est par ce couloir de Varennes
que se précipite l'armée d'invasion du Kronprinz. Mais
Verdun, défendu par la IIIe armée (Sarrail), tient bon :
l'ennemi s'engouffre dans la poche qui se creuse à
l'ouest, et c'est en s'appuyant d'une part au camp

retranché de Verdun, de l'autre à celui de Paris, que Joffre peut monter sa manœuvre de la Marne.

L'ennemi le comprend et quelques jours après, veut prendre sa revanche : n'ayant pu déborder par l'ouest

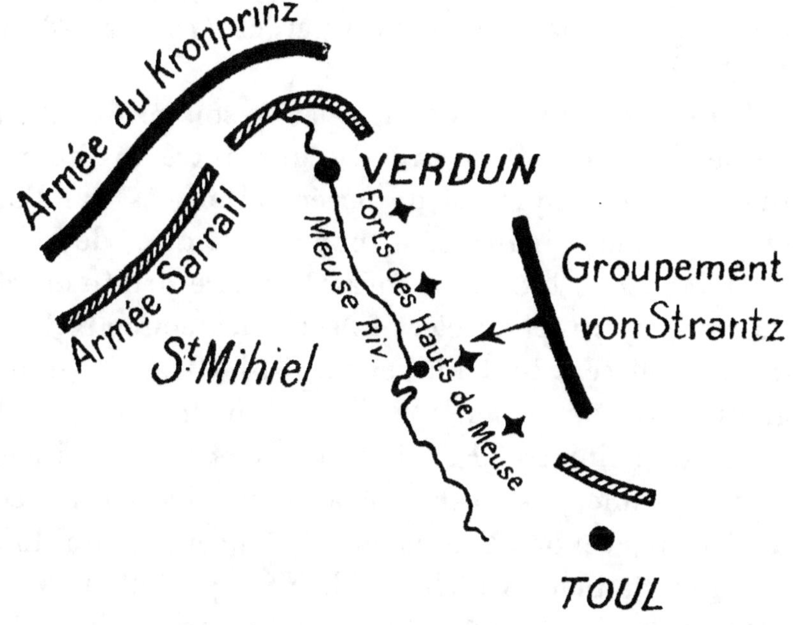

Croquis n° 2.
Attaque du G¹ von Strantz.
23 septembre 1914.

Ch. I.

ni par le sud, il ose directement l'escalade par l'est, afin de forcer au centre par la brèche de Spada. Il y jette brusquement quelques divisions bavaroises. Celles-ci ne rencontrent devant elles que de faibles éléments de réserve (67ᵉ D. I.), qu'elles enfoncent à Hattonchatel. L'ennemi réussit même à forcer le passage de la rivière, mais il est contenu là dans une position en flèche, dont nous ne parvenons d'ailleurs pas à le déloger (20-25 septembre 1914). C'est le fameux saillant ou la hernie de Saint-Mihiel. Tous nos efforts pour le réduire n'aboutissent qu'à la conquête sanglante de la crête des Éparges (18 mars-6 avril 1915).

Mais l'ennemi ne renonce pas à son projet d'envelopper Verdun. Il s'y prend d'une autre manière, par une série d'attaques et de pesées alternées par l'ouest et par le sud, où il essaie, pour ainsi dire, de scier et de détacher le bloc que forme à notre droite ce pilier du camp retranché : c'est le sens des combats furieux qui remplissent tout l'hiver de 1914-1915, et qui firent alors à l'Argonne, au Bois Brûlé, au Bois d'Ailly, leur réputation sinistre. Peu à peu ces combats s'apaisent aux deux ailes, et c'est nous au contraire qui au cours de l'été parvenons à nous élargir au centre et à donner de l'air à la place vers le nord. Nous portons nos lignes jusqu'à Brabant, mais nous nous heurtons sur les flancs, de part et d'autre de la Meuse, aux gros obstacles de Montfaucon et des Jumelles d'Ornes.

Telle est en peu de mots la situation locale au début de 1916. On voit l'importance que les Allemands ont attachée dès le premier jour à cette position de Verdun. Même quand les combats s'y arrêtent, ils y laissent leur plus forte armée. Cette armée (la Ve), que commande l'héritier du trône, le Kronprinz impérial, comprend trois corps d'armée (le VIe et les Ve et VIe corps de Réserve), plus trois divisions, la 5e de Landwehr, la 33e de Réserve et la 6e Bavaroise. Il est clair qu'une telle force est là pour quelque chose.

On s'est souvent demandé pourquoi les Allemands

au lieu d'attaquer à Verdun, n'ont pas cherché des buts plus positifs et plus pratiques, tels que la prise de Dunkerque, si menaçante pour l'Angleterre, ou tenté de percer sur Compiègne, pendant qu'ils étaient à Noyon ? On n'a généralement trouvé que des réponses d'ordre politique. Il est étrange qu'on n'en ait pas donné de militaires. Il a fallu attendre la campagne de 1918 pour nous expliquer les raisons de celle de 1916.

Le 15 juillet 1918, en effet, après leur seconde percée sur la Marne, quand on vit les Allemands toucher presque Paris, pourquoi leur nouvelle offensive, au lieu de foncer au plus court par la vallée de l'Oise, s'est-elle ruée à l'est de Reims en direction de Châlons ? Pourquoi cette attaque latérale, ayant l'aspect d'une diversion ? On a dit que Ludendorff ne cherchait qu'un succès, un coup de théâtre fructueux qui fût la répétition de celui du 27 mai. Explication frivole que ne permet pas la gravité des circonstances. Il est visible que Ludendorff, au moment de la « deuxième Marne », se souvenait de la première. Il ne veut pas refaire la faute qui, en septembre 1914, a ruiné le plan de Moltke, et s'avancer comme lui sur la route de Paris, tant qu'il a dans le dos ce poignard de Verdun. Aussi longtemps que ce bastion de Lorraine subsiste, aucune manœuvre entre Aisne et Oise n'est en sécurité. C'est pourquoi Ludendorff, avant de se jeter sur Paris, procède méthodiquement par cette vaste attaque, d'apparence excentrique, ayant pour objet d'isoler ou de masquer Verdun, peut-être de le faire tomber par brusque débordement au sud, en tout cas de nous rendre incapables d'une riposte dans le flanc gauche allemand. A un certain moment, tout pas en avant sur Paris a pour condition une opération préalable consistant à éliminer le danger de Verdun.

Ludendorff a donc joué la règle en juillet 1918. A quel point il avait raison, la suite des événements le prouve : on l'a vu en septembre, lorsqu'à la formidable attaque frontale de l'armée Haig en direction de Cambrai, Foch conjugua l'attaque subite de l'armée Pershing sur l'Argonne et Saint-Mihiel. On allait le revoir encore, en novembre, lorsqu'une nouvelle attaque de Boissoudy dans les Flandres allait s'articuler sur un coup direct de Castelnau et de Mangin en direction de Metz : l'ennemi aperçut le désastre inévitable et préféra capituler [1].

Toutes ces manœuvres de 1918 reproduisent le dessin ou l'ébauche de 1916, qui n'est elle-même qu'une variante sur le thème de la Marne de 1914. Dans cette triple campagne, Verdun joue le rôle de pivot. C'est sur ce bastion lorrain que s'arc-boutent dans la défensive tous nos redressements ; c'est sur lui que, dans l'offensive, s'appuient nos élans les plus rudes. Verdun, dans toute cette guerre, est le gond de la porte qui roule et qui s'ouvre tantôt sur la France, tantôt sur l'Allemagne.

1. Dans ses *Mémoires*, Ludendorff confirme pleinement cette vue. Voici comment il s'exprime sur l'attaque de 1916, attaque qu'il n'approuvait pas en principe, parce qu'elle le condamnait à l'inaction sur le front oriental : « Le choix de Verdun comme secteur d'attaque était un bon choix stratégique. Cette place constituait contre nous une porte d'invasion extrêmement dangereuse ; elle menaçait toutes nos communications de la manière la plus gênante, *comme on devait le voir d'une façon aiguë dans l'automne de 1918*. Fussions-nous parvenus à nous emparer seulement des forts de la rive droite cela eût été déjà pour nous un grand succès. Toute notre situation stratégique sur le front occidental, et les conditions d'existence de nos troupes dans le saillant de Saint-Mihiel s'en seraient trouvées singulièrement améliorées. » *Kriegserinnerungen*, Berlin, 1919, p. 162. — Cf. plus loin, Appendice A.

On pourrait soutenir que la guerre tourne tout entière autour de cette place de Verdun. C'est pour contourner cet obstacle que l'État-Major allemand prend, en août 1914, le parti de violer le territoire belge, au risque de provoquer l'Angleterre. Il échoue, parce que Verdun n'est pas tombé. C'est pourquoi, en 1916, il prendra mieux ses mesures. La conquête de Verdun est le prologue indispensable de toute opération ultérieure sur Paris. Après ce premier acte, les Allemands en prévoient-ils un second, un troisième ? C'est un point qui sans doute ne peut être éclairci, aussi longtemps que l'Allemagne n'aura pas publié ses directives les plus secrètes. Il suffisait de montrer ici que l'opération sur Verdun était dans la logique profonde de la guerre, et que pour des hommes que n'effrayaient pas les grandes choses, elle s'imposait en quelque sorte avec le caractère de la nécessité.

III

Les plateaux de Verdun où allait se passer la scène de la bataille, sont les derniers de cette série de plateaux successifs, qui de l'Ile-de-France à la Lorraine s'étendent tous avec leur bord relevé face à l'est, et que Bidou compare à une pile de livres renversés[1]. La Meuse les divise du sud au nord. Le plateau de gauche, composé de marnes et de sables, offre un dessin un peu émoussé.

Celui de droite présente un aspect plus homogène. Aperçu d'une des hauteurs de la rive gauche, il se

---

1. *La bataille de Verdun*, dans la *Revue des Deux Mondes* du 1ᵉʳ mai 1916.

présente sous l'aspect d'une sorte de longue digue,
d'une chaussée de construction romaine, bâtie en
grands blocs de calcaire, comme en témoignent les
carrières qui abondent sur ces hauteurs ; mais ce calcaire décomposé à sa surface par l'action des pluies et
par le revêtement de l'humus et des bois, s'y est transformé en une argile qui arrondit tous les contours,
amollit les profils, empâte les reliefs et donne à cette
partie du terrain son aspect particulier de paysage
convexe. Ce long mur, uniformément large d'une
dizaine de kilomètres, court sans interruption le long
de la Meuse et forme une terrasse continue séparant
la vallée des marécages de la Woëvre. La rivière n'est
guère ici qu'un fossé, une rigole d'écoulement en bordure de cette terrasse, recueillant les eaux qui en ruis-
sellent d'une hauteur de plus de cent mètres. Il en
résulte que les ravins où coulent ces cours d'eau
deviennent vite très profonds. « Tel de ces ruisseaux,
comme celui qui a formé le ravin de Bras, descend des
environs de Louvemont, à l'altitude de 350 mètres, et
se jette dans la Meuse vers la côte 197, s'enfonçant
de 150 mètres sur un trajet de quatre kilomètres [1]. »
Le même phénomène se reproduit à l'Est pour les
eaux qui coulent vers la Woëvre. De ce côté aussi s'est
formé tout un système de ravins qui débouchent en
plaine à l'altitude de 225 mètres. Le plus important de
ces ravins pour l'histoire de la bataille est celui qui
débouche au village et à l'étang de Vaux. Tous ces
cours d'eau ont donné surtout à cette partie des côtes
de Meuse un contour dentelé, festonné, comme modelé
au pouce dans une matière grasse. Seule la ligne de

1. Bidou, *loc. cit.*

partage constitue dans ce plateau un faîte non ébréché. C'est sur cette arête qu'il faut chercher les points culminants de la région : le fort de Douaumont et le fort de Souville, tous deux à l'altitude de 388 mètres. C'est là évidemment la clef du champ de bataille.

Un dernier trait complète le tableau : ce sont les forêts, les couverts qui tapissent tantôt les hauteurs et tantôt les flancs des collines, formant partout sur les deux rives de larges nappes sombres, restes de l'immense forêt primitive qui couvrait de son ombre cette marche des Gaules. Peu de cultures, et de rares villages sur les plateaux ; quelques fermes isolées seulement aux abords d'une source. Les habitations se rassemblent presque toutes dans la vallée, échelonnées au fil de l'eau, le long de la rivière, ou bien à l'Est au pied des côtes, à l'abri des ravins qui descendent vers la Woëvre. Tout ce paysage cloisonné et compartimenté semble construit comme une forteresse naturelle. Les couverts, les ravins y offrent des cheminements, d'excellentes positions d'artillerie. Chaque bois, chaque taillis peut être transformé en redoute. Si les embranchements des vallées, si leurs ramifications multiples prêtent aux dangers de la manœuvre et de l'infiltration, aux progressions par surprise, les crêtes d'autre part présentent de merveilleux observatoires ; partout des escarpements, des glacis, des flanquements comme ceux que recherchent les ingénieurs. Les sommets enfin, les différents étages de hauteurs donnent des commandements, des vues, ce que Bidou appelle supérieurement une « hiérarchisation » du terrain.

Il n'y aurait peut-être pas de scène mieux faite pour la guerre, sans cette large coupure de la Meuse qui la sépare en deux parties. Cette circonstance d'un champ de bataille scindé en deux moitiés et, qui plus est, formant saillant — saillant déjà fort compromis à la base par le « coin » de Saint-Mihiel qui s'y enfonce en coup de hache, — est particulièrement défavorable au défenseur. Attaquer un ennemi qui a une rivière à dos a toujours passé pour une des meilleures conditions de succès (bataille de Dresde, 1813). Ajoutez que l'hiver, la Meuse est débordée et forme une nappe d'eau large comme le Rhin à Dordrecht. Il n'en fallait pas davantage pour engager les Allemands à choisir ce secteur d'attaque. Il n'en est que plus inexplicable qu'ils n'aient pas exploité à fond cet avantage en attaquant par les deux rives.

Sur cette rivière, à deux lieues en amont du grand coude de Champneuville, dans un élargissement de la vallée où les collines qui l'entourent s'écartent en forme de cirque, s'est tenu de tout temps un marché (*macellum*, rue Mazel), où les tribus barbares venaient faire leurs échanges avec les tribus de la rive gauche. Ce couloir de la Meuse dont Verdun est la clef, a toujours été la grande voie de pénétration du monde germanique. Une citadelle gallo-romaine y succède à une vieille acropole celtique. Plus tard, la citadelle se double d'une abbaye. C'est là que les petits-fils de Charlemagne se partagent l'empire paternel. Pendant des siècles, la Meuse fut la limite entre les domaines de l'héritage de Charles le Chauve et ceux de son frère, souverain de la Lotharingie ; la France finissait sur la rive gauche, l'Empire commençait sur la rive droite. La Porte Chaussée, qui ouvre ou ferme le pont jeté entre les deux rives, faisait communiquer deux mondes.

Ainsi la destinée est écrite dans la figure des choses, et l'histoire résulte des formes de la nature. Rien de plus vrai que l'art d'un Poussin, l'art du paysage « historique » ; rien de moins arbitraire que le choix des champs de bataille. Une loi éternelle les prépare pour y débattre le sort du monde et préside aux rencontres et aux conflits des peuples, comme elle a tracé le cours des eaux et celui de la vie. Chaque pays n'en présente qu'un petit nombre : plaines d'Artois ou des Flandres, collines de Saint-Quentin et falaises de l'Aisne, Champagne des Champs catalauniques, défilés de l'Argonne, on s'est battu dans cette guerre aux lieux ensanglantés par toute notre histoire. La nature a formé des paysages tragiques, comme elle a fait des âmes et des races de soldats. Nulle part ce caractère héroïque n'apparaît plus visible que dans les traits de ce rempart, de cette volonté éternellement militaire.

Quand la ville devint française au xvıᵉ siècle, par le retour des Trois Évêchés à la Couronne, Henri II se hâta de la fortifier et confia ce travail au premier ingénieur du siècle, Errard de Bar-le-Duc. Louis XIV fit refaire les remparts selon la formule de Vauban. Après la guerre malheureuse de 1870, quand nous perdîmes le sommet du triangle lorrain avec la place de Metz, la construction du camp retranché d'après un système nouveau, répondant aux progrès modernes de l'artillerie, fut l'œuvre capitale de Séré de Rivières. Les principaux ouvrages dataient de 1890.

Il faut dire enfin que Verdun exerce sur l'âme allemande une sorte de mirage étrange. La vieille ville du pacte de 843, la ville où se traita le partage du monde, est un séjour de ses éternelles rêveries. L'imagination germanique vient battre sans repos ce seuil de l'Occident. Les puissances du sentiment ajoutent leur attrait aux convoitises qui lui montrent une si riche proie. Toute l'Allemagne a franchi vingt fois ce point de passage. Gœthe a cantonné à Verdun. Il arrive que dans ces songes ou dans ces souvenirs la ville et le pays se confondént : la porte de la France, dans les proclamations allemandes, devient parfois le cœur de la France : *Herz Frankreichs...*

IV

On a vu que le saillant de Verdun, coupé en deux parties par le cours de la Meuse, et déjà entamé à la base par la hernie de Saint-Mihiel, semblait offrir à l'assaillant des conditions exceptionnelles. Il était, comme tous les saillants, battu par des feux convergents qui venaient à la fois sur presque trois quarts de cercle. Nos progrès de l'été 1915, en dilatant nos positions vers le nord et vers l'est, étaient loin d'en avoir accru la solidité. Ils n'avaient fait qu'étendre les dimensions du saillant, sans en corriger la faiblesse. Ils avaient échoué à chasser l'ennemi des deux observatoires sans lesquels la possession de tout l'espace intermédiaire n'était qu'une possession précaire : ils étaient venus buter à l'Ouest devant Cuisy, à l'Est devant les Jumelles d'Ornes. Ces hauteurs sont une sorte d'îlot que les Côtes de Meuse détachent en avant vers la Woëvre, comme la colline de Montfaucon se projette vers le nord du plateau de la rive gauche. Ces collines boisées sont en outre de précieuses positions de batteries. Comprimée sur les flancs entre ces deux butoirs, notre ligne ne représentait qu'une position aventurée, bombée « en verre de montre »[1] et destinée à éclater à la première pression un peu forte.

Cette situation délicate n'avait pas échappé à notre commandement. La guerre de positions nous avait habitués à ces tracés paradoxaux, qui ne faisaient que solidifier les dentelures les plus fragiles d'une situation en fin de combat. Toutefois, dans la nouvelle organisation des places fortes, conforme aux premières expériences de la guerre, il parut bon de confier la défense des deux rives à un groupement autonome, chargé de toutes les opérations dans la zone de Verdun. C'était un sensible progrès. Mais cette mesure se rattache à tout un ensemble de circonstances, dont il faut dire un mot.

L'expérience montrait en effet que le rôle des places fortes, tel qu'il avait été conçu avant la guerre, en Allemagne et en France, pour économiser du monde, occuper à peu de frais des points de communication importants et manœuvrer dans les intervalles avec de grosses réserves, avait cessé de correspondre aux conditions nouvelles. Devant la puissance de destruction de l'artillerie moderne, les défenses fixes d'une place étaient vouées à l'écrasement. C'est ce qui résultait des exemples de Liège, de Namur, de Maubeuge, d'Anvers, et de la chute rapide des grands camps retranchés de Russie, après la retraite des armées. Toute place investie était condamnée à tomber en quelques jours en livrant à l'ennemi sa garnison et ses magasins. Dans ces conditions, la défense du territoire dépendant exclusivement des armées en campagne, il était naturel de rendre à ces armées les ressources

1. Bidou, *loc. cit.*

énormes immobilisées dans les places. C'était la seule manière de nous procurer sans délai la masse d'artillerie lourde indispensable à nos armées ; il ne s'agissait de rien moins que de récupérer, outre 200.000 hommes de troupe, 1.100 mitrailleuses, 1.800 pièces de campagne et plus de 2.800 pièces d'artillerie lourde, en tout 175 batteries avec deux cents millions de cartouches et trois millions de coups de canon. Il ne faut pas oublier cela quand on parle des inconvénients qui résultèrent de ces mesures, et particulièrement le jour de la prise de Douaumont.

C'était une révolution. Les places fortes, dans ce système, perdaient toute importance en tant qu'organes indépendants. Entièrement reliées aux opérations des armées, leur rôle, dans chaque cas, était à fixer par des instructions spéciales comme pour les formations de campagne. Leurs ouvrages permanents devaient être incorporés dans l'ensemble des fronts fortifiés, et utilisés dans les lignes de défense successives, en liaison avec celles des armées voisines, et non plus dans des organisations concentriques au noyau central. En aucun cas, les places ne devaient être défendues pour elles-mêmes. Les troupes étaient assimilées aux autres unités du front. On ne conservait dans les places que les garnisons nécessaires à la sécurité des ouvrages qu'on aurait décidé de maintenir en arrière de la première ligne, et à la garde des approvisionnements. En résumé, c'était une crise et une transformation profonde de la conception des places fortes, qui aboutissaient pratiquement à leur suppression radicale. Chose étrange ! Au moment où les enseignements de la guerre, à Souchez, à Tahure, en Argonne, dans des villages et des collines de dixième ordre, conduisaient à construire de véritables forteresses, les forteresses d'ancien type paraissaient perdre toute valeur ; et quand le front entier, sur huit cent kilomètres, s'ossifiait en une ligne fortifiée continue, les anciennes défenses fixes semblaient seules subir une sorte de déclassement. Cela s'explique : le front entier devenant une forteresse continue, il n'y avait pas de raison de donner plus d'importance à un point qu'à un autre. Tous paraissaient d'égale valeur et devaient être traités de même. Il n'y avait plus de places fortes, il n'y avait plus qu'une armée. C'était une vue très logique. Les Allemands nous donnaient l'exemple, en mobilisant contre nous toutes les troupes et tout le matériel de leurs places de Strasbourg, de Thionville et de Metz.

En conséquence, le 5 août 1915, la place de Verdun est supprimée, et l'on y substitue une « Région fortifiée de Verdun[1] » sous les ordres du Général Herr, qui avait brillamment conduit le VI° corps aux Éparges, avec attributions de commandement d'armée (quartier-général à Dugny). La mission de ce groupement était définie comme il suit : entièrement défensive, elle consistait à assurer le front entre les deux armées (Humbert à gauche et Roques à droite) qui y appuyaient leurs ailes. L'inviolabilité de cet « important saillant » est une sécurité pour les armées voisines ; mais le général Herr ne doit à aucun prix s'y laisser enfermer. Toutefois, ajoutait l'instruction du 9 août, « l'importance morale qui s'attache à la possession de Verdun apporte quelques tempéraments à

---

[1]. Il existait deux autres « régions fortifiées », celles de Dunkerke et de Belfort.

L. GILLET.

2

cette conception » (celle de ne pas défendre une place forte pour elle-même) et le général Herr est invité à prendre dès à présent « toutes les mesures utiles pour s'opposer à la menace d'enveloppement esquissée par l'ennemi » (par l'Argonne et par Saint-Mihiel).

La Région dépendait, au point de vue stratégique, du groupe d'armées de l'Est (général Dubail). Pour des raisons de ravitaillement, elle fut rattachée, le 1er février 1916, au groupe d'armées du centre (général de Langle de Cary, quartier-général à Avize.) Elle comprenait, le 10 février, sept divisions, plus une division en réserve, et deux brigades territoriales : c'était sur la rive gauche, les 29e (Salins) et 67e (Aimé) divisions, le XXXe corps (général Chrétien) sur la rive droite et le IIe (général Duchesne) en Woëvre. Les forces s'équilibraient donc à peu près avec celles de la Ve armée allemande. Le général de Langle écrivait, le 13 février : « La R. F. V. est bien rétablie comme densité de troupes et comme commandement. »

V

Nos lignes, à ce moment, passaient sur la rive gauche, en avant du ruisseau de Forges, à peu près suivant le chemin qui forme la ligne de crête de Béthincourt à Forges. On sait que cette partie du secteur fut attaquée quinze jours seulement après le début de la bataille, dont ce devait être le deuxième acte.

Sur la rive droite, au contraire, où se produisit le premier choc, l'organisation défensive comportait en principe quatre positions successives en avant des défenses immédiates de la place, constituées par les hauteurs de Belleville, de Saint-Michel et de Souville. Les première et seconde et les troisième et quatrième devaient être encore séparées par deux nouvelles positions intermédiaires.

La gauche s'appuyait sur les centres de Brabant, Consenvoye, Haumont, bois des Caures, qui formaient la première position, Samogneux, la côte 344, la ferme Mormont constituant la seconde.

Au centre, nous tenions le bois de Ville, l'Herbebois, le village d'Ornes ; comme seconde position, Beaumont, le bois de la Wavrille, le bois des Fosses, le bois le Chaume, les Caurières.

Notre droite comprenait : Maucourt, Mogeville, l'étang de Braux, le bois des Hautes-Charrières et Fromezey, tandis que notre deuxième position s'étayait sur Bezonvaux, le Grand-Chena, Dieppe.

En arrière de ces secteurs de défense proprement dits, la troisième position était constituée par la côte du Talou, la côte du Poivre, la cote 378, le bois des Caurières (lisières Nord et Est), Bezonvaux. Enfin la quatrième était la ligne des forts, jalonnée par le village de Bras, Douaumont, Hardaumont, le fort de Vaux, la Laufée, Eix [1].

Que valaient ces lignes ? On a vu que la première était peu défendable ; les suivantes n'étaient qu'ébauchées. C'est malheureusement sur la première que les idées régnantes firent dépenser le plus de travaux, effort dont une partie eût peut-être été mieux employée un peu plus en arrière. On ne concevait alors d'autre conduite à tenir que celle de la défensive frontale la plus rigide ; la troupe n'avait plus une notion de

---

1. *Bulletin des Armées*, du 22 mars 1916.

manœuvre ; elle ne connaissait d'autre consigne que de se faire tuer à son créneau. Toute idée de couverture, de souplesse, de sûreté avait été bannie de la guerre de tranchées : on regardait la position comme une muraille inviolable. L'opinion elle-même n'aurait pas souffert un recul, et cela au moment même où, pour les militaires, ce n'était plus un secret que toute position pouvait être forcée, en y mettant le prix. Tout l'effort se porta donc sur la ligne avancée, et c'est ce qui avait fait négliger les secondes : les lignes de la panique », disait le poilu.

Il est vrai que la première position ne comportait pas moins de trois lignes successives, organisées elles-mêmes en points d'appui solides, entourés presque partout de défenses accessoires et se soutenant les uns les autres. C'était le village de Brabant, très puissamment organisé en redoute avec son réduit, et en arrière les ouvrages de la côte des Roches, le tout en liaison sur la Meuse avec le poste de l'Ecluse et le village de Forges ; c'était plus à l'Est le bois de Consenvoye, avec son labyrinthe de tranchées, englobant les boqueteaux au Sud et le bois de Samogneux, enfin le bois d'Haumont, qui formait le réduit de toute la position. Ce point d'appui comportait une ligne assez mince, tranchées de lisière, avec une ligne très puissante tracée dans l'intérieur du bois (ligne des S), et des ouvrages à contrepente sur les croupes descendant au Sud (ligne des R). Cette organisation était considérée comme une des plus satisfaisantes ; elle inspirait toute confiance à ses défenseurs. C'est pourtant, on le verra, celle qui céda la première. C'est par là que les Allemands réussirent à percer, selon l'axe de la route de Flabas, le 21 février au soir, et c'est ce qui leur permit de se répandre dans le bois, en contournant la ligne des S, puis de progresser sur Haumont en le

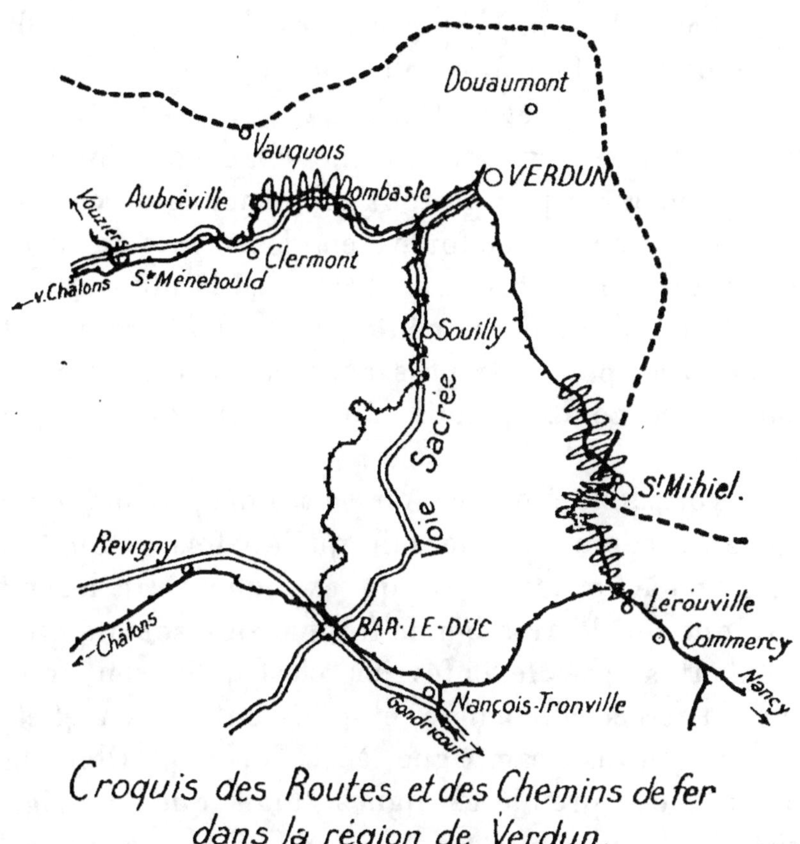

Croquis des Routes et des Chemins de fer dans la région de Verdun.

prenant à revers, et sur le bois des Caures, qui était débordé dès le 22 au matin.

D'autres points d'appui semblables étaient créés au bois de Ville, de la Montagne, de Soumazanne et de l'Herbebois, en arrière desquels le village de Beaumont et le bois de la Wavrille formaient deux réduits paraissant capables d'une sérieuse résistance. Enfin, l'extrême droite du secteur s'accrochait au village d'Ornes, dont l'organisation comportait un poste avancé au Moulin, un poste d'observation et de flanquement au Calvaire, et plusieurs lignes successives à l'intérieur du village. Un réduit avait été étudié à l'Est, mais ne put être même ébauché. Enfin, il y avait, semés un peu partout sur chacune de ces trois lignes successives, une foule d'emplacements de mitrailleuses sous abris blindés ou bétonnés, la plupart occupés d'une façon permanente, battant les routes, les ravins et les points de passage, sans parler des emplacements de combat, sous abri simple ou en plein vent.

On voit donc combien on se trompe, quand on va répétant, comme on le fait quelquefois, « qu'il n'y avait rien à Verdun ». Ce qui explique cette légende, répandue (et de très bonne foi) par des soldats qui se sont battus après le 25 février, c'est qu'ils sont arrivés après la percée allemande, et qu'ils ont eu, en effet, à se battre en rase campagne, à six ou sept kilomètres en deçà des premières lignes. Mais que ces lignes existassent, et que les Allemands les avaient estimées à leur juste valeur, la preuve en est la somme d'efforts et de munitions qu'ils ont cru nécessaire pour en vaincre la résistance. Moraht, l'oracle militaire du *Berliner Tageblatt*, écrivait : « Jamais les Français n'ont tant manié la pelle. Les photos d'avions révèlent un véritable labyrinthe de tranchées. Les réseaux de fils de fer atteignent une profondeur inconnue. » Et, à propos de la prise d'Ornes, l'envoyé spécial du *Krefelder Zeitung* auprès du G. Q. G. allemand, Kurt von Reden, ajoutait : « Les Français avaient employé le long répit que nous leur avions accordé à créer autour de Verdun un réseau infini de défenses nouvelles... La fortification de ce secteur immense, d'une superficie de plusieurs centaines de kilomètres carrés, est l'ouvrage le plus grandiose qu'on ait fait en ce genre dans la guerre mondiale. Il n'y a que les chefs qui ont conduit les opérations qui puissent connaître vraiment l'importance de ce travail, exécuté avec une maîtrise sans exemple, et pour lequel toutes les expériences faites depuis le début de la guerre ont été mises à profit avec une science consommée. » Louanges excessives sans doute : il faut en rabattre quelque chose. Elles prouvent cependant que les critiques qu'on a faites aux défenses de Verdun ne sont pas moins exagérées.

Ce qui est vrai, c'est que sur beaucoup de points, notamment dans le bois de Consenvoye, les organisations avaient eu à souffrir de la nature du terrain, sur lequel quelques heures de pluie suffisaient à détruire le travail de plusieurs semaines. A cause de l'humidité, beaucoup d'ouvrages, de tranchées, étaient en relief, formés de simples levées de terre soutenues par des clayonnages. Ce qui manquait aussi, c'était en plusieurs endroits les défenses accessoires, puis les boyaux et les communications enterrées, surtout enfin les abris de bombardement et les places d'armes « à l'épreuve », en état de résister à l'effroyable feu de l'ennemi. Le fait est que celui-ci, comme on le verra tout à l'heure, fit pour cette bataille une débauche de canon tout à fait imprévue, et qui constitua « la surprise ». Il faut reconnaître enfin que, devant les troupes de choc allemandes amenées pour l'attaque, nous avions fort peu de monde.

Le lieutenant-colonel Driant, député de Nancy,

commandant un groupe de chasseurs au bois des Caures, où il devait faire une défense et une fin magnifiques, avait, dès le mois d'août, jeté le cri d'alarme. Sa lettre avait reçu une certaine publicité[1]. Il semble toutefois que l'offensive allemande n'ait été résolue que dans les premiers jours d'octobre, après la bataille de Champagne.

Dans le courant de l'automne, Driant renouvela sa démarche et porta ses inquiétudes au comité de Guerre, en présence de M. Briand, président du Conseil (1er décembre 1915). De là la lettre de Galliéni, ministre de la guerre, au Général en chef (16 décembre) et la réponse de celui-ci (18 décembre)[2]. L'opinion s'émut de ces incidents, dont la politique s'empara. Déjà commençait à se créer autour de Verdun l'énervement qui ne fit que s'accroître après les premiers jours de la bataille et qui devait, un an plus tard, aboutir à la première crise du commandement.

Vers la fin de décembre, les symptômes d'attaque se précisent. On commence à parler d'une offensive allemande sur le front occidental. On apprend le 14 décembre qu'en Champagne, en Argonne, les réserves se rapprochent du front, que les dépôts de munitions ont été reconstitués et que le matériel d'artillerie fatigué vient d'être remplacé par du matériel neuf. Les 21, 22, 24 et 25 décembre des informations répétées confirment que le grand État-Major allemand paraît résolu à porter son principal effort sur le front français et à ramener pour cela

---

1. *Revue hebdomadaire*, avril 1917. Cf. *L'Année de Verdun*, p. 56-59.

2. Cette lettre et la réponse de Joffre ont été publiées dans le compte rendu du comité secret du 16 juin 1916, *Journal officiel* du 24 octobre 1919, p. 3.

des troupes d'autres fronts. Mais les nouvelles se contredisent sur le point de savoir où portera l'attaque.

Cependant, à Verdun même, les signes précurseurs ne manquent pas. En décembre, en janvier, le nombre des déserteurs augmente. « Les rats fuient le bateau. Cela sent la bataille », dit un officier.

On voit se multiplier dans toute la région les chemins de fer à voie étroite qui apportent vivres et matériel jusqu'à cinq cents mètres des premières lignes. Dans la quinzaine suivante les signes s'accumulent : arrivages successifs de pièces de gros calibre ; plates-formes ou épis pour les mettre en batterie ; destruction des points de repère et de clochers dans la Woëvre (3-14 janvier). On relève sur les photographies le nombre et l'importance croissante des dépôts de munitions, l'aménagement de places d'armes. Circulation intense de trains et de convois. Cantonnements bondés de troupes. Les permissions sont supprimées.

Le 16 janvier, le général Herr rassemble tous ces traits dans un rapport au commandement. Il ne pouvait conclure avec une entière certitude qu'il serait attaqué, ou qu'il le serait seul ; mais il demande des renforts (une division, qui lui fut accordée)[1].

Le 19, à la suite de ce rapport, le major-général Castelnau vient voir les choses sur place. Il prescrit de pousser activement les travaux de la seconde ligne, et de tracer en outre, entre cette ligne et celle des forts, une organisation intermédiaire à contre-pente, c'est-à-dire sur les pentes sud, de Douaumont à Louvemont,

1. Voir le texte dans le *Journal officiel* du 26 octobre 1919, p. 38.

sur la côte du Poivre et la côte du Talou[1]. Le système des contre-pentes, dèjà utilisé par Wellington en Portugal, venait d'être appliqué avec succès par les Allemands contre Castelnau même, en Champàgne. Mais il fallait pour ces travaux du temps et de la main-d'œuvre. La ligne intermédiaire n'était encore qu'esquissée le 21 février.

VI

Cependant, les Allemands achevaient leurs préparatifs dans un secret profond. Depuis le début de la

1. Castelnau, le 26 janvier, dans une lettre au Général Herr, confirmait ses conversations de la semaine précédente. Voici le texte de ce document : « 1° Position du bois des Caures; bois d'Haumont. — L'organisation de la première position (ligne de surveillance, ligne de résistance, réduits) répond entièrement aux directives données par le général en chef dans ses instructions ; *les principes appliqués dans ce secteur sont donc à généraliser.*

« Toutefois, l'organisation de la première position *demande à être complétée par la construction d'abris-places d'armes pour les réserves* et par l'établissement de réduits fermés en arrière de la courtine bois des Caures-bois d'Haumont ; ces réduits, en contre-pentes, se relieraient par la ferme Anglemont au village d'Haumont. Quant à ce dernier village, son organisation sera rendue plus forte encore ; en particulier, les ravins qu bordent à l'Ouest et au Sud-Est la croupe sur laquelle il est établi, *seront inondés de fils de fer.*

« En arrière, *la deuxième position sera renforcée,* en particulier sur le front ferme Mormont-cote 344, et la ligne principale de résistance sera reportée sur les contre-pentes.

« D'une manière générale, la question des flanquements ne paraît pas résolue dans le sens indiqué par les instructions du général en chef. Un organe de flanquement établi sur une ligne de défense doit battre les obstacles tendus devant cette ligne et non pas les flancs d'un point d'appui situé en avant. Cette dernière mission doit être remplie par des organes distincts des organes de défense proprement dits. » *Journal officiel* du 26 oct. 1919, p. 37.

guerre, chacun des adversaires a cherché à se ménager l'avantage de la surprise. C'est un objet fort difficile, depuis qu'une bataille se monte comme une usine. Ces apprêts nous étaient connus. L'attention était éveillée. Les Allemands s'emploient donc à l'égarer par des rumeurs. En outre, depuis le 25 janvier, une série de démonstrations violentes commence à se déclencher sur tous les points du front. C'est le camouflage de l'offensive.

Nous voyons en même temps se concentrer les troupes. Cette concentration toutefois ne semble pas excessive. Vers la mi-février elle ne va qu'à quatre corps d'armée, soit 80.000 à 100.000 hommes. C'est peu de chose, en comparaison de nos effectifs de Champagne.

Il est remarquable qu'avec si peu de monde l'Allemagne ait pu instituer une des plus grandes batailles de l'histoire moderne. On est surpris que l'État-Major, sur 175 divisions dont il disposait à cette époque, n'ait réussi à en mettre qu'une quinzaine en réserve [1]. Cette maladresse singulière serait trop longue à expliquer. Elle tient à des conceptions stratégiques qui nous paraissent surannées, et qui devaient, longtemps encore, paralyser dans les deux camps toute véritable idée de manœuvre.

Ce sera, en effet, jusqu'en 1917, une des caractéristiques de la manière allemande : on s'y pique de procéder avec une économie relative. Cette masse de quatre corps, c'est l'appoint que l'ennemi a jeté sur l'Yser, quand il a cherché à percer en Flandre. Mais c'étaient quatre corps tout neufs, n'ayant encore paru

1. Voir le tableau des réserves allemandes à la fin du volume.

sur aucun champ de bataille : la surprise fut complète. Au début de 1916, les Allemands sont contraints, pour se créer des réserves, de les puiser dans les secteurs du front ; et la densité sur le front russe étant déjà réduite au minimum, force a été de les prendre sur le front français. « L'État-major allemand a donc retiré de la IVᵉ armée, celle qui combat de la mer à Ypres, le XVᵉ corps ; de la IIᵉ armée, celle qui combat sur la Somme, le XVIIIᵉ corps ; de la VIIᵉ armée, celle qui combat sur l'Aisne, le VIIᵉ corps de réserve ; enfin, le IIIᵉ corps, après avoir longtemps appartenu à la Iʳᵉ armée, celle qui combat sur l'Oise, avait figuré, au moins par une de ses divisions, dans la bataille de Champagne, sur le front de la IIIᵉ armée ; il paraît avoir fait ensuite la campagne de Serbie, mais derrière les Autrichiens, et sans être engagé [1]. » C'était ce corps brandebourgeois, qui sous son chef plein de vigueur, le général von Lochow, avait, un an plus tôt, au mois de janvier 1915, bousculé le front de Crouy et failli enlever Soissons.

Toutes ces divisions sont au complet, mises au repos depuis longtemps loin du bruit du canon, soumises à un régime et à un entraînement. C'est dans les derniers jours d'octobre que le VIIᵉ corps de réserve a été retiré du front de l'Aisne. La période d'entraînement a donc duré quatre mois. Les troupes, pendant ce temps, sont spécialement dressées, engraissées, sur-nourries. La ration est de trois livres de viande et de six litres de café. L'Allemagne, même avant la création des *Stosstruppen*, a toujours eu confiance dans ces troupes de choc qu'on soigne comme une arme de luxe

---

1 Bidou, *loc. cit.*

ou comme une race particulière d'animaux de combat. C'est le triomphe de la spécialisation. Le gros de l'armée n'est que le manche, mais ceci est le fer de l'arme.

La disposition même de ces quatre corps est instructive. Tous ne vont pas se battre à la fois. Trois d'entre eux (le XVIIIe, le IIIe et le VIIe de réserve) vont constituer un bloc qui viendra s'insérer de la Meuse à la Woëvre entre les anciennes troupes de l'armée du kronprinz, qui serrent à droite et à gauche pour leur faire place. Ces six divisions sont la première mise que l'État-major croit suffisante pour engager la partie, c'est la pointe d'acier dur qui doit d'un coup enfoncer le front et déterminer la rupture. C'est avec six divisions que Mackensen a bousculé en mai 1915 Radko Dmitrieff. Depuis le début de la guerre, le théâtre oriental a été pour l'armée allemande le champ d'expériences où elle a élaboré *in anima vili* ses méthodes offensives. Elle nous ressert à Verdun, en février 1916, le coup de la Dunajec, comme elle réédite sur la Somme, en mars 1918, la manœuvre de Riga. Elle fait ses essais à l'Est, avant de les appliquer en France. C'est en Russie qu'elle a monté cette machine de guerre, ce type d'offensive brutale, extrêmement localisée, faite d'une masse de choc très réduite, formant balle, et précédée d'un déluge écrasant d'artillerie : sept cent mille obus (cent mille à l'heure) sur un front de dix kilomètres. Cette avalanche de fer supprime toute résistance. Elle permet de brusquer l'attaque, d'obtenir rapidement un effet décisif. Les Allemands ont toujours cherché à abréger la préparation, à multiplier l'effet de choc par la surprise et par la masse et à précipiter la crise. Ils avaient parfaitement réussi avec les Russes et ils avaient lieu de croire que la même méthode réussirait également avec les troupes françaises.

Le XVe corps, le dernier des quatre Corps d'armée amenés en février à l'armée du kronprinz, fut placé au contraire en Woëvre, sur le flanc du saillant, à côté du Ve de Réserve, qui occupait déjà le secteur. Il ne prit aucune part au début de la bataille, non plus que le VIe corps de Réserve, depuis longtemps sur la rive gauche. Ce dernier n'entra en scène que le 6 mars, le XVe corps, en Woëvre, seulement le 8 mars. Il est évident que ce retard résulte d'un dessein, et que ces corps avaient un rôle particulier dans le mécanisme de la bataille.

On peut donc, d'après ces données, esquisser de la manière suivante le schéma de l'affaire : la masse de rupture engagée la première devait d'abord fracasser le front par le Nord et le faire voler en éclats ; à ce moment, suivant un mécanisme prévu d'avance, une attaque latérale devait consommer la débâcle et nous culbuter dans la Meuse, tandis qu'une dernière colonne, débouchant sur notre droite, viendrait compléter l'encerclement et nous couper la retraite. Bousculée en tête, assaillie en flanc, surprise en queue, toute une armée française devait être anéantie : rien ne devait échapper à la puissance de la tenaille.

Cette puissance était redoublée par celle d'une artillerie telle qu'on n'en avait jamais vu, et qui devait, avant même le développement de la manœuvre, avoir pour effet de rendre le saillant intenable. L'attaque par le feu allait surpasser en violence tout ce qui s'était fait en ce genre. Les Allemands avaient fait revenir de Russie et du front serbe tout leur matériel lourd, jusqu'à ces mortiers énormes dont les débuts, à Liége, avaient fait révolution dans la conduite des sièges. On a déjà vu que la forme elle-même de nos lignes permettait des tirs convergents sur près de trois quarts de cercle : nous avions trois fois moins d'espace pour déployer nos batteries. Enfin, tout le monde a remarqué que le saillant de Verdun est à proximité immédiate de Metz et des grands centres industriels, des hauts fourneaux et des usines de Lorraine et de Westphalie, et cette raison suffisait pour le choix d'un secteur d'attaque qui offrait tant de facilités de communications et de ravitaillement.

La confiance des troupes, leurs espoirs avaient été portés au comble. Dans le public, on continue à n'entretenir que des ambitions modérées ; il ne s'agit toujours que de dégager Briey. Mais dans l'armée personne n'ignore de quoi il retourne. Le kronprinz harangue ses troupes : « Mes amis, il faut prendre Verdun. Il faut que tout soit dit à la fin de février. L'empereur vous passera en revue sur la Place d'armes, et nous signerons la paix. » Un soldat écrit (20 février) : « Nous allons prendre Verdun, la grande forteresse des Français ; il va y avoir une bataille comme le monde n'en a jamais vu. Après, ce sera la paix. » Et le général von Deimling, commandant le XV° corps, enflamme ses hommes en leur disant que c'est la dernière offensive. Qui peut dire en effet ce qui serait arrivé si l'ennemi avait emporté Verdun au pas de charge comme Liége, Anvers et Varsovie et si, en capturant toute une armée française, il nous eût fait un nouveau Sedan ?

Rien n'avait été négligé pour obtenir ce résultat. Tout était calculé pour un coup foudroyant, pour le succès de l'assaut suprême. Les difficultés étaient grandes : elles devaient servir à nous faire illusion, jusqu'au dernier moment, sur les chances de l'attaque. Ces obstacles, les Allemands ne se les dissimulaient pas. On peut tenir pour certain qu'ils les avaient mûrement pesés. Ils savaient que ce serait terrible. Mais qui veut la fin veut les moyens. La doctrine allemande n'est pas de rechercher les points faibles. L'Allemagne pense, comme Napoléon, qu'il faut les grands efforts pour les grands résultats. Elle prend le taureau par les cornes. Mais cette audace s'allie à une extrême circonspection. Tout a été prévu dans le dernier détail. Quelques jours avant l'attaque, a eu lieu devant l'empereur, aux environs de Charleville, sur un terrain aménagé, une manœuvre de cadres, une véritable répétition. Jamais offensive n'avait été préparée avec ce mélange singulier d'audace et de calcul, de science et de brutalité, avec ce degré de souplesse, de vigueur, de violence et de méthode.

VII

Vers le 10 février, il ne nous reste plus un doute quant à l'attaque sur Verdun. Deux points seulement restent incertains : l'attaque sera-t-elle unique ou combinée avec une autre? Est-elle tout à fait imminente ou seulement prochaine ?

C'est le 8 février que nous est connue la présence du IIIe corps et du VIIe corps de réserve ; le 11, le XVe corps est signalé, et nous apprenons qu'il s'opère dans les bois de Gremilly une concentration énorme d'artillerie, comprenant les plus gros calibres, jusqu'aux mortiers de 380 et de 420. Les batteries de la Woëvre ralentissent leur tir, font des économies en vue d'une bataille de cent heures. Le travail sur les voies ferrées redouble d'activité. Les Quartiers Généraux se resserrent pour faire place à ceux des unités nouvelles. D'immenses dépôts de fourrages pour la cavalerie, à Marcq, à Saint-Juvin, annoncent et mesurent les espoirs de percée (11 février). Des prisonniers rapportent la proclamation de l'empereur : « Moi, Guillaume, je vois la patrie allemande contrainte (*gezwungen*) de passer à l'offensive... » (14 février).

D'autre part, l'infanterie ennemie n'a pas fait de travaux d'approche. L'artillerie n'a pas commencé ses réglages. Toutefois le commandement français prend ses précautions. Dès le 13 février, il achemine sur Souilly le VIIe corps (14e, 37e et 48e D. I.), puis, le 16 février, deux divisions du XXe et successivement cinq régiments d'artillerie lourde avec des groupements d'artillerie lourde à grande puissance et d'artillerie sur voie ferrée. Du 10 au 20 février, la Région fortifiée a reçu un accroissement de 85 pièces lourdes. Le 20, à la suite d'une inspection de la Région (faite le 19), le général en chef prescrit à la Ire Armée de mettre immédiatement la 16e division à la disposition du général Herr pour compléter le XXe corps. L'ennemi s'inquiète de ces mouvements qui lui font voir qu'il est deviné. Le zeppelin de Revigny, abattu dans la nuit du 20 février, avait certainement pour mission de surveiller nos réserves.

Cette question des transports était assurément un des plus graves inconvénients de la situation dans le saillant de Verdun. Depuis la prise de Saint-Mihiel, la seule voie disponible était la grande ligne de Reims à Verdun par Sainte-Menehould. Mais elle était sous le canon et devait être en effet coupée à Aubréville le premier jour de la bataille. Restait le chemin de fer départemental, partant de Bar-le-Duc, dit le « Petit Meusien ». On avait étudié le moyen d'en accroître le débit et de le porter par jour à près de 2.000 tonnes, de quoi ravitailler en vivres dix corps d'armée.

Mais surtout le commandement comptait sur un procédé plus nouveau : à l'établissement coûteux des chemins de fer stratégiques, et au système toujours un peu rigide de cet organe, il avait préféré le service plus souple de l'automobile[1]. Le convoi automobile c'est un train qui emporte et apporte avec lui ses gares, ses rails, ses quais. Il peut à volonté modifier son parcours, jeter instantanément hommes munitions au point même où il faut. Tout était étudié, prévu depuis février 1915.

Il n'en est pas moins vrai que les Allemands avaient sur nous l'avantage de quatorze voies ferrées, et qu'ils ont pu juger cet avantage décisif. Si rapide que fût la riposte, l'initiative de l'attaque leur donnait quelques jours d'avance. C'est dans ces quelques jours qu'il fallait forcer la victoire.

---

1. Pour être exact, comme on ne saurait l'être trop dans une affaire de cette importance, il avait fallu procéder dans cette question des chemins de fer selon l'ordre d'urgence. Tout le programme était dominé par l'idée de manœuvre. La forme concave de notre front donnant à l'adversaire l'avantage des lignes intérieures, il avait fallu assurer avant tout des transports généraux ; et en effet, nos chemins de fer avaient été mis en état de porter en un jour aux gares régulatrices, derrière n'importe quel point du front, jusqu'à trois corps d'armée. C'est ce qui se produisit pour l'affaire de Verdun. Mais les troupes, rendues au point de concentration, n'étaient pas à pied d'œuvre. C'est pour le reste du trajet, entre Bar-le-Duc et Verdun, soit pour une distance de 50 kilomètres, qu'intervenaient les camions. Comité secret du 16 juin 1916, séance du 17 juin. Discours du général Roques, ministre de la Guerre (*Journal officiel* du 25 octobre 1919, p. 30).

Le temps fut très mauvais vers la mi-février. La brume et la pluie ne cessèrent pas. Dans la soirée du dimanche 20, le ciel se mit au beau. Les étoiles brillèrent, la gelée raffermit les routes. Le lendemain, avec le jour, la bataille commença.

CHAPITRE II

LA BATAILLE DE RUPTURE

(21 février-4 mars)

La bataille d'artillerie. — Les trois premiers jours de l'offensive. — L'intervention du VII° corps. — La journée du 25. — Arrivée de la II° armée. — Le général Pétain. — Le rétablissement. — Rôle de l'État-Major. — La bataille autour de Douaumont. — La brigade Reibell. — La contre-attaque du XX° corps. — Le I° corps sur la côte du Poivre. — La situation au bout de quinze jours de bataille.

I

« Le 21 février à 4 heures du matin, écrit le correspondant de la *Gazette de Francfort*, la place forte de Verdun fut tirée de son assoupissement par un obus lourd allemand. C'était un coup de canon de réjouissance, et il annonçait le commencement des grands combats autour de la ceinture fortifiée de la place, combats qui, depuis lors, en dépit d'accalmies locales plus ou moins longues, se sont poursuivis en une suite presque ininterrompue[1]. »

L'obus tomba sur la ville haute, près du chevet de la cathédrale. C'était un 380 de marine, tiré d'une distance de 35 kilomètres.

Le bombardement véritable commença à 7 heures 15.

1. Récit du 26 mars. Cité par Bidou, *loc. cit.*

Il prit tout de suite un caractère d'intensité inouïe. Ce qu'il avait de particulier, c'était la proportion incroyable d'obus lourds : un tir prodigieux d'écrasement. Point de calibre au-dessous du 150 et du 210, s'abattant par rafales, avec leur éclatement sinistre et leurs panaches noirs ; et, sur la basse de ce concert qui n'allait plus cesser, c'étaient, de moment en moment, les effroyables explosions des monstres de 305 et de 420, s'écroulant sur les forts et les observatoires, avec ce fracas gigantesque qui propage sa sourde alarme à trois lieues à la ronde. Ce feu extraordinaire s'attaque à la fois aux deux rives, du bois d'Avocourt à Étain, sur un front de 40 kilomètres. Tous les bois au nord de Verdun, bois de Montfaucon, bois de Septsarges, bois de Forges, bois d'Hingry, de Spincourt, sont farcis de pièces de canon qui tirent sans arrêt à une cadence de feu roulant. Le petit bois de Gremilly est le centre d'un « véritable feu d'artifice [1] ». Les observateurs en avion renoncent à pointer les batteries sur la carte. A la hauteur où ils opèrent, ces taches noires des bois apparaissent comme de grands nuages traversés d'une tempête d'éclairs. Bientôt nos escadrilles elles-mêmes sont chassées par le nombre des escadrilles ennemies qui font la police du ciel. L'ennemi détient sans partage la maîtrise du feu et la maîtrise de l'air. Six drachen surveillent l'horizon et observent les effets du tir.

Dans cette guerre, les batailles s'engendrent l'une l'autre. La bataille d'Artois du 9 mai 1915 nous avait conduits à la formule du 25 septembre, en Champagne. Instruits par cette double expérience, les Allemands

1. *Bulletin des Armées.*

nous appliquent à Verdun la leçon encore perfectionnée.

Le principe de toutes ces batailles est qu'on ne lutte pas avec des hommes contre du matériel. C'est par l'artillerie seule qu'on peut venir à bout des obstacles accumulés pendant la guerre de positions ; à travers ces défenses, c'est au canon de faire brèche. En Artois, on s'était contenté de pratiquer ces brèches dans les fils de fer ennemis. En Champagne, on fait un pas de plus : on s'applique pendant trois jours à bouleverser minutieusement les positions elles-mêmes. Cette méthode a failli réussir. Qu'ont fait les Allemands pour se l'approprier ? D'abord, ils brusquent la durée de la préparation qu'ils compensent par l'effet de violence et de brutalité, la rendant à la fois plus brève et plus massive. Le temps est la moitié de toutes choses à la guerre. Abréger les préliminaires, c'est accroître la surprise. Elle se multiplie encore par l'intensité même du feu : d'où l'accroissement démesuré du nombre des pièces et de leur calibre. Déverser en un temps donné une somme supérieure de tonnes d'acier et d'explosifs, c'est concentrer tous les effets, les pousser à l'état tragique. L'effet matériel se double de l'effet moral. Le troisième caractère inédit du système, c'était la profondeur de la zone battue : plus de sécurité jusqu'à quinze ou vingt kilomètres du champ de bataille. Les ponts, les carrefours, les portes, les ravins, les points de passage sont enveloppés dans la même universelle bourrasque et dans la même terreur de tremblement de terre.

Enfin, pour achever le désordre, les Allemands ajoutent aux obus explosifs une proportion inconnue encore d'obus suffocants et lacrymogènes. Au bout de quelques heures de cette immense furie d'anéantissement, la forme même des choses a changé : on ne reconnaît plus la terre. Les villages s'effacent et paraissent s'engloutir. A la place des bois, un enchevêtrement de troncs et d'abatis. La face de la nature devient méconnaissable, comme un paysage de l'autre monde. Rien de plus allemand que cette manière d'opérer avec la force souveraine et la violence d'un élément, et de produire en quelques instants par la puissance mécanique des ravages de cyclone et des effets de cataclysme.

Dans ce système, c'est l'artillerie qui attaque et qui devient l'arme de choc. Le canon donne le coup de bélier qui enfonce tout, et derrière lequel l'infanterie doit marcher presque sans pertes. C'est ce qui a permis aux Allemands, entre autres nouveautés, de supprimer les travaux d'approche et les parallèles de départ. Cette circonstance (elle s'est reproduite le 21 mars 1918) est une de celles qui ont servi à nous abuser sur l'imminence de l'attaque. Tant qu'on n'avait pas vu l'ennemi pousser en avant ses tranchées à distance d'assaut, on n'avait rien à craindre; on se tenait pour rassuré. Quant à franchir sous le canon, à travers nos barrages, en plein champ, une distance supérieure à cent cinquante mètres, c'est une folie qui trouvait tout le monde incrédule. Or, ces tranchées de départ existaient en Champagne et manquaient à Verdun. Les places d'armes se trouvaient dans les premières lignes elles-mêmes. Les Allemands payèrent cette audace assez cher; leurs réserves eurent à souffrir de nos tirs de contre-préparation. Mais c'était un risque à courir. Sauf en quelques endroits les deux infanteries ne sont nulle part au contact. L'espace découvert est en moyenne de six à huit cents mètres. En certains points, les Allemands ont attaqué à la distance, alors presque incroyable, de onze cents mètres.

La technique même de l'assaut a été remaniée en rapport avec cet emploi nouveau de l'artillerie. Chaque troupe reçoit une mission déterminée, avec un objectif limité en largeur comme en profondeur ; avant de s'en emparer elle détache une vague d'éclaireurs pour vérifier les destructions. Si le travail n'est pas mûr, la reconnaissance rentre dans ses lignes et demande une nouvelle préparation d'artillerie. Les vagues d'assaut se succèdent à une distance de quatre-vingts mètres : d'abord une première ligne de pionniers et de grenadiers ; derrière marche le gros, en chaîne de tirailleurs ; vient ensuite une section de réserve, chargée de munitions, d'outils, de sacs à terre, ou destinée à combler les vides de la première vague. Cette ligne est suivie d'une seconde dans le même dispositif, faite pour dépasser la première ou la recueillir en cas d'échec, et reprendre l'assaut à son compte. A ce moment, l'attaque doit se poursuivre par des mouvements débordants, en se glissant par les couverts, en s'infiltrant par les ravins ; on fera tomber ainsi les centres de résistance. L'avance sera continuellement jalonnée par des fusées. Rien de plus impressionnant que cette marche irrésistible, surmontée d'une multitude d'aigrettes, par des chapelets de feux multicolores : on dirait, rapporte un témoin, les roses d'une procession de la Fête-Dieu. Les hommes, les chefs de *zug*, portent des brassards blancs, insignes de reconnaissance, que beaucoup des nôtres prirent pour des insignes de la Croix-Rouge et qui donnèrent lieu à mille erreurs. Enfin, ordre de ne pas s'obstiner à vaincre une résistance non brisée par l'artillerie : toute troupe arrêtée devra attendre une nouvelle action du canon.

Ainsi les Allemands sont parvenus de leur côté à la conclusion de Pétain, dans son fameux rapport sur l'offensive de Champagne : « L'artillerie conquiert ; l'infanterie occupe. » Mais ils ont l'avantage de l'appliquer les premiers, avec un luxe de moyens écrasants. C'est le canon qui fait le gros de la besogne. Après quoi, les troupes n'auront qu'à marcher l'arme à la bretelle, sur un terrain « transformé en labour ».

Sur le front d'attaque, de la Meuse à la Woëvre, les Allemands ont rangé depuis la veille leurs trois corps de choc : à notre gauche, appuyé au fleuve, le VIIe corps de Réserve marchera sur Brabant avec une division (la 13e D. R.) en ligne, la seconde en soutien ; au centre, le XVIIIe corps, et à notre droite le III°, le corps de Brandebourg, s'avanceront avec leurs divisions accolées. Au total, cinq divisions sur un front de dix à onze kilomètres. Le XVe corps en Woëvre et le VIe de Réserve, sur la rive gauche, ne s'ébranleront que plus tard, après le développement de l'attaque centrale. Les pinces se refermeront sur nos troupes pelotonnées et bousculées dans la rivière. Il ne restera qu'à boucler le sac.

En face de ces trois corps d'armée, nous avons deux divisions : à gauche, la 51e (Boullengé) ; à droite, la 72° (Bapst). Elles forment le XXXe corps, sous les ordres du général Chrétien. Ce sont elles qui, pendant trois jours, vont jouer le rôle de couverture et supporter le poids de l'attaque.

A treize heures, le tir allemand redouble d'intensité, pour atteindre vers seize heures la cadence furieuse qui annonce l'assaut. Notre artillerie de campagne a commencé d'ouvrir le feu sur les tranchées ennemies. Du bois des Caures, du bois de Ville, de l'Herbebois, on signale de graves accidents : tranchées nivelées, mitrailleurs enfouis à leur poste. Toutes les liaisons téléphoniques sont rompues. On ne communique plus que par coureurs. Néanmoins on tiendra le coup. Le moral est bon. On s'apprête à recevoir l'ennemi et à se battre — un contre trois.

II

L'assaut se déclara à la chute du jour, vers 16 h. 45. Aussitôt, tout ce qui reste de tranchées utilisables se garnit ; partout, l'ennemi étonné rencontre de la résistance [1]. A l'extrême droite, dans l'Herbebois, il ne parvient à s'emparer que de la première ligne; nous résistons sur la ligne de soutien. Au centre, au bois des Caures, le groupe de chasseurs du lieutenant-colonel Driant fait des prodiges d'héroïsme ; le 56° bataillon, refoulé un moment jusqu'à la lisière sud, parvient, dans le cours de la nuit, à progresser à la grenade et rétablit la situation. Mais au centre gauche, le XVIII° corps allemand remporte un avantage marqué. Le bois d'Haumont cerné, emporté en trois heures,

1. Avions-nous pressenti la tactique allemande ? Avions-nous une tactique défensive à lui opposer ? Il semble que oui. Il résulte des ordres de Herr qu'il entrevit au moins la défense « élastique », la défensive en profondeur : des batteries avaient été volontairement reculées. C'est l'ébauche du système si bien appliqué par Humbert au Plémont le 9 juin 1918 et mieux encore par Gouraud en Champagne le 15 juillet. Mais cette méthode fut peu comprise et ne fit qu'inquiéter. Driant s'en plaint dans sa dernière lettre. Cf. Reinach, *l'Année de Verdun*, p. 82. Voir plus loin le chapitre x.

forme désormais un coin menaçant dans nos lignes. C'était cependant, on l'a vu, le principal réduit de toute la première ligne, et le point le mieux organisé de toute la région. Sa chute créait une poche permettant de prendre à revers d'un côté le village d'Haumont, de l'autre le bois des Caures. Toute la première position est ébranlée dans son ensemble.

Le lendemain, on se bat sous la neige. La journée débute mal. A six heures du matin, notre retour offensif sur le bois d'Haumont échoue. Les Allemands, de leur côté, cherchent à exploiter leur succès de la veille. A huit heures, ils attaquent avec des lance-flammes le bois de Consenvoye. En même temps, le village d'Haumont, notre principal point d'appui dans cette région, est le centre d'un feu terrible. Le village s'enfonce à vue d'œil et disparaît sous terre. Le principal réduit bétonné croule, ensevelissant 80 hommes. Cependant la garnison retarde l'ennemi jusqu'à six heures du soir. Le colonel Bonviolle, attaqué à travers les soupiraux de sa cave à la grenade et aux jets de flammes, s'échappe en faisant le coup de feu et rallie à Samogneux les débris de sa troupe.

Mais la prise du village constitue pour l'ennemi un succès important. Ce village est la clef du grand ravin d'Ormont qui, séparant les deux plateaux d'Haumont et de Consenvoye, débouche sur la Meuse à Samogneux. Samogneux est déjà écrasé par l'artillerie. Ainsi enfoncés au centre gauche, nous perdons le bois de Ville au centre droit. Dès lors, la situation au centre, dans le bois des Caures, devient extrêmement critique. Les chasseurs sont enveloppés à la fois des deux côtés. Pour échapper à l'encerclement, le lieutenant-colonel Driant, un fusil à la main, après avoir tenu conseil avec ses chefs de bataillon, le commandant Renouard et le capitaine Vincent, décide d'évacuer le bois pour se replier sur Beaumont. Le mouvement s'exécute en ordre, vers 4 heures du soir, sous les feux croisés des mitrailleuses ennemies. Une section des nôtres réussit, avant d'obéir, à brûler ses 15.000 cartouches et ramène ses pièces. Le lieutenant-colonel Driant quitte le dernier le bois qu'il défendait depuis trente-six heures avec deux bataillons contre l'effort d'une brigade, et c'est dans cette retraite que, frappé d'une balle, il trouve son tombeau dans ces lieux illustrés par lui d'une gloire immortelle.

A la fin de la seconde journée, nous avons donc perdu au centre tout l'ensemble de la première position, et même l'ennemi est parvenu, à Haumont, à mordre dans la seconde. Les deux extrémités, au contraire, tiennent encore. A l'extrême droite, nous nous battons toujours dans la Wavrille et l'Herbebois, où le III⁰ corps allemand n'a pas pu dépasser notre ligne de soutien. Plus à l'Ouest, en revanche, le XVIII⁰ a réussi, en menaçant Beaumont et Samogneux, à créer dans nos lignes un saillant dangereux. Le coin enfoncé la veille prend des proportions inquiétantes. Cependant nos lignes n'ont été disloquées nulle part. En d'autres termes, notre retraite a opéré un mouvement de conversion à gauche, mais il est clair que nos lignes dessinent maintenant du côté du pivot une pointe extrêmement précaire. Sur la Meuse, Brabant nous reste, mais tellement en flèche que nous devons abandonner le village dans la nuit.

La journée du 23 s'annonce un peu meilleure. Elle débute par une contre-offensive générale, de la Meuse à la Wavrille, à l'effet d'améliorer nos positions et de les rectifier à l'alignement de l'Herbebois. Exemple mémorable donné par ces mêmes troupes qui se battaient depuis deux jours contre des forces démesurées et sans espoir d'être secourues avant quarante-huit heures. Que ne peut toujours sur des Français le sentiment de l'honneur ?

A gauche, notre contre-attaque ne réussit pas toutefois à déboucher de Samogneux. Mais plus au centre, nous progressons en avant de Beaumont jusqu'aux lisières sud du bois d'Haumont et du bois des Caures, où quelques éléments du 60e, deux compagnies du 165e et des fractions du groupe de chasseurs de Driant parviennent à rester accrochés jusqu'au soir.

L'ennemi redouble d'efforts pour briser notre ligne aux deux points de rupture du saillant qu'elle forme. A gauche, il se déploie dans le ravin d'Haumont, à 800 mètres à l'est de la ferme d'Anglemont, et il martèle à coups de 305 cette ferme et celle de Mormont. A droite, renouvelant sa manœuvre favorite, il essaie de faire mordre l'autre pince de la tenaille et de forcer le bois de la Wavrille. Pendant la nuit, nos hommes, rejetés la veille du bois de Ville, avaient improvisé une bretelle pour raccorder ces lignes à celles de l'Herbebois. Il fallait à tout prix empêcher l'ennemi de s'emparer de la cote 351, d'où il prendrait à revers toute la ligne du centre. Une première attaque sur la Wavrille est repoussée à six heures. Alors, l'ennemi déplace à droite son axe d'attaque et, élargissant son mouvement, cherche à faire tomber l'Herbebois.

Le plateau de l'Herbebois est couvert d'une forêt, constituée en avant de taillis très épais d'où émergent quelques grands arbres sur une profondeur de 300 à

400 mètres, mais qui s'éclaircit vers le sud et finit en futaie. L'artillerie allemande avait haché tout cela par des tirs de barrage terribles[1], transformé le bois en abatis. Mais cet abatis devenait, pour l'assaillant, un véritable chausse-trappe. Là-dessous, nos hommes se glissent en rampant, travaillent, créent des palissades, organisent des trous d'obus. La neige achève le tableau de ce chaos de cratères et de troncs fracassés.

Dans ces retranchements de hasard, nos hommes (deux compagnies du 367e, deux du 310e) attendent l'ennemi et ouvrent le feu à cinquante mètres. Les Allemands tombent en hurlant. Le 75, de son côté, exécute en arrière un barrage d'explosifs qui coupe la retraite aux fuyards. Presque tous restent sur la place. L'attaque se renouvelle quatre fois sans plus de succès.

Ces assauts, loin de les abattre, exaltent les courages. Dans tous ces combats d'infanterie, la nôtre a constamment le dessus. Nos troupes, en dépit de leurs pertes, manœuvrent comme à l'exercice. Quatre grenadiers, pendant vingt heures, défendent l'entrée d'un boyau, se font un rempart de cadavres.

La bataille dès ces premières heures commençait à prendre un caractère d'énergie et d'obstination sombres, d'opiniâtreté monstrueuse, qui allait faire sa physiononie si nouvelle dans l'histoire des guerres. On parle de ce sergent, tireur d'une merveilleuse adresse qui, se faisant passer des fusils tout chargés, abattit dans une seule journée soixante-sept Allemands. Des artilleurs, servants d'une batterie de 75, leurs pièces s'échauffant à force de tirer, les rafraîchissent avec leurs bidons, leur donnent à boire, mourants de soif, leurs dernières

1. *Bulletin des armées.*

gouttes d'eau. Telle fut cette farouche et sublime résistance.

Mais tandis que nous tenons ainsi victorieusement, un fait grave se passait à gauche : l'ennemi renouvelait son effort de la matinée et, sans cesse soutenu par des réserves fraîches, finissait par emporter vers seize heures le bois de la Wavrille. A partir de ce moment, la situation dans l'Herbebois devient tout à fait compromise ; il ne nous reste plus qu'à évacuer le plateau. L'ordre de retraite est donné le 23 à seize heures 15 et s'exécute dans la nuit. Les hommes ne comprenaient pas et voulaient se faire tuer sur place. Ils se résignèrent, navrés, à prendre position plus au sud, en avant du bois Le Chaume.

A la fin de cette troisième journée, la situation a donc franchement empiré. A gauche, Samogneux est en flammes et virtuellement perdu. A droite, nous sommes rejetés sur la cote 351, au bord du grand nœud de ravins qu'occupent le bois des Fosses et le bois Le Chaume. Entre ces deux points nos lignes, passant par les fermes d'Anglemont et Beaumont, forment un ventre, une position convexe dont la fragilité saute aux yeux. Deux routes convergentes les traversent et conduisent à l'intérieur de nos défenses : l'une venant de Samogneux et franchissant le col entre la cote 344 et la côte du Talou, l'autre suivant le grand ravin de Beaumont qui débouche à Vacherauville, où les deux routes se réunissent avec celle qui va plus à l'est vers Louvemont et Bezonvaux. C'est ce nœud de routes essentiel qui va devenir l'objectif des Allemands.

Ils vont s'efforcer de l'atteindre le 24 en partant à gauche de Samogneux, suivant l'axe Samogneux-Vacherauville, à droite de la base Herbebois-la-Wavrille, pour déborder Beaumont et pénétrer dans le bois des Fosses. Pour cette journée du 24, qui va être la journée critique, ils ont puissamment renforcé les unités d'attaque. Sur le V° corps, toujours stationné en Woëvre, ils prélèvent trois régiments et le 5° bataillon de chasseurs qu'ils font glisser derrière le front pour soutenir la masse de choc. Ainsi chacun des trois corps engagés reçoit un régiment frais, et le VII° de Réserve, qui constitue l'aile marchante, reçoit en outre un bataillon de chasseurs. Ces forces nouvelles vont nourrir la bataille du 24.

De notre côté, le combat, pendant les trois premières journées, a été soutenu par deux divisions contre cinq. Elles ont plié : une fois de plus, « ils étaient trop ». Mais le sublime sacrifice de ces vingt-cinq mille hommes a permis de gagner du temps, de prendre la mesure des desseins de l'ennemi et, comme on dit, de voir venir. Nos premières réserves entrent en ligne. Le VII° corps (Bazelaire) était arrivé, on l'a vu, le 13 février, à Souilly.

D'autre part, le XX° corps commence à débarquer le 22 dans la région de Ligny. La 16° division (Joseph Rouquerol) remplace la 11° (Ferry) qui demeure momentanément à la disposition du groupe d'armées de Lorraine.

Ce sont des éléments de ces deux corps qui vont être chargés de continuer la mission des 72° et 51° divisions. A gauche, la 72° va être remplacée par la 37° (VII° corps) ; à droite, la 51°, par les 306° et 31° brigades appartenant respectivement à la 153° division (XX° corps) et à la 16° division. Il est évident que ce barrage de fortune, improvisé en pleine nuit, en rase campagne, sur des positions incertaines, avec des éléments disparates jetés au pied levé dans la bagarre, ne pourra pas tenir longtemps devant la masse fraîche des renforts allemands. La disproportion numérique s'est encore accrue à notre détriment. Pendant la journée du 24, l'ennemi va profiter de notre désorganisation et garder l'avantage de la vitesse acquise.

III

Cette journée, en effet, est la plus mauvaise de la bataille. La première position avait tenu trois jours. En un jour, nous allions perdre toute la seconde.

C'est sur la route de Vacherauville que les Allemands vont d'abord concentrer toutes leurs énergies. A leur tour, ils ne réussissent pas à déboucher de Samogneux. Ils tombent en effet sous les feux d'écharpe de la rive gauche, partis des excellentes positions du Morthomme. Une étude faite avant la guerre par leur *Kriegsakademie* sur le siège de Verdun, dans l'hypothèse d'une attaque faite par le front Nord, montre qu'ils avaient prévu ce danger (on se rappelle que l'attaque de 1870 fut, peut-être pour cette raison, menée par la rive gauche). La Meuse, en effet, protégeait bien contre toute surprise le flanc droit de leur attaque : elle ne le protégeait pas contre l'artillerie. Ils avaient donc pris leurs précautions, et s'étaient flattés de neutraliser aisément nos canons de la rive gauche, qui constituaient une menace si grave pour leur aile droite. Ils n'y réussirent pas. Ils ont beau essayer de museler nos batteries, le général de Bazelaire, commandant la rive gauche, pointe toutes ses pièces à l'Est, foudroie la rive droite. Toute avance allemande est paralysée de ce côté.

L'ennemi monte alors une nouvelle manœuvre plus à l'Est où il s'aperçoit au contraire du ralentissement de notre artillerie, dont les positions principales, dans ce secteur, se trouvaient autour de Beaumont : tout ce nid de batteries avait dû naturellement être abandonné, non sans désordre et non sans perte considérable de matériel. Notre puissance défensive s'en trouvait affaiblie d'autant. C'est la conséquence d'une défaite, que les effets s'en accumulent et se multiplient les uns les autres. D'énormes lacunes de silence, des déchirures, des trous béants existaient désormais dans notre réseau de feux qui cessait de couvrir notre malheureuse infanterie. C'étaient autant de créneaux, de brèches, par où pouvaient passer les Allemands.

Ceux-ci s'en aperçoivent bientôt et cherchent séance tenante à exploiter leur victoire. Vers 13 heures, l'ennemi réussit à dépasser légèrement les lisières sud du bois des Caures (reprises par notre contre-attaque de la veille) et à s'insinuer du côté d'Anglemont. Il ne glisse que très lentement et avec précautions dans ce terrain raviné ; de petits partis des nôtres lui font, en se retirant, une guerre de *guérillas*.

Mais plus à droite encore, du côté du bois des Fosses, le corps brandebourgeois se montre plus mordant. Le mouvement débordant qui a échoué le matin par l'Ouest, est repris à midi par l'Est avec une énergie nouvelle. L'ennemi manœuvre tout le temps, il avance tour à tour l'épaule droite ou l'épaule gauche. Il fait preuve, dans cette escrime, d'un talent bien rare chez le commandement allemand, et plus dangereux encore que la force : la souplesse.

Pendant toute la matinée, il commence par écraser nos positions avec des obus de gros calibre et des obus lacrymogènes. On voit alors, on voit avec rage son infanterie se rassembler pour l'assaut, à petite portée de canon, — impunément, hélas! — à l'est du bois de Rappe et au nord du bois de la Wavrille.

Deux bataillons de la 37e division (Bonneval) qui viennent d'arriver sur le terrain (3e zouaves, 7e tirailleurs) — régiments d'élite, régiments d'Afrique et d'Italie, soldats de Quennevières et de Tahure — marchent immédiatement à l'attaque. Ils cheminent rapidement par le ravin qui court au sud-est de Beaumont, ayant pour objectif la corne nord-ouest de la Wavrille. Ils s'élancent à la baïonnette, sans préparation d'artillerie, — « parce que, depuis quatre-vingts ans, il y a un corps, porteur de la chéchia, qui partout s'est couvert de gloire » [1] — et, à force de cran et de *furia* magnifiques, réussissent à enlever une partie du morceau : la lisière sud-ouest et une portion du bois. Là, ils sont arrêtés par le tir des mitrailleuses.

Alors, l'ennemi surpris redouble son bombardement sur le bois des Fosses et sur Beaumont. Des rafales d'obus suffocants et lacrymogènes s'abattent en même temps que les 280 et les 305.

A 13 heures, l'ennemi prononce un retour offensif, qui bouscule nos deux bataillons et leur fait lâcher prise. Il pousse aussitôt son avantage et accentuant sa percée, s'avance en pointe sur l'éperon entre Beaumont et le bois des Fosses : Beaumont est débordé par l'Ouest, le bois des Fosses par l'Est. Toute la situation au centre devient critique.

---

1. G. Muenier, *L'Angoisse de Verdun* (l'auteur faisait partie du groupe de brancardiers de la 37me division), 1918.

On lutte cependant avec rage dans ces deux points d'appui. Beaumont est défendu pied à pied. Au bois des Fosses, deux compagnies du 29e territorial rivalisent de ténacité avec celles du 327e. Mais la perte du bois Le Chaume découvre brusquement le flanc droit des défenseurs. Déjà les assaillants se glissent plus au sud dans le bois des Caurières, qui occupe un ravin séparé de celui des Fosses par un isthme qui porte la ferme des Chambrettes. Ces deux ravins, écrit Bidou, sont « opposés par le sommet » : l'un descend vers la Woëvre et l'autre vers la Meuse. Par le bois des Caurières (Est), tandis que le bois des Fosses (à l'Ouest) tient encore, le mouvement débordant se continue et gagne au sud-est le long du ravin de la Vauche.

Dès lors, la situation s'aggrave. L'ennemi a les Chambrettes, le bois des Caurières, Beaumont ; le bois des Fosses, enveloppé sur trois faces, tombe à treize heures 30. Une heure plus tard, des forces ennemies considérables débouchent du bois des Fosses sur le plateau de Louvemont, vers la cote 347. Cette colonne achève de culbuter en plein centre notre seconde position. Seul, à l'extrême droite, le village d'Ornes, placé en Woëvre, à l'issue du ravin du Chaume, et à un kilomètre au nord du bois des Caurières, nous reste comme un dernier fragment de la première. La garnison, menacée de trois côtés à la fois, se retire sur Bezonvaux à la faveur de l'obscurité.

Ce repli en annonce un plus grave. Le recul des trois premiers jours s'est accéléré le quatrième d'une manière alarmante. Le général de Langle, commandant le groupe d'armées du Centre, incertain de pouvoir tenir sur la rive droite, reconnaît que la situation du 11e corps placé désormais en saillant prononcé dans la Woëvre, par suite de la défaite du XXXme, peut d'un moment à l'autre se trouver très compromise. Il ordonne le repli sur les Hauts de Meuse, et rend compte par téléphone au Général en chef qu'il fait étudier la retraite éventuelle de l'armée Herr sur la rive gauche. Le mouvement du IIe corps s'exécute sans être inquiété dans la nuit.

A ces nouvelles, le général Joffre répond, en ce qui concerne la poche de la Woëvre, que le général de Langle est le seul juge des nécessités du combat, mais qu'il doit « tenir face au Nord par tous les moyens dont il dispose ». En même temps, il constitue une nouvelle armée chargée des opérations sur le front de Verdun. Cette armée comprendra les troupes stationnées sur la rive gauche ou en route pour rejoindre (Ier corps, 59e et 61e divisions). Le commandement en est confié au général Pétain, commandant la IIe armée. Celui-ci est mandé d'urgence à Chantilly. Les troupes de la IIe armée (XIIIe et XXIe corps) rejoindront sans délai. (Dépêche du 24 février, 21 heures.) La mission initiale de l'armée ainsi constituée est :

1° De recueillir les troupes de la R. F. V. engagées sur la rive droite de la Meuse, au cas où elles seraient contraintes de passer sur la rive gauche ;

2° D'interdire à l'ennemi le franchissement de la rivière (Instruction du 25 février, 9 heures).

Toute la Xe armée relevée par l'armée anglaise sur le front de l'Artois, passe en réserve générale.

Mais on ne voit clair que sur place. Le 24, à minuit, le major-général Castelnau, muni des pleins pouvoirs du général en chef, part pour le front, passe une heure à Avize au groupe d'armées du Centre, d'où il télégraphie ses ordres à six heures [1] et arrive le 25 février, à sept heures, à Dugny, quartier général du général Herr.

IV

Cette journée du 25 est sombre. On se bat dans la brume. La série noire continue. C'est ce jour-là que les Allemands remportent leur plus bruyant succès. Et pourtant, c'est ce jour-là que nous gagnâmes la bataille, parce qu'il y eut un homme qui ne voulut pas la perdre. Il y a là deux ordres de faits : les uns de l'ordre tactique, l'autre de l'ordre moral, qu'il convient d'exposer ici séparément.

Le matin du 25, nous tenons encore Champneuville, la côte du Talou, Louvemont, avec la côte du Poivre comme seconde position. La 37ᵉ division est attaquée là à la fois par des forces montant en masse de Samogneux et par d'autres débouchant du bois des Fosses sur Louvemont. L'attaque partie de Samogneux est détruite par nos feux de la rive gauche. Plus à l'Est, une patrouille allemande paraît à l'aube sur les hauteurs de la cote 344 : à deux heures de l'après-midi, toute la position est perdue et l'ennemi parvient au pied de la pente sud

1. Il faut citer le texte de cette dépêche fameuse. « Message téléphoné du général de Castelnau au général Herr, 25 février, 5 h. 45.

« Comme confirmation des ordres du général en chef, le général de Castelnau prescrit de la façon la plus formelle que le front Nord de Verdun, entre Douaumont et la Meuse, et le front Est sur la ligne des Hauts de Meuse, devront être tenus coûte que coûte et par tous les moyens dont vous disposez.

« La défense de la Meuse se fait sur la rive droite. Il ne peut donc être question que d'arrêter à tout prix l'ennemi sur cette rive ». *Journal officiel* du 26 octobre 1919, p. 41.

jusqu'au Moulin des Côtelettes, une de nos anciennes positions d'artillerie. Louvemont, écrasé d'obus, tombe à son tour vers quinze heures.

A la droite du champ de bataille, sur le plateau de Douaumont, où se passe l'action principale, la situation est plus confuse. L'ennemi, refoulé la veille dans le bois de la Vauche, y revient dans la matinée en colonnes profondes et parvient, au prix de pertes sanglantes, à escalader le plateau. Les chasseurs (2º et 4º bataillons de chasseurs, du XXº corps, et 37º division), accablés par le nombre, n'ont pu le contenir. La 31º brigade (Reibell) l'arrête sur la cote 378. Ce sont les hommes du bois d'Ailly, la brigade légendaire du fameux Péricard, la brigade de : « Debout les Morts ! » « Quoi qu'il arrive, a déclaré le colonel de Belenet[1], je n'abandonne pas Douaumont[2]. — Mais vous allez être tourné. — Nous verrons bien[3] ! » Le fait est que vers dix-sept heures, on a pu croire le village encerclé. Une contre-attaque pleine de *furia* de nos tirailleurs vers le nord, et une vigoureuse manœuvre des zouaves par la gauche, dans le ravin à l'Est de la ferme d'Haudromont, le dégagent. En fin de journée, nous avions perdu la cote 378, mais nous restions maîtres du village et des crêtes à l'Est, entourant aux trois-quarts la masse

---

1. Commandant le 95º régiment d'infanterie (de la 16º division, prêtée momentanément, comme on l'a vu, au XXº corps).

2. Le village de ce nom. Le fort, placé en arrière, était sur la limite entre le secteur de la 31º brigade et celui de la brigade voisine (brigade de droite de la 37º division). Ni l'une ni l'autre n'étaient chargées de le défendre : la défense se faisait en avant Cette circonstance explique la surprise de l'après-midi.

3. Lieutenant Péricard, *Ceux de Verdun*, 1917, p. 130 et s.

dominante du fort. On songe alors à se mettre en liaison avec la garnison. A cet instant seulement on s'aperçoit que le fort n'est plus à nous. Un parti de Brandebourgeois s'y était jeté par surprise, à la faveur de la brume et des violents combats qui se livraient aux ailes. Ils n'y trouvèrent qu'un gardien de batterie et une corvée de territoriaux achevant le désarmement du fort ; aucune garnison permanente d'infanterie[1]. La tourelle de 155, qui tirait depuis quatre jours, s'était tue faute d'ordres et de munitions. Quelques artilleurs s'échappèrent. Ainsi tomba, sans coup férir, le fort de Douaumont.

Ce hasard malheureux a une conséquence funeste. Le général de Bonneval apprend que la division de droite (14e, général Crépet), faisant comme la sienne partie du VIIe corps, s'est repliée le matin par ordre sur les Hauts de Meuse, et que Bezonvaux, repris la veille par nos troupes, vient d'être évacué dans la nuit. La perte du fort de Douaumont et l'effort enragé que l'ennemi continue pour enfoncer le centre, l'inquiètent pour sa sécurité. Il se sent menacé d'être coincé dans le coude de la Meuse, si l'ennemi arrive avant lui à Fleury et à Froideterre. Il prescrit l'abandon de la côte du Talou et, croyant le moment venu de la retraite sur la rive gauche, se retire par échelons sur la crête de Belleville, en faisant sauter le pont de Bras[2].

Castelnau, arrivé le matin à Dugny, y a trouvé les gens nerveux, surmenés par quatre jours d'impuissance et de guignon. Il approuve les mesures prises et l'évacua-

1. Récit (allemand) publié dans le *New York Times* du 5 mars. Cité par Diaz-Retg, *L'assaut contre Verdun*, 1918, p. 133. Voir surtout, à l'appendice A, à la fin du présent volume.
2. G. Muenier, *L'angoisse de Verdun*, 1919.

tion prudente de la Woëvre. Mais il confirme énergiquement ses ordres de la nuit : « La défense de Verdun se fait sur la rive droite. » Pourquoi sur la rive droite ? C'est qu'il faut briser, sur le terrain choisi par l'adversaire, la volonté de l'adversaire. Outre que le repli d'une armée, dans les conditions présentes, à travers un fleuve débordé, plus large que la Bérésina, est une opération qui risquerait de tourner au désastre, ce repli, imposé par l'ennemi, serait pour l'Allemagne un triomphe. Il y va de la gloire : c'est une affaire d'honneur entre l'Allemagne et la France. Il est trop tard pour rompre ; le combat a maintenant pour témoin l'univers. Il faut lire dans le pathétique récit de Madelin l'impression de clarté, d'assurance, de réconfort, qu'apportait avec lui ce soldat intrépide, avec sa paternelle et rustique bonhomie : par quel enchantement s'opéra, dans le désarroi de ces tragiques journées, le « rétablissement moral »...

— « Ce que je puis vous dire, lui disait Castelnau, c'est que Verdun ne sera pas pris. Et je puis même vous dire pourquoi il ne sera pas pris : c'est *qu'il ne faut pas* que Verdun soit pris [1] ! »

Du reste, la situation est sur le point de s'améliorer. Nos troupes sont rompues, il est vrai, mais non point submergées. Les Allemands, au bout de cinq jours de combats, se trouvent essoufflés par leurs pertes. Comme ils ont progressé de sept à huit kilomètres, il leur faut quelques heures pour déplacer leur artillerie ; ce répit profite à la défense. Nos réserves sont à pied d'œuvre : le XX⁰ corps (Balfourier) est déjà sur le terrain et le I⁰ʳ corps (Guillaumat), venu de la 5⁰ armée, arrive à

1. Madelin, *Le rétablissement à Verdun*, dans la « Dépêche de Lyon », 25 et 26 février 1917.

Souilly dans la journée. Le même jour, le XIIIe (Alby) débarque dans la région de Revigny, et le XXIe (Maistre) le suit à deux jours d'intervalle. Deux autres, le XIVe (Baret) et le IIIe (Nivelle) sont attendus le 28 et le 29 février. C'est une masse fraîche de six corps d'armée qui s'ajoute aux trois corps (IIe, VIIe, XXXe) [1] de la région fortifiée et que le commandement réussit le tour de force de jeter, en trois jours, en face des sept corps de l'armée du Kronprinz. Ces réserves interviennent juste au moment psychologique où l'effort ennemi rencontre sa limite et tend de lui-même à mourir. Il ne franchira plus la digue qui va, dans la journée, se constituer devant lui. Sans doute, nous avons perdu du matériel et du terrain, mais, grâce au petit nombre des troupes de couverture, à l'héroïsme de leur sacrifice, l'ennemi ne nous a fait que peu de prisonniers (dix mille à peine, tandis que, tout en reculant, nous lui en prenions dix-huit cents). Nous avons dû abandonner nos deux premières positions, et la ligne principale est même légèrement entamée ; mais c'est un accident qui peut se réparer. La partie n'est pas jouée encore, il nous reste à abattre notre jeu : les conditions deviennent plus favorables d'heure en heure, pour reprendre la discussion sur un autre terrain.

Déjà, au cours de la journée, le général Balfourier, commandant le XXe corps, a pris à la caserne Bevaux le commandement de la rive droite, où ses deux divisions opèrent depuis la veille au soir. Dans la nuit du 25 au 26, la division Guignabaudet (1er corps) est mise

---

1. En réalité, le XXXe corps va être relevé dès le 26 avec ses propres troupes (51e et 72e D.I.) et la 37e D. I.

à sa disposition. Ainsi le barrage se consolide. Barrage de troupes d'élite qu'anime le fier sentiment d'une mission héroïque : celui de la gravité de l'heure et du danger de la patrie, la confiance du courage et la foi en soi-même. Il faisait un froid rigoureux. La neige a recommencé à tomber par tourmentes. L'encombrement des routes, obstruées de fugitifs, gêne nos mouvements. L'artillerie allemande, par de formidables barrages et le bombardement incessant de nos arrières, s'efforce d'empêcher l'arrivée de nos renforts. Verdun brûle, au milieu de ses collines embrasées de tonnerres et jette sur les prairies inondées qui l'entourent les lueurs d'un nouveau Moscou [1]. Quelque chose de l'âme de la Marne, un de ces phénomènes de conscience collective qui jaillissent du fond de la race et qui font que la France ne doute jamais moins d'elle-même que dans les heures les plus sombres, transporte ces armées en marche. Elles ne connaissent plus l'impossible. Une brigade du XX⁰ corps monte en ligne en pleine nuit, ayant fait une étape de 55 kilomètres. Et l'âme de tout cela, c'est la figure tranquille de l'homme à moustache blanche qu'on devine penchée sur sa table, à une fenêtre de Souilly, à la lumière d'une bougie : cette lueur nocturne plus que la flamme incendiaire qui dévore Verdun, est l'étoile, la pensée de l'armée.

Enfin, dans cette même soirée du 25, arrive le général Pétain. Il se trouvait la veille à Noailles, derrière la VI⁰ armée, sur le front de la Somme, où il était chargé de l'étude des opérations projetées pour le printemps. Parti le matin de Chantilly avec la mission

1. G. Muenier, *L'angoisse de Verdun.*

qu'on a vue, il arrivait, retardé par la neige et les routes obstruées, après la nuit close à Souilly, pour recevoir d'autorité des mains de Castelnau la direction de la bataille. Il ne s'agissait plus de « recueillir » la R. F. V., mais d'en prendre le commandement au débotté, la nuit et en pleine bagarre. Cette idée fut le grand mérite de Castelnau[1]. Pétain ne connaissait pas le terrain. A Dugny, où il court pour s'informer de la situation, tout était consterné ; on venait d'apprendre, coup sur coup, la chute de Douaumont, la déroute de la 37e. Il était neuf heures du soir. Pétain rentre avec ces nouvelles. En une nuit de travail, ses ordres étaient prêts à six heures du matin.

A cette heure, le général Pétain n'était encore qu'aux

1. A Souilly, le général de Langle avait rejoint Castelnau dans le cours de l'après-midi. C'est à ce moment, avant l'arrivée de Pétain, que le projet de confier à celui-ci le commandement de toutes les troupes, y compris celles de la R. F. V. (XXXe, VIIe, IIe, XXe corps et divisions isolées), prit naissance. Le message de Castelnau au général en chef est daté de 15 heures. Le voici :

« Le général de Castelnau se propose de donner au général Pétain le commandement de l'ensemble de la R. F. V. et troupes arrivant sur la rive gauche de la Meuse.

« La mission initiale du général Pétain sera d'enrayer l'effort que prononce l'ennemi sur le front nord de Verdun. »

Le général en chef approuvait ces dispositions.

En fin de journée, il rappelait ses intentions dans la dépêche suivante :

« 25 février, à général Pétain, Souilly.

« J'ai donné hier, 24 février, l'ordre de résister sur la rive droite de la Meuse au Nord de Verdun.

« Tout chef qui, dans les circonstances actuelles, donnera un ordre de retraite, sera traduit en conseil de guerre. »

Les comptes rendus, en effet, semblaient faire ressortir que c'était par ordre, et non pas contraintes par l'ennemi, que nos troupes avaient évacué Brabant, le 22 février, et la côte du Poivre, le 25. *Journal officiel* du 26 octobre 1919, p. 41.

premiers échelons de sa magnifique fortune. Verdun le fit entrer dans la gloire. Peu connu du public, mais passionnément admiré par l'élite, ayant pour lui la jeunesse savante, ses dix promotions d'élèves à l'École de Guerre, il était de ceux que la guerre avait pris dans le rang pour en faire les chefs qu'il fallait à la France. Il avait longuement vieilli pendant la paix dans des grades modestes qui contentaient son ambition sans récompenser ses mérites ; il avait dû à ce long contact avec les réalités du métier cette connaissance du soldat qui allait devenir la condition de son œuvre, et qu'il avait développée dans ses fameuses leçons de tactique appliquée à l'infanterie. La guerre en quelques mois le fait brigadier, divisionnaire, commandant de corps d'armée et commandant d'armée. Les batailles d'Artois et de Champagne le placent au premier rang des maîtres de la guerre moderne. Indépendant, froid, dédaigneux de la publicité et de l'applaudissement vulgaire, avec ce teint si pur d'une extraordinaire pâleur, que l'émotion ne colore pas mais rend seulement plus pâle, et ce regard lointain d'un azur tendre qu'on n'oublie plus, grand, élancé, la voix pénétrante et persuasive, nul n'exhale davantage l'impression de l'individu de race supérieure. Ses traits, son front ciselés dans le plus rare ivoire donnent au plus haut point l'idée d'une tête bien faite. Nul homme n'offre marqués en signes plus lumineux sur sa physionomie les caractères du penseur, du grand intellectuel, du philosophe militaire. Nul ne donne mieux peut-être, d'une manière physique, la sensation majestueuse de l'ordre, du jugement et de ce charme français de la raison. Il était l'idole du troupier, qui le savait ménager de ses peines et devinait instinctivement la sensibilité secrète qui, chez ce général victorieux, se dissimule sous la pudeur. Il avait dans l'armée cette réputation de justice qui a toujours conquis le cœur du soldat français et qui lui faisait une auréole de Fabert ou de Lazare Hoche. Ainsi il s'avançait enveloppé de cette « indéfinissable splendeur » qui distingue, dit Flaubert, les êtres promis aux grandes destinées. On savait qu'où il paraissait, il faisait du calme, de la clarté. Son nom ramenait la confiance. Quand, dix minutes après son arrivée, il appela au téléphone le général Balfourier et se nomma à l'appareil :

— C'est moi, Pétain.

— C'est vous, mon général ? Alors, ça va marcher.

Tout marcha, en effet. Pétain amenait avec lui ce célèbre état-major de la IIe armée, trié par Castelnau, équipe laborieuse, homogène, sous les ordres de cet ascète le colonel de Barescut. On a dit que cette guerre est une guerre de soldats. D'autres l'ont appelée une guerre de matériel. La vérité est qu'aucune guerre n'a été plus que celle-ci une guerre d'états-majors. Ce qu'a pu le courage tout seul, l'exemple de l'armée russe est là pour le montrer. La surabondance matérielle n'a pas empêché les échecs répétés de l'armée anglaise. Il faut le dire, à la gloire de Foch et de la génération de maîtres qui ont fondé la tradition : ce qui a gagné la guerre, c'est sans doute le paysan français, mais qu'aurait pu le paysan sans le corps d'officiers de l'École de guerre ?

La qualité maîtresse d'un Pétain, c'est le sens de l'organisation. Tout de suite, on le voit à l'œuvre. La première condition pour tenir, c'est d'abord de distribuer les tâches ; dès le 26, Pétain constitue ses forces en groupements : groupement de Bazelaire sur la rive gauche, avec deux divisions (29e et 67e) renforcées de deux brigades ; sur la rive droite, de l'ouest à l'est, le groupement Guillaumat sur la côte du Poivre, avec deux divisions (39e et 1re) ; groupement Balfourier, de Douaumont à Eix (trois divisions : 153e, 14e, 2e et deux brigades) ; à l'est enfin, sur les Hauts de Meuse, le groupement Duchesne (quatre divisions, deux brigades).

Une deuxième condition, c'est de s'asseoir sur le terrain d'une manière rationnelle. Les premières lignes ne représentent qu'un tracé de fortune que modifie sans cesse le hasard des combats. Les secondes manquent partout, et ce sont elles qui doivent être l'armature de la résistance. On ne peut exiger des troupes qui se battent l'effort supplémentaire d'aménager le champ de bataille. Pétain trace sur la carte deux positions défensives à créer sur les deux rives (27 février) ; le 2 mars, il les redouble encore par deux lignes intermédiaires, formant un système de quatre positions successives. Toute une division (la 59e) est répartie sur les deux rives : dix mille bêches se mettent à l'ouvrage.

En même temps que les troupes et les positions, il fallait avant tout réorganiser l'artillerie. Dans une bataille comme celle de Verdun, c'était elle qui allait jouer le premier rôle. L'importance du matériel dans la bataille moderne, Pétain l'avait mise en lumière, et l'un des premiers, dès la grande expérience d'Artois et de Champagne. On ne pouvait résister en se contentant d'opposer à l'artillerie allemande des poitrines humaines ; il fallait reconstruire la muraille de feux, refaire l'armature d'acier sur laquelle se briserait l'assaut de l'adversaire.

C tte réorganisation fut un des premiers soins de

Pétain. L'artillerie de la R. F. V. n'était pas aussi maigre qu'on l'a dit, mais elle s'était trouvée extrêmement inférieure à l'artillerie allemande renforcée pour l'attaque. Elle comprenait, le 21 février, en artillerie de campagne, 202 pièces sur la rive gauche et 186 sur la rive droite ; en artillerie lourde, 98 pièces sur la première, 152 sur la seconde ; au total, 388 pièces de campagne et 244 pièces lourdes. Les premiers jours de la bataille nous avaient coûté de grosses pertes de matériel. En peu de semaines, Pétain, secondé par le général Herr, un de nos premiers artilleurs, un des champions de l'artillerie lourde, et qui avait rapporté, dès 1912, des observations précieuses de la guerre des Balkans, disposait de 1.815 pièces de canons ainsi constituées : 1.100 pièces de 75, 225 pièces des calibres de 80 à 105, 590 pièces d'artillerie lourde et d'artillerie lourde à grande puissance. L'équilibre était rétabli avec l'artillerie allemande.

La troisième condition, c'est de pouvoir alimenter régulièrement le champ de bataille et d'assurer, dans ce vaste organisme de l'armée, la circulation du sang et le régime de la nutrition. L'encombrement des convois, le subit afflux de quatre mille camions dans les premiers jours de la bataille a produit des embouteillages, des accidents, des retards. Des ordres sévères règlent désormais la police des routes, établissent des circuits, prescrivent des directions. L'écheveau se débrouille et le mouvement renaît. Trois mille territoriaux, sur la route de Bar à Verdun, travaillent sans relâche à l'entretien de la chaussée, sous les dix-sept cents camions qui y passent jour et nuit dans chaque sens, à raison d'une voiture toutes les vingt-cinq secondes ; la Voie sacrée a l'air d'un long trottoir roulant, d'un boulevard glissant lentement, comme un fleuve[1]. Des passerelles sont créées sur la Meuse pour doubler celles qui existent. Ce trait, pour fixer les idées, montre l'ampleur de vues, l'énergie d'un Pétain. Le 25 février, de Verdun à Saint-Mihiel, il y avait neuf ponts ; un mois plus tard, on n'en compte pas moins de quarante et un. Finalement, il y en eut plus de cent cinquante. Enfin, quel que soit le dévouement des automobilistes (certains ont fait jusqu'à cinquante-quatre heures consécutives de volant), leurs services ne dispensent pas de ceux du chemin de fer. Le « Meusien », qui travaille à plein, est encore très insuffisant. Encore n'est-il bon que pour convoyer des vivres ; il est hors état de servir à transporter les munitions, faute de capacité de rendement et de commodités de débarquement. Dès le 28 février, Pétain décide la construction de la ligne ferrée à voie normale de Revigny à Dugny[1]. Le projet existait depuis le

1. A quoi tient le sort d'un bataille ? La route, déchaussée par le gel et le dégel, sous ce charroi frénétique qui, en cinq jours, portait l'armée de Verdun de 150.000 hommes à l'effectif de 800.000, s'enfonçait à vue d'œil : par endroits, de quarante centimètres par jour. Le 25 février au soir, ce fut une des premières questions de Pétain : « La route tiendrait-elle ? » Le commandant Richard, commandant le Génie de la IIe armée, demanda vingt-quatre heures pour répondre. Il échelonna son monde, constitua des équipes, fit ouvrir des carrières, s'assura qu'il pourrait entretenir, réparer, soutenir la chaussée croulante sans interrompre la circulation. Le 26 au soir, il dit : « La route tiendra ». — « C'est bien, dit Pétain ; autrement, j'allais donner l'ordre d'évacuer la rive droite. » — Ceci soit dit pour montrer le rôle de certains services, que le public est porté à traiter d' « embusqués », et pour faire comprendre par quel ordre de raisons *positives* se décide un Pétain.

L. GILLET. 5

mois d'octobre. Ces 60 kilomètres, achevés en trois mois, seront livrés le 10 juin à l'exploitation. Ils auront l'avantage de décharger l'automobile de la plus grande partie des transports de matériel, et de libérer en même temps un grand nombre de voitures qui seront utilisables sur le front de la Somme.

D'autres ordonnances suivent bientôt : service de la voie de 0 m. 60, service forestier, service des eaux, service des forts qui seront réorganisés comme points d'appui et mis en état de résister, même investis (la leçon de Douaumont n'a pas été perdue) ; réorganisation de l'aéronautique et du travail de l'aviation (bombardement, réglage, chasse, reconnaissance) ; observation par ballons, défense contre l'aviation ennemie, création de dépôts, d'hôpitaux, d'ambulances et de cantonnements ; régime des relèves, tout un ensemble de mesures prises en quatre ou cinq jours, peu à peu complétées, vont permettre à tous les organes de fonctionner, rythmer les mouvements, régler la vie de l'armée dans la gigantesque bataille. En quelques jours un commandement ferme, une pensée lucide et maîtresse de ses nerfs, ont éclairci la situation, ramené la confiance, achevé d'opérer le rétablissement et jeté les bases de cette résistance qui de jour en jour se changera davantage en victoire.

---

1. Pour être tout à fait exact, la construction de la voie ferrée fut demandée par Pétain et ordonnée par Castelnau. Celui-ci du quartier général de l'armée à la mairie de Souilly, donna l'ordre par téléphone à la Direction de l'arrière, le 26 février. Comme on lui opposait les difficultés de l'entreprise, un témoin de la scène me rapporte qu'il entendit le général de Castelnau, toujours à l'appareil, répondre « Je m'en moque. » — Il lâcha le mot militaire.

V

A partir du 26, en effet, les Allemands ne font plus aucun progrès sensible. Maîtres du fort de Douaumont, ils croient n'avoir qu'un pas à faire pour être maîtres de Verdun. C'est du moins l'opinion répandue dans leur presse, avec, pour *leit-motiv*, le coup de clairon de l'empereur : « Douaumont, pierre angulaire de la principale forteresse de la France... » En réalité, l'État-major (le mémoire de la *Kriegsakademie* le prouve) savait fort bien à quoi s'en tenir et qu'il existait en arrière une barrière très forte — la ligne Froide-terre-Vaux — qui serait un terrible obstacle et coûterait de gros efforts [1].

En revanche, Douaumont, pour les hommes de l'art allemands, c'est l'observatoire-type de toute la région, « ce qu'est à Port-Arthur la colline 203 ». Il faut avouer qu'à cet égard ils devaient en tirer un parti remarquable. Peut-être d'ailleurs l'État-major fut-il abusé, lui aussi, par la facilité de son triomphe du 25, et nous crut-il, une fois de plus, plus malades que nous n'étions. Son succès lui fit perdre un peu de son sang-froid. Il va s'apercevoir que la situation a changé. Il va tout mettre en œuvre pour élargir son succès, nous

---

1. C'est seulement le 25 mars que le correspondant de la *Gazette populaire de Cologne*, télégraphiant du G. Q. G., écrit : « L'inflexible logique avec laquelle notre haut commandement *s'acquitte de la tâche qui lui a été assignée de prendre Verdun...* » Ici, pour la première fois, au bout de 34 jours de bataille, se trouve dans un document du G. Q. G. l'aveu du but de l'affaire. Jusque là il n'est toujours question que de « rectifier le front », de « dégager des voies de communications stratégiques » etc. L'empereur était plus pressé, et moins prudent.

au contraire pour le circonscrire et le lui arracher. Le ciel, si couvert la veille, s'éclaire et sourit le 26 : premier rayon de l'espérance dans l'angoisse de ces journées.

A la française, tout de suite, c'est nous qui attaquons. Le XXᵉ corps a l'ordre de reprendre Douaumont. L'attaque brusquée du 26 échoue. L'ennemi a déjà eu le temps d'amener ses mitrailleuses. L'opération est reprise sur un plan méthodique, mais le 27, les moyens matériels font défaut ; le 28, le lieutenant-colonel Joulia, qui dirige l'affaire, est tué au moment de l'assaut ; le 29, les échelles sont brisées par le bombardement. On décide alors de poursuivre l'investissement à la sape. Le fort aux trois-quarts encerclé et écrasé d'obus ne tient plus à l'arrière que par un fil.

Les Allemands, serrés à la gorge dans le fort, multiplient les efforts pour se donner de l'air. Ils s'évertuent à nous faire lâcher prise par des coups dans les côtes. Ils croient avoir trouvé le joint en tournant par la gauche, entre la côte du Poivre et le calvaire de Douaumont, par le bois du Chauffour : ils se font durement ramener par la division Nourrisson (39ᵉ). Sur la droite, ils sont plus heureux et enlèvent l'ouvrage d'Hardaumont. Mais l'attitude agressive de la division Deligny (153ᵉ) devant le fort, les contraint à renoncer à ces diversions. Désormais toute l'action se concentre sur le plateau, dans ce secteur de Douaumont, où est la clef de la bataille.

A cinq cents mètres à l'ouest du fort et à une dizaine de mètres en contre-bas, s'élève le village de Douaumont. Ce village est à la croisée de deux routes, celle de Bras à Vaux, qui enjambe le plateau d'Ouest en Est, l'autre conduisant vers le sud à Fleury-devant-Douau-

mont. C'est sur ce village, héroïquement défendu le 25 *et le 26*
par la brigade Reibell, que l'ennemi revient à la charge
le 27. Ce jour-là, il n'y lance pas moins de trois
attaques. A la deuxième, il réussit à s'emparer de la
redoute à l'ouest du fort. Un bataillon du 418ᵉ (lieutenant-colonel de Valon) contre-attaque à la baïon-

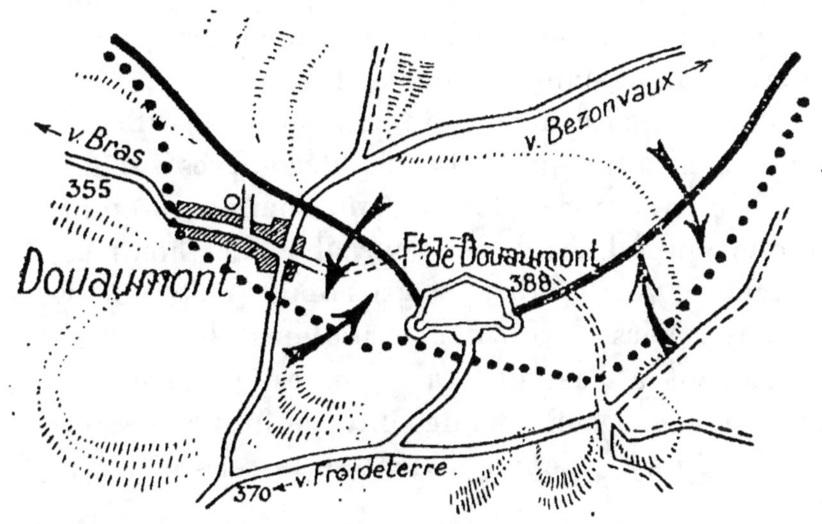

nette et enlève la redoute. La troisième attaque est
fauchée avant d'atteindre nos positions.

Le 28, on se bat corps à corps dans le village, qui
nous reste. L'ennemi s'arrête alors un moment pour
reprendre haleine : c'est la première pause qu'on
observe dans la bataille. Enfin, le 2 mars, après deux
jours d'accalmie relative, la préparation d'artillerie
reprend sur le village. Elle dura cinq heures. L'infan-

terie se présente alors en vagues denses, précédées de volontaires et de grenadiers. Les nôtres n'attendaient que cet instant : ils ouvrent un feu terrible. En certains endroits, sept Allemands se firent tuer l'un sur l'autre. L'attaque recommence le soir même après une nouvelle préparation d'artillerie. Cette fois, le village reste aux mains de l'ennemi. Une compagnie contre-attaqua à coups de crosses et de baïonnettes jusqu'au dernier homme. Le reste borde le village à cinquante mètres, et en tient les issues au bout de ses fusils.

Le lendemain, c'est à nous de bombarder le village. Ce village n'est plus qu'un tas de décombres sur un charnier. Notre artillerie lourde, qui commence enfin à rappliquer, prend ces ruines pour cible. Les hommes se dilataient de voir tomber les gros obus : c'était leur tour de rire ! Vers le soir deux bataillons (des 410° et 414°) s'élancent à l'assaut. La ligne est reportée en avant du village. Deux fois de suite, à huit heures et à dix heures du soir, l'ennemi vient se briser sur notre résistance.

Cependant, le 4 mars, dès le lever du jour, les Allemands ayant amené dans la nuit des renforts, exécutent un puissant retour offensif. On se battit jusqu'à neuf heures. Nos effectifs avaient fondu. Les restes de la garnison reçurent l'ordre de se retirer à deux cents mètres du village où ils se retranchèrent. L'ennemi ne les poursuivit pas.

Ces combats donnent une idée de l'acharnement de la bataille. Le XX° corps, une fois de plus, fut admirable. Un sous-lieutenant, sous les obus, se promène froidement, la cigarette aux lèvres, pour rassurer sa compagnie. Un soldat, attaqué par cinq Allemands, en tue deux à la baïonnette et abat les trois autres pendant leur fuite. Un autre, dont la mitrailleuse s'enraye pendant un assaut, la démonte, l'essuie, la remonte et rouvre le feu à cinquante mètres. Un troisième, blessé au début de l'attaque, refuse de se faire panser et reste avec ses camarades, nettoyant et chargeant les armes. Tous ces points d'héroïsme et d'obstination construisent une barrière où l'effort ennemi achève de se briser. En huit jours de combats et de pertes effroyables, les Allemands n'ont réussi qu'à nous arracher un village. Leur offensive, commencée le 21 février sur un front de onze kilomètres, finit le 4 mars en pointe sur un front de cinq à six cents mètres. Il est visible que leur force n'est déjà plus la même. La situation se stabilise. La grande ruée sur Verdun par la rive droite est enrayée. Le premier acte est terminé.

On a vu que ce premier acte a été mené du côté allemand par trois corps d'armée. Dans quel état se trouve cette masse de choc, au bout de quinze jours de bataille ?

A gauche, le VIIe corps de réserve avançait avec ses deux divisions placées l'une derrière l'autre ; la 13e, qui marchait en tête, souffrit beaucoup des premiers jours de lutte. Le 28, elle fut relevée par la 14e.

Au centre, le XVIIIe corps a perdu beaucoup de monde par sa division de gauche (25e) à Beaumont et au bois des Fosses. Le 27, cette division passe en seconde ligne. La 21e division, moins éprouvée, appuie pour prendre sa place.

Devant notre droite, l'attaque a été menée par le IIIe corps, ses deux divisions en ligne, mais formées en profondeur, de manière à faire un roulement entre les régiments. C'est la division de gauche (Est), la 6e, qui le 26 au soir a pénétré dans Douaumont, tandis que la 5e, à l'Ouest, se fait écharper devant le village. En même temps, pour faire la liaison entre ce corps et le XVIIIe, l'État-Major faisait venir du XVe corps, en Woëvre, un régiment frais, le 105e, par un mouvement de rocade. Ce régiment attaque le 26 dans le bois du Chauffour et s'y fait complètement détruire. Le IIIe corps fournit encore les attaques du 28 : le 29, épuisé par ce dernier effort, il est ramené à l'arrière. La 21e division (XVIIIe corps) appuie à gauche pour prendre sa place, tandis que, pour boucher le reste du trou, on appelle une division fraîche, la 113e, appartenant au détachement von Strantz. C'est la première grande unité étrangère à la première mise qui apparaisse sur le champ de bataille.

En résumé, le 29 février, au moment de la première accalmie, la masse de choc initiale est dans l'état suivant : à la droite allemande, la 14e division de réserve n'a perdu que 10 % de son effectif ; le moral est passable. La 13e division est au repos à l'arrière. Au centre, la 21e division, jusqu'au bois du Chauffour ; la 25e, à l'arrière, très abîmée. A la gauche, le corps brandebourgeois, à bout de souffle, a été remplacé par la 113e division, qui n'a pas encore combattu. C'est elle qui, avec la 21e division, fournit les attaques du 2 mars sur le village de Douaumont. Toutes les deux s'y font éreinter. Le 4 mars au matin, sur un seul point du front, on compte plus de huit cents cadavres. Tout le résultat de ces combats n'a été que de prendre un village en faisant démolir une division fraîche.

Ainsi, le 4 mars, après deux semaines de bataille, toute la masse de choc principale a été mise hors de combat, sans avoir réussi à exploiter la rupture obtenue les 24 et 25 février. La bataille des jours suivants n'a fait que l'émousser davantage, sans lui permettre un pas de plus.

Mais on se souvient que cette masse, augmentée du XV° corps, qui n'a pris part à l'action que par quelques-uns de ses éléments, était venue s'intercaler dans l'ancienne armée du kronprinz, qui se trouve maintenant disposée sur les ailes. Cette armée est intacte. C'est elle qui va s'ébranler à son tour, en deux temps : la droite le 6 mars sur la rive ouest de la Meuse, la gauche deux jours plus tard en Woëvre. C'est le mouvement de tenaille qui avait été monté pour consommer l'effet de l'attaque centrale. La machine allait jouer comme l'avait prévu l'État-Major allemand. Seulement, au lieu de jouer après une victoire, elle allait le faire après un échec. Les pinces vont essayer de se refermer en nous broyant. Mais le ressort était cassé.

CHAPITRE III

LA BATAILLE D'AILES

(6 mars-7 avril)

La rive gauche de la Meuse. — L'attaque du 6 mars. — Les combats du bois des Corbeaux. — L'attaque du Morthomme. — L'attaque du bois d'Avocourt et le saillant d'Haucourt. — La bataille sur la rive droite. — Les combats de Vaux. — L'attaque du bois de la Caillette. — Les résultats de la bataille d'ailes.

I.

La bataille, après un répit de quarante-huit heures, allait recommencer le 6 mars sur la rive gauche. Deux jours après, une nouvelle bataille éclate sur la rive droite. Ces deux batailles latérales vont faire rage pendant un mois. Elles donneront à la masse de choc, qui a combattu la première, le temps de se reconstituer et s'efforceront, en attendant, de tourner cette ligne inébranlable du centre où elle se heurte depuis le 26 février.

Nos lignes sur la rive gauche se trouvent, depuis l'avance allemande au centre, dans une situation singulière. Elles finissent à Forges, tandis que les Allemands, sur la rive opposée, sont à Vancherauville, à six kilomètres plus au sud. Ce saillant gêne terriblement l'ennemi par ses feux d'enfilade. Réciproquement, ce saillant, déjà battu de l'ouest par le canon de Montfaucon, l'est par surcroît de l'Est par les batteries du bois des Caures et se trouve par conséquent dans une situation des plus fragiles. La ligne, plus à l'Ouest, passe par le sud du bois de Forges, suit la crête à un kilomètre en avant du ruisseau, tourne au sud-ouest devant Malancourt et traverse en écharpe la corne sud-est du bois d'Avocourt, d'où elle va, par le bois de Cheppy, rejoindre Vauquois et l'Argonne. Il est clair que cette position, battue sur plus de deux cents degrés, avec une vallée à dos, ne représente qu'une avant-ligne sacrifiée d'avance.

La véritable position se trouve à une lieue en arrière. Là, au sud du ruisseau de Forges, s'étend un grand quadrilatère limité à l'ouest par les vallées de la Buanthe et de l'Aire, à l'Est par le cours de la Meuse, au sud par celui de la Couzance et du ruisseau de Wadelaincourt, que suit le chemin de fer de Sainte-Menehould à Verdun. Dans sa partie orientale, ce plateau porte les grands couverts de la forêt de Hesse ; il est plus dénudé à l'Est, où ses croupes décharnées vont se prêter merveilleusement à devenir le champ de bataille.

Le trait le plus curieux de cette région, dans sa partie voisine de la Meuse, est formé par un petit cours d'eau, la Hayette, affluent du ruisseau de Forges, qui s'est creusé son lit du sud au nord, divisant le rebord septentrional du plateau en deux masses séparées, qui vont devenir de ce côté les deux piliers de la défense. Ces deux massifs devaient être également célèbres : celui de gauche porte sur la carte la cote 304 ; celui de droite culmine à 295 mètres : c'est le Morthomme. Cette ligne se double en arrière d'une seconde, plus forte encore, constitué par le rebord méridional du plateau, faîte continu qui tient la ligne précédente sous ses feux et qui porte la ligne des forts : Vacherauville, Marre, Bois-Bourrus.

Toute cette architecture extrêmement puissante présentait les plus grandes difficultés de terrain : c'est pourquoi l'ennemi en avait différé l'attaque. Le mémoire déjà cité de la *Kriegsakademie* montre que l'État-major allemand a été effrayé de ces difficultés. Il se heurtait en effet par-là à trois positions successives qu'il considérait comme très fortes : 1° position 304-Morthomme ; 2° position Vacherauville-Marre-Bois-Bourrus ; 3° position citadelle de Verdun-forts de la Chaume et des Sartelles-Sivry-la-Perche. C'est pourquoi, bien que cette attaque dût, en cas de succès, conduire à de grands résultats, il conclut à ne pas en faire l'attaque principale, mais une attaque secondaire qui, une fois facilitée par celle de la rive droite, devait à son tour la compléter.

En réalité, c'était là pour nous le grand danger. Il saute aux yeux que si les Allemands, le 21 février, avaient attaqué sur la rive gauche et progressé de huit kilomètres, comme ils l'ont fait sur la rive droite, emportant d'un seul coup le Morthomme et 304, il ne restait, pour nous y recevoir, que la ligne des Bois-Bourrus. Dans ces conditions, que devenait la rive droite ? La rivière était débordée. Tout ce qui se trouvait de l'autre côté était fait prisonnier. Où se fût arrêté le désastre ?

A peine arrivé, ce fut là le gros souci de Pétain. Dès le 25 février, il téléphone à Bazelaire, qui commande sur la rive droite : « Vas-tu être attaqué ? » — « Non. » « Alors, on s'en tirera. Mais ils ne savent pas leur métier. » Si l'attaque, ce soir-là ou le lendemain, s'était prononcée par la rive gauche, nous n'avions pas sous la main de quoi y faire face. Chaque jour de délai améliorait la situation. Dix jours après, le jour de l'assaut, Pétain avait eu, comme on dit, le temps de se retourner ; tout en se battant à Douaumont, il ne pensait qu'à la rive gauche. Le 6 mars, nous étions sauvés. Les Allemands allaient mettre quinze jours à s'emparer de la ligne Béthincourt-Cunières, quinze autres à prendre la ligne Béthincourt-304. Ils avaient perdu la bataille.

Ce qu'on ne s'expliquera jamais, à plus forte raison, c'est la faute de n'avoir pas attaqué par les deux rives et de n'avoir pas su se créer, sur tant de millions d'hommes, les réserves nécessaires. Ce n'était pas la peine d'entretenir en France cent trente divisions, pour n'en pouvoir économiser que sept ou huit. Tout l'art du commandement est de savoir se créer des ressources. C'est le secret de la manœuvre. En 1918, Pétain pourra prêter vingt divisions aux Anglais, mais il avait à ce moment, dans l'Est, des fronts de quinze à vingt kilomètres par division. Les Allemands, en 1916, n'ont su tirer aucun parti de leur supériorité du nombre.

On est d'autant plus étonné, qu'ils avaient « répété » l'attaque sur la rive gauche, dans leur *Kriesgpiel* de Charleville. C'est d'ailleurs par-là, on l'a vu, qu'ils avaient abordé Verdun en 1870 ; il est vrai qu'à ce moment les forts de la Meuse n'existaient pas. Puis ils se ravisèrent, le pédantisme l'emporta. Ils jugèrent décidément la position inabordable, tant qu'ils n'y auraient pas créé un flanc à découvert : c'est ce qu'ils avaient obtenu par l'attaque centrale. Mais celle-ci se trouve bloquée à son tour par ce grand saillant sur sa droite. Le moment est venu pour l'état-major allemand de dégager le centre en faisant avancer la droite-

Cette aile droite se composait du VIe corps de réserve et d'une division de Landwehr, la 2e, occupant le secteur d'Avocourt. C'est le VIe corps de réserve, appuyé d'une division du Xe corps (la 22e), qui fournit l'attaque du 6 mars.

De notre côté, les lignes étaient tenues, avant le 21 février, par deux divisions, — la 29e, à gauche (Guyot de Salins); à droite, la 67e (Aimé), — formant, depuis le 14 février, le groupement de Bazelaire. Ce groupement, renforcé de la valeur de deux divisions, se subdivise depuis le 27 février en deux sous-groupements : à gauche, le groupe Alby (XIIIe corps) avec les 29e et 26e divisions) ; à droite, le groupe Aimé (67e division et deux brigades des 19e et 48e divisions). Ce dernier groupe occupe le secteur de Béthincourt à Forges. C'est lui qui va recevoir l'assaut des VIe et X^e corps de réserve allemands.

II

Dans la matinée du 6 mars, l'ennemi entreprend le bombardement de nos positions de Béthincourt à la Meuse. Le saillant constitué par nos lignes, accrochées à la pente au sud du bois de Forges, avec la coupure du ruisseau débordé en arrière, représentait une proie facile. Nous n'y avions maintenu qu'une faible garnison.

A midi, les Allemands franchissent le ruisseau. Le mauvais temps les servait ; nos obus, tombant dans la boue de ces marécages, n'éclataient pas. Forges et Régnéville, situés d'ailleurs dans des bas-fonds défilés à nos coups, tombent aux mains de l'ennemi. La résistance s'accentua quand il s'agit d'aborder le grand mouvement de terrain constitué par le côte de l'Oie. Pour donner l'assaut à la cote 265, les Allemands ne dépensèrent pas moins d'une division. Le soir, nous tenions Béthincourt et les boqueteaux à l'Est, le bois

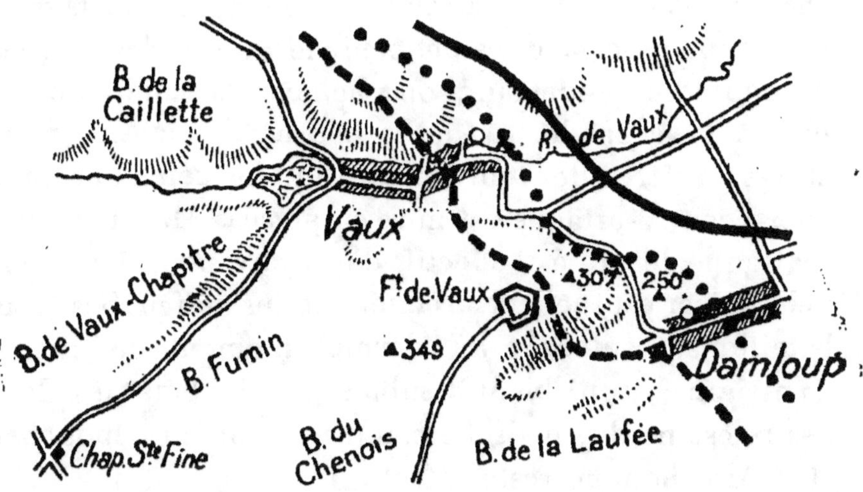

Attaque dans la région de Vaux.

des Corbeaux, la côte de l'Oie et nous rejoignions la Meuse au sud de Régnéville.

La côte de l'Oie devenait notre position avancée. C'est un large glacis qui descend à l'Est du Morthomme ; cé glacis, dans sa partie nord, s'évide en un ravin, qu'occupe le bois des Corbeaux. Ce bois défilé dans une gorge dont les versants le crêtent et s'enfonçant en coin au centre de la ligne, forme une bonne base de départ pour l'attaque du Morthomme. Le 7 mars, l'infanterie allemande s'en empare.

Les 8 et le 9, un duel serré s'engage pour la possession du bois. Nous y avons d'abord l'avantage. Une magnifique contre-attaque du colonel Macker chasse l'ennemi de la majeure partie du bois. Le colonel Macker avait fait toilette pour cette fête : rasé de frais, son blaireau trempé dans un quart de vin, il chargea la canne à la main et le cigare aux lèvres. L'aumônier de la division bénit le départ des vagues d'assaut. Le lendemain, on achève la conquête du bois à la grenade. A neuf heures du matin, nous étions maîtres de tout le terrain. Le soir, une première contre-attaque est mise en pièces. Mais l'ennemi réattaque le 10 à l'effectif d'une division. Le colonel Macker est tué aux premiers coups de feu. Ses trois bataillons, renforcés au dernier moment de quatre compagnies, sont bientôt submergés. Le bois des Corbeaux est perdu, mais l'ennemi ne peut en déboucher et le Morthomme reste intact.

Il fallut aux Allemands une pause de quatre jours pour reprendre la lutte. Pendant cette première semaine de combats nous avons simplement refusé l'épaule droite : la ligne pivote sur sa gauche et de Béthincourt-Forges devient Béthincourt-Cumières, le centre appuyé au Morthomme.

Ce massif forme entre la Meuse et le ruisseau de la Hayette une espèce d'îlot, un plateau en demi-lune dont la concavité, tournée vers le nord-est, est occupée par le ravin des Corbeaux. Les pointes du croissant aboutissent à gauche à Béthincourt et à droite à Cumières. Au centre s'élèvent deux verrues, une double excroissance qui donne au sommet du plateau un profil en dos de selle arabe. La butte placée au nord mesure 265 mètres d'altitude, celle du sud (295 mètres) commande de trente mètres le reste du plateau. Cet îlot ne mène à rien, étant vu de toutes parts de nos positions en arrière. On ne pourrait aborder cette nouvelle ligne sans se fourrer dans un cul-de-sac et s'y faire écraser sous les feux concentriques de 304, de 310, des forts de Marre et de Bois-Bourrus. Mais la prise de cet îlot ferait tomber un des piliers de la défense ; le second, isolé, tomberait de lui-même.

La bataille pour le Morthomme commence le 14 mars. Les obus tombent à la cadence de deux à la seconde. L'attaque trouve la garnison enterrée, asphyxiée. Mais la 25ᵉ division (Debeney), qui occupe le secteur, a l'ordre de ne pas reculer. Le colonel Garçon (75ᵉ brigade), trois lieutenants-colonels et leurs états-majors tombent le fusil au poing. Les hommes, privés de direction, débordés par le nombre, n'ont plus la force d'empêcher la prise de la cote 265. Mais huit cents mètres plus au sud, la butte 295 nous reste, après une magnifique défense. Au cours de la nuit, une contre-attaque du 15ᵉ régiment réussit même à élargir sérieusement nos positions. Nous nous établissons à contre-pente sur le versant nord au contact de l'adversaire. De petites actions locales en vue de rectifier le front, montrent nettement que nos troupes (zouaves et tirailleurs, division Largeau) ont repris l'ascendant. L'ennemi réagit les 16 et 17 mars. Le 18, la première phase de la bataille à l'aile droite s'arrête sur un échec.

Devant cet échec, les Allemands, fidèles à leur tactique ordinaire, font avancer leur épaule droite après leur épaule gauche. N'ayant pu emporter le Morthomme, pilier droit de notre défense, ils tentent de faire tomber le pilier gauche, c'est-à-dire la cote 304.

Ils s'y prennent une fois de plus par une manœuvre débordante, c'est-à-dire par l'extrême ouest du secteur, dans les bois d'Avocourt. L'opération est confiée à une division d'élite, qui a fait avec Mackensen la campagne de Galicie, et qui paraît pour la première fois sur ce champ de bataille, la 11e bavaroise.

Si vous vous placez à Avocourt, orienté face au nord dans le sens de la carte, vous vous trouverez dans un creux environné de collines que des ravins divisent en côtes de melon, et que couronnent des bois. Les Allemands sont dans ces bois, dont nos lignes suivent les lisières ; seulement, vers notre droite, elles entrent sous bois, laissant à l'Est un promontoire qui est le bois d'Avocourt. Ce bois couvre l'étoile de ravins qui rayonne autour du village et dont les uns, vers la droite, passent derrière la position de 304 par la vallée de la Noue et la route d'Avocourt à Esnes, tandis que d'autres vallées pénètrent profondément au sud dans la forêt de Hesse. Nos lignes dessinent là un coin, un angle rentrant, dont le sommet se trouve dans le bois et qu'il suffirait d'élargir pour tourner toutes nos défenses de la rive gauche.

Cette position d'Avocourt était le gond de ces défenses. Elle était extrêmement forte. Un triple réseau de fils de fer, large de cinquante mètres, formait dans ce triangle boisé autant de barrages successifs ; d'autres réseaux couvraient les flancs. Un grand ouvrage fermé, d'un type fréquent dans ce secteur, constituait le réduit. Mais les troupes, fatiguées par un long séjour aux tranchées, n'étaient pas sûres. Les Allemands étaient instruits de tout par des déserteurs. Ils attaquèrent le 20 mars avec des lance-flammes, enveloppèrent le bois, l'enlevèrent en deux heures, en faisant prisonnière une brigade entière. Le colonel téléphona qu'il était cerné dans son abri sans avoir entendu tirer un coup de fusil. Les deux régiments s'étaient rendus.

Cette affaire fut peut-être la plus grave de toute la bataille. Si l'ennemi était parvenu jusqu'au village, toutes les défenses de la rive gauche se trouvaient tournées ; 304 tombait, et le Morthomme par voie de conséquence ; toute la ligne croulait comme un château de cartes. La rive droite devenait intenable. Telle était l'importance de cette charnière d'Avocourt. Pétain vit le danger. Il donne l'ordre à Bazelaire de mordre dans le bois, coûte que coûte, de reprendre à tout prix au moins la corne Sud-Est. Il fallait sauver le village.

Heureusement, les Bavarois ne surent pas exploiter leur chance: le 21 mars, comme ils tentent de déboucher du bois, une brillante contre-attaque menée par le capitaine Verlet, de l'État-major de la 29e division, les y rejette. La manœuvre est manquée. Nouvelles tentatives infructueuses le 22, le 28. Le 29, loin de laisser l'ennemi maître de sortir du bois, c'est nous qui le lui enlevons par une charge fameuse du lieutenant-colonel de Malleray. Il neigeait. Le colonel, pour réveiller sa troupe, qui s'endormait de fatigue sous le bombardement, fait donner la musique : un obus enterre la « clique ». La rage met debout les hommes, le bois est enlevé d'un élan. Les Allemands reviennent à la charge le jour même, puis le 30, le 31 mars et encore le 1er avril, précédés d'un immense bombardement. Ils renoncent à la fin, laissant dans nos réseaux des monceaux de cadavres.

Ainsi, au bout de douze jours, la menace de rupture

par l'angle d'Avocourt est décidément conjurée. Nous conservons une partie du bois, dont nous faisons un nouveau réduit qui protège le flanc de 304. Mais nos lignes d'Haucourt-Béthincourt forment, en avant de cette position, un saillant qui représente les trois faces d'un carré de trois kilomètres de côté : c'est sur cette proie facile que l'ennemi se rabat. Encore va-t-elle lui coûter une brigade fraîche, la 192e. Malancourt se défend maison par maison. L'église, transformée en forteresse, tient encore le 31 mars. Haucourt résiste jusqu'au 5 avril. Béthincourt, dernier sommet subsistant du saillant, est évacué le 8, et nos lignes se replient au sud du ruisseau de Forges.

Il aura fallu un mois à l'ennemi pour obtenir ce résultat : arrêté au Morthomme, arrêté au bois d'Avocourt, il vient battre la base de notre position de 304. Il n'a gagné, au prix de tant d'efforts, qu'une bande de terrain qui le porte seulement au pied des piliers de notre résistance. De ce côté, la bataille d'ailes peut être regardée comme perdue.

III

Que se passe-t-il cependant à l'autre extrémité du champ de bataille ?

On se souvient que les combats des premiers jours de mars ont livré à l'ennemi le village de Douaumont. Mais nous restons accrochés sur le plateau, à deux cents mètres du fort. L'ennemi, n'ayant pu nous en chasser de front, va chercher à tourner la position par sa gauche. On sait qu'il a de ce côté deux corps frais, le XVe actif et le Ve de réserve, de Posen, qui n'ont

encore combattu que par quelques-uns de leurs éléments, et la 113e division, qui a fait l'attaque du village. Il y ajoute le IIIe corps, hâtivement reconstitué,
et qui, retiré du combat le 27 février, reprend sa place
le 7 mars. Ce sont ces troupes qui vont fournir symé-
triquement aux attaques du Morthomme, celles de la
région de Vaux. De notre côté, le général Maistre
(XXIe corps), qui relève le 7 mars le général Balfourier,
commande la défense.

Le fort de Vaux (349 mètres) est bâti sur un éperon
qui domine la plaine de Woëvre. Il est dominé lui-
même en arrière par les forts de Souville (388 mètres)
et de Tavannes. Mais il prend à revers le fort de
Douaumont, et c'est là son importance. Il commande
un ravin orienté d'Est en Ouest et dont le fond est
occupé par le village de Vaux, rue plutôt que village,
de 1.200 mètres de longueur. Ce ravin, qui entame profondément le plateau par une coupure de plus d'une
lieue, reçoit lui-même cinq ou six ravins secondaires
qui s'y jettent du sud ou du nord, et qui offrent
autant de cheminements pour la conquête du plateau.
L'ennemi va essayer de forcer cette serrure.

Il procède par une sorte de marche en tiroirs d'un
mécanisme très ingénieux. La bataille commence le
7 mars à l'est immédiat de Douaumont, dans la région
d'Hardaumont ; puis elle s'étend progressivement vers
le dehors, projetant l'un après l'autre des échelons
débordants, atteignant dans la nuit du 8 au 9 le village
de Vaux, enfin, dans la journée la croupe qui mène
au fort. Tout le sens de la manœuvre est donc une
tentative de débordement du fort. C'est le succès de
cet assaut qui décidait de celui de toute l'opération.
Elle échoua.

Elle est reprise le 10, à la fois sur le fort et sur le village, dans des conditions évidemment moins favorables. Elle ne réussit qu'à emporter quelques maisons. Alors l'ennemi battu renonce à l'escalade, cherche à se glisser par le ravin et à s'emparer du village. Le 11 mars, profitant d'un matin de brouillard, il arrive jusqu'aux lisières : trois fois ses assauts se brisent devant la barricade au milieu de la rue. L'ennemi s'arrête épuisé.

La bataille ne reprend dans ce secteur que le 16 mars. Même style qu'à Douaumont : se battre entre deux écrabouillages. L'instant du combat, au milieu de ce marmitage abrutissant, est presque un soulagement. Le 16, cinq attaques en pure perte. Mêmes scènes le 18 : il n'y eut ce jour-là pas moins de six assauts. Les Allemands se servent de liquides enflammés, sans pouvoir nous chasser du village. Leurs vagues criblées de mitraille viennent s'écrouler sur nos blockhaus, sans autre résultat que de semer la plaine de Woëvre d'un long carnage. Le 19, prenant l'offensive, c'est nous qui délogeons l'ennemi de la partie Est du village, dont il ne garde que deux ou trois bicoques en ruines.

Du 20 au 30 mars, accalmie relative. Alors, la bataille se ranime pour la troisième fois. Les Allemands ont mis en ligne une division nouvelle, la 121e. Le 30, la bataille prélude en combats d'avant-postes. La bataille véritable se livre le lendemain pour la possession du village. Ce n'est pas que ce village soit d'une grande importance, mais il est la clef du ravin qui passe par derrière le plateau de Douaumont. Encore n'est-ce pas tout que d'enlever le village : à deux cents mètres à l'ouest, un étang, une digue, un moulin barrent le ravin et ferment les accès du plateau. C'est ce double verrou qu'il s'agit de faire sauter.

L'attaque du 31 mars se présente en tenaille par le nord, sur l'étang, et par le sud-est, sur les tranchées qui couvrent le village. Canons, jets de flammes, troupes fraîches : c'est le grand jeu. L'attaque sur l'étang échoue, mais l'autre déferle sur le village en vagues de bataillons. La troisième vague réussit au prix de pertes terribles à encercler la garnison qui tient encore dans l'îlot ouest.

Le 2 avril, nous rentrons dans le village ; l'ennemi nous en chasse, mais vient s'écraser sur la digue. A cet instant, manœuvrant brusquement par leur droite, par une de ces attaques convergentes qui sont l'alpha et l'oméga de leur art, les Allemands précipitent une division fraîche, la 58ᵉ, qui crève soudain nos lignes d'Hardaumont, fond dans le ravin par le nord ; ils emportent le bois de la Caillette et roulent d'un élan jusqu'au fond où court le chemin de fer de Fleury. Moment critique : Douaumont est à demi débordé par le sud, et l'éperon de Vaux menacé de l'être par l'ouest.

Alors le général Nudant (XXXIIIᵉ corps), qui a relevé le général Maistre, envoie à la rescousse une brigade du IIIᵉ corps (Nivelle) qui vient d'arriver sur le terrain. La brigade se jette à corps perdu dans la bataille. L'ennemi est refoulé (3 avril) jusqu'aux lisières sud du bois. En deux jours, le reste du bois est entièrement nettoyé ; le 5, la situation est rétablie et toute la manœuvre a définitivement échoué. Un nouvel acteur, par ce coup d'éclat, venait d'entrer en scène. Cette brigade était la 9ᵉ, appartenant à la division Mangin.

IV

Quel est, au bout d'un mois, le résultat de la bataille d'ailes ?

Le 4 mars, le kronprinz, dans une harangue à ses troupes, leur demande un nouvel effort pour atteindre Verdun, « cœur de la France ».

En fait, il semble bien, comme nous l'avons vu, que les attaques latérales avaient été prévues pour consommer l'effet de la grande offensive au centre, et serrer les cordons du sac. Au début de mars, après l'arrêt sur le plateau de Douaumont, l'état-major allemand se décide, au contraire, à faire jouer les ailes pour déborder le centre. Autrement dit, les ailes, d'abord réservées pour exploiter la victoire, se trouvent maintenant chargées de l'arracher.

Ainsi le plan primitif, tout en s'exécutant à la lettre, se trouve en réalité renversé. Il va l'être une fois de plus après l'échec aux ailes entre le 6 et le 12 mars. Il n'échappe pas aux Allemands que ces nouvelles batailles ont échoué, mais ils n'en redoublent pas moins leur pression, en lui donnant un autre sens : l'action décisive devient action préparatoire. Tous ces combats de la fin de mars sont manifestement la préface d'une nouvelle attaque décisive sur le centre.

Quel a été le succès de cet ensemble d'opérations ? Sur la rive gauche, l'ennemi, après un mois de combats, est parvenu à nous enlever nos avant-lignes au nord du ruisseau de Forges et même à s'emparer, au sud du ruisseau, d'une partie de notre première position, refaisant ainsi en trente jours ce que, dans la bataille de février sur la rive droite, il réalisait en trois jours. Sur la rive droite les Allemands se sont incrustés, il est vrai, dans le village de Vaux, position très secondaire dans un fond de ravin, mais ils ont échoué dans leur double manœuvre sur le fort et sur le bois de la Caillette. Des deux côtés le résultat est mince. Pour en venir là, les Allemands, après leur masse de choc centrale, ont dépensé en pure perte les corps de l'armée du kronprinz et doivent faire appel, pour nourrir la bataille, à de nouvelles unités. Toute l'affaire ressemble à une affaire manquée.

Du moins les Allemands pensent-ils avoir fatigué notre résistance, divisé nos réserves ? Après la grande bataille du 6 au 12 mars, presque simultanée aux deux ailes, c'est évidemment dans cette vue qu'ils adoptent un système d'attaques locales, courtes, disséminées, tantôt à droite, tantôt à gauche, tactique que Bidou compare à celle du duelliste qui « change d'engagement, tient son adversaire incertain et inquiète successivement l'une et l'autre ligne ». Tel est le but de ces actions sans lien apparent qui se succèdent depuis le milieu de mars : d'abord, du 14 au 16, à la droite allemande, puis aussitôt, dans la nuit du 16 au 17, à l'extrémité opposée. La bataille s'arrête, mais reprend le 18 vers la gauche et le centre, pour sauter le 20 mars tout à fait à l'extrême droite, dans les bois d'Avocourt, et revenir le 30, au contraire, à l'extrême gauche.

Alors les Allemands jugent le moment venu de se rassembler pour un grand coup.

CHAPITRE IV

LA BATAILLE GÉNÉRALE (9-11 AVRIL)
ET LA BATAILLE D'USURE

La bataille sur les deux rives. — Béthincourt évacué. — La
bataille pour 304 et pour le sommet du Morthomme. — La
manœuvre de Cumières. — L'attaque sur le ravin de Bras. —
Nouvelles offensives locales. — La bataille d'usure.

I

A la guerre, en effet, les petits résultats ne paient
pas. L'avance pas à pas ne mène à rien. Il est temps
de revenir aux méthodes de grand style et de provoquer la crise.

La crise éclate le 9 avril. Toutes les affaires depuis
le 22 mars en sont la préparation : c'est la manœuvre
pour la bataille. Les Allemands jusqu'à cette date ont
cherché, non sans élégance, à procéder à peu de frais :
des deux piliers de la rive gauche, ils se sont contentés
d'en attaquer un à la fois, pensant avec raison que la
chute du premier entraînerait celle de l'autre et leur
ferait ainsi l'économie d'une bataille. Mais le Morthomme a tenu bon (6-14 mars), et 304 n'a même pas
pu être attaqué (20-21 mars). Il s'agit donc de reprendre
l'affaire sur une échelle plus large et, pour cela, de
s'assurer d'une base de départ pour l'attaque de 304.
Or, notre avant-ligne devant le ruisseau de Forges
tient encore dans ce secteur jusque dans les premiers

jours d'avril : tandis que Forges, à la droite, est tombé dès le 6 mars, Haucourt, à l'extrémité opposée, se défend jusqu'au 5 avril, et Béthincourt, dernier fragment de cette avant-ligne, tient encore le 8, trente-trois jours après le commencement de la bataille. Il est visible que Pétain a mis ce délai à profit pour se fortifier sur la position principale et qu'il entend ne céder le terrain en avant qu'au plus haut prix. Il contraint donc les Allemands à forcer laborieusement cette avant-ligne pour aborder enfin les pentes nord de 304, et c'est tout le sens de ce qui se passe depuis le 22 mars. Pétain leur tient la dragée haute. Enfin, le 7 avril les Allemands sont arrivés à se débarrasser de l'avant-ligne. La grande bataille est imminente. Béthincourt n'est plus relié que d'une façon précaire. Pétain donne au XXe corps qui occupe le secteur (division Ferry) l'ordre de se replier au sud du ruisseau de Forges. Ce qui fut Béthincourt est évacué dans la nuit du 8 au 9 avec ses munitions et ses approvisionnements. L'ennemi tombera dans le piège et s'y fera, le lendemain, foudroyer par notre artillerie.

Mais les Allemands, en engageant la bataille générale sur la rive gauche, ne vont pas refaire la faute du 21 février, en n'attaquant que sur un seul côté de la rivière.

Ils profiteront mieux cette fois des formes données par la nature. Dans la première bataille, ils ne se servent de la Meuse que pour y appuyer leur droite, la couvrir d'une attaque de flanc ; en attaquant par les deux rives, ils espèrent tirer parti de l'avantage que leur offre la coupure faite dans nos lignes par la rivière. On sait que la Meuse, au sud de la côte de l'Oie, prononce un coude qui s'avance vers l'ouest de plus de cinq kilomètres, jusqu'au pied du Morthomme, qu'elle longe ainsi à revers. Au fond de cette boucle est Cumières. Ce village, sur la rive gauche, et celui de Bras sur la rive droite, seront les objectifs essentiels de la bataille. L'attaque principale se produira le 9 dans l'axe de la boucle, avec le dessein évident de déborder à la fois le Morthomme par l'Est, le plateau de Douaumont par l'Ouest et d'obtenir ainsi la rupture décisive jusqu'à Verdun suivant la vallée de la Meuse.

Tels seront les traits caractéristiques de la nouvelle bataille : 1° attaque par l'ouest et le nord sur la cote 304 ; 2° attaque par le nord sur le Morthomme, combinée avec une attaque de front par le bois des Corbeaux et une tentative d'enveloppement par Cumières ; 3° attaque sur la côte du Poivre et les têtes de ravins qui descendent sur Bras. C'est le plus vaste effort que les Allemands aient monté depuis le 21 février. Pour le soutenir, ils déploient des forces redoutables : onze régiments et un bataillon de chasseurs, soit environ 35.000 hommes, sur la seule rive gauche, appartenant à cinq divisions différentes : la 22e de réserve (Xe corps), le VIe corps de réserve en entier, et deux divisions engagées pour la première fois, la 105e et la 43e de réserve. Sur la rive droite, la bataille sera menée par le VIIe corps de réserve, qui a fait dans ce secteur l'attaque de février.

De notre côté, nous avons sur la rive gauche, de la gauche à la droite : le groupement Alby (XIIIe corps) devant le bois d'Avocourt ; le groupement Balfourier (XXe corps) devant 304 ; le groupement Berthelot (XXXIIe corps) de Béthincourt à la Meuse.

Sur la rive droite, quatre groupements : Descoings

(XIIᵉ corps) de la Meuse à Douaumont ; Nivelle (IIIᵉ corps) de Douaumont à Eix ; Baret (XIVᵉ corps) jusqu'aux Éparges, et Duchesne (IIᵉ corps) des Éparges au fort des Paroches. Ces trois derniers corps sont en dehors de la bataille du 9 avril, qui n'intéresse sur la rive droite que le XIIᵉ corps, sur la côte du Poivre.

II

La bataille s'engage vers midi, après un furieux combat d'artillerie, par le grand soleil d'un dimanche de printemps.

A l'extrême gauche, l'effort allemand se concentre sur l'ouvrage de Rieux (ouest du bois d'Avocourt) par où l'ennemi espère, en prenant le village, tourner la cote 304. Mais, prise de face sous le feu de la redoute, et en arrière par nos barrages, cette attaque se fait détruire sur place ; nos lignes n'ont pas bougé. L'attaque de front sur 304 a un peu mieux réussi. La cote 304 est un dôme oblong nu et chauve qu'entoure une mince couronne de bois. Les Allemands l'attaquent par l'ouest en venant d'Haucourt, mais ils sont arrêtés sur l'éperon de la cote 287, sorte de long promontoire qui se détache vers le nord entre 304 et le bois d'Avocourt. Mais à l'Est, contournant cet éperon, ils se glissent par le ravin qui s'insère entre lui et la colline 304, et parviennent jusqu'au bois qui occupe le sommet de l'angle ainsi formé. Là, ils sont également cloués par nos tirs d'artillerie. L'attaque contre le pilier gauche, sauf ce petit succès local du bois Camard, a échoué sur toute la ligne.

A droite de 304, le front est coupé par une dépression

perpendiculaire, sorte de créneau ouvert entre les deux massifs de 304 et du Morthomme. Ce couloir nord-sud est défendu à l'entrée par nos lignes qui le barrent à 300 mètres au sud de Béthincourt.

C'est plus à droite, sur le Morthomme, que porte le poids de la bataille. Plaçons-nous au centre, à la cote 295, pour embrasser l'action. Nous y distinguons trois secteurs. D'abord, face au nord-ouest, dans la direction de Cuisy, nous apercevons dans un fond, à 2.500 mètres, un village en flammes : c'est Béthincourt ; puis, plus près de nous, à 800 mètres, et à 30 mètres au-dessous de notre observatoire, une butte en relief, la cote 265. Cette ligne de visée, qui est celle que suit la route de Béthincourt à Cumières, correspond à peu près à la ligne du front. L'ennemi l'attaque à la fois du nord et du nord-ouest, partant de la base Béthincourt-Moulin de Raffécourt, en vue de déborder le plateau par le ravin de la Hayette. Toute cette région est très violemment disputée. De brillants retours offensifs nous ramènent par moments jusqu'au ruisseau de Forges. Finalement nos positions, après diverses péripéties, se fixent de ce côté à peu près où elles étaient au commencement de la bataille. L'ennemi a gagné un lopin de 500 mètres au sud de Béthincourt.

C'est cependant au centre que la lutte est la plus vive. De ce côté (nord-est) les pentes du Morthomme descendent en longs glacis, qui se creusent, on s'en souvient, d'une rainure médiane, appelée le ravin des Corbeaux. Cette rainure, perpendiculaire au front, aboutit à 800 mètres de nos lignes précisément au col entre les deux sommets 265 et 295. C'est l'axe tout indiqué suivant lequel l'ennemi va foncer. Ce furent quatre heures d'un combat inouï. Les Allemands, culbutés trois et quatre fois de suite, se reforment et reviennent à la charge jusqu'au soir. La nuit, des reconnaissances tentent encore de s'infiltrer. Nos troupes furent incomparables. Le 8e bataillon de chasseurs — le bataillon de Sidi-Brahim — se montra digne de son histoire. Débordé sur les ailes, il fait face de trois côtés. Son chef, le capitaine de Surian, blessé, écrit le soir dans nos rapports : « Les hommes sont résolus à tenir jusqu'à la mort. Je puis assurer que tout le monde a fait tout son devoir. » La grande attaque allemande au centre avait échoué.

Mais le trait saillant de la journée est la manœuvre débordante essayée par l'ennemi dans le secteur droit (Est) de la bataille. Revenons à notre observatoire : nous voyons s'avancer immédiatement à notre droite un ravin, celui des Caurettes, qui descend vers la Meuse au sud de la côte de l'Oie et qu'emprunte la route de Béthincourt à Cumières. Ce ravin prend à revers le sommet du Morthomme. On voit l'intérêt que sa possession offrirait à l'ennemi : la cote 295 attaquée de front, débordée par l'ouest et par le sud-est, serait condamnée à tomber. Le mouvement par les Caurettes et Cumières était évidemment le coup essentiel de la bataille du 9 avril ; c'est lui qui, en tournant l'obstacle, décidait de sa chute. Il est vrai que ce mouvement était d'une exécution difficile : pour passer du bois de Cumières, qui ne fait qu'un avec celui des Corbeaux, dans le ravin des Caurettes, il faut franchir une crête nue, sous le plein feu de nos batteries et de nos lignes du Morthomme. La 22e division de réserve tente le passage et s'y fait démolir, tandis qu'un mouvement à plus large envergure, dessiné par deux bataillons sur Cumières le long de la

Meuse, s'engloutit dans les marécages où notre artillerie achève de l'exterminer.

Cependant, sur la rive droite, le VII⁰ corps de réserve n'obtient pas un meilleur succès. On se rappelle qu'il a pour but de briser le fer à cheval que tracent nos lignes, de la côte du Poivre à Thiaumont, devant cet Y de ravins qui forment entonnoir et conduisent à Bras. Il n'arrive qu'à nous enlever sur la crête du Poivre, au nord du ravin du Monument, une bande boisée que nous lui reprenons aux trois quarts le lendemain.

Cette journée du 10 avril n'est pas moins dure que la veille. L'ennemi revient avec furie sur 304 et sur le Morthomme ainsi que sur la rive droite, sur notre saillant de Thiaumont. Cette attaque est précédée de liquides enflammés. En fin de journée, le sommet du Morthomme (cote 295), écrasé sous un feu infernal, n'est plus à personne. Nous nous retranchons sur la pente, à deux cents mètres plus au sud, accrochés par les ongles. Mais la tentative de rupture a décidément avorté. La troisième bataille de Verdun se solde par un sanglant échec. Pétain écrit le soir :

« Courage ! On les aura ! »

III

Aussitôt, sans perdre un moment, les Allemands reviennent à ce système de martelage et d'attaques dispersées, tantôt sur un point, tantôt sur un autre, qui alterne régulièrement dans le cours de la bataille avec celui des coups massifs.

Cette fois, c'est au centre, où il ne s'est rien passé

d'important depuis le début de mars, que la bataille se rallume. Le 10, après l'échec sur la côte du Poivre, c'est une violente attaque à l'ouest de Douaumont, sur l'éperon 310, qui couvre la ferme de Thiaumont. Le 11, nouvelle tentative plus violente à l'est du fort : deux divisions accolées attaquent de Douaumont à Vaux, sur un front de trois kilomètres. L'attaque échoue sur toute la ligne. Le 17, la bataille se reporte à l'ouest sur le pourtour du ravin de Bras. Le 28, nouvel assaut repoussé avec de grosses pertes. Entre temps, le 19, un essai de diversion à grande distance, aux Éparges ; cet essai aboutit à un échec complet.

Il est clair que dans ces derniers événements, l'ennemi entend donner à la bataille le caractère d'une lutte d'usure. Dans ce système, il ne s'agit plus d'une décision de vive force. L'ennemi change ses batteries. Il estime inutile d'attaquer sur tout le front. Il juge plus économique de tenir l'adversaire en haleine et de lui infliger des pertes par un bombardement général, de le menacer partout et d'attaquer sur quelques points convenablement choisis. Il décide d'exploiter à fond son avantage le plus certain, sa supériorité en artillerie. La bataille va se transformer en une lutte d'outillage, suivant les formules mêmes du rendement industriel. Ainsi l'ennemi calcule qu'il pourra venir à bout de détruire notre armée dans un temps donné, par l'application d'une méthode scientifique d'écrasement.

On voit qu'ici les résultats tactiques ne sont plus que l'accessoire. Évidemment, l'État-major allemand n'attache pas plus que nous d'importance réelle à la ferme de Thiaumont. Ce qui importe, c'est de ruiner chaque jour davantage l'armée, de miner sa capacité

L. GILLET.　　　　　　　　　　　　　　　　　7

offensive, d'abattre sa force de résistance. Un moment viendra où Verdun tombera comme un fruit mûr. Et surtout, ce qui est l'objet essentiel, l'attaque du printemps deviendra impossible, ou elle se produira sans le concours de l'armée française. Le but sera atteint : l'Allemagne aura désorganisé l'offensive de l'Entente.

Les Allemands vont donc se borner désormais à une opération mécanique de martelage du front. Ils procèdent par une série d'attaques locales à fronts restreints et précédées de très violents bombardements. Ils entretiennent la bataille à peu de frais, avec quelques divisions ramenées de Serbie, en ménageant leur monde et en se battant à coups de munitions. Ils comptent sur ce système pour nous briser les nerfs, pour nous rebuter et nous faire fondre, en quelque sorte, à petit feu.

Ils se figurent naïvement que dans une lutte de ce genre le Français sera toujours battu ; l'entêtement allemand aura le dernier mot. « Nous avançons lentement, convient le général von Deimling, mais nous prendrons Verdun sûrement » (15 avril). En effet, le « temps », à la guerre, est toujours un des facteurs essentiels. Il peut agir, comme le 21 février, par la vitesse, la surprise et la rapidité ; c'est la manière brusquée, avec ce qu'elle comporte de saisissement et de désordre. La brusquerie dans l'acte de force ajoute à l'effet dramatique et au coup de théâtre. Mais un autre effet vient du temps, de la durée qui se prolonge : c'est la fatigue, l'épuisement, la dépression qui suit l'effort inutilement répété. Le temps agit alors comme dissolvant de l'énergie. On peut en attendre, à la longue, une crise aussi grave que celle qu'on espère de la surprise. Il est vrai qu'à ce jeu on court le risque de « s'user » soi-même le premier. Mais les Allemands se sont toujours flattés d'être plus patients que nous ; ils croient au dogme de la légèreté française. Dans la lutte pour le « dernier quart d'heure », ils n'ont jamais douté que l'avantage était pour eux.

Ce qui accroît leur illusion, c'est le nombre de nos divisions qu'ils voient se succéder devant eux. Ils en concluent que nos réserves sont près de s'épuiser, alors que c'est au contraire l'art de notre commandement, qu'il n'attende pas, pour relever une troupe, le moment où elle n'est plus bonne à rien. De là ce jeu de relèves qui fait défiler à Verdun les trois quarts de l'armée française, si bien qu'il n'est guère de poilu qui n'ait, au moins une fois, passé au « tourniquet », et que tous les régiments du pays se partagent la gloire de l'immortelle défense.

Quoi qu'il en soit, Pétain n'est pas homme à se laisser manœuvrer. Il a achevé de prendre ses dispositions, réorganisé son armée, ses services, son artillerie, réglé ses courants de transports, refait solidement ses lignes où l'ennemi vient de se briser. L'idée de la bataille d'usure atteste chez celui-ci un affaiblissement certain [1].

C'est le moment pour nous de reprendre l'initiative et de passer à l'attaque.

Au contraire, le moral français n'a jamais été plus splendide. Le poilu s'est retrempé dans la conscience de sa gloire et de sa magnifique misère. « Les vaches ! écrit l'un d'eux, ils nous font du mal, c'est fatal, mais ils savent ce que ça leur coûte ». Et un autre : « Faut-

---

1. Voir les lettres allemandes écrites au mois d'avril, et l'impression produite par notre artillerie. Consulter là-dessus la magistrale étude de Madelin, l'*Aveu*, Paris, 1916.

il que le Français ait quelque chose dans le ventre, pour arrêter des masses d'hommes comme ils nous en ont mis sur le dos ! » Et tous : « Ils ne nous auront pas ! » Le monde s'émerveille de la bonhomie puissante de cette sainte piétaille. Il se prend à réfléchir et à douter de l'Allemagne. Un pouvoir supérieur à la force matérielle se révèle. L'étranger qui commence à venir à Verdun y découvre avec étonnement ce calme, ce bon sens, cette santé de l'âme française. C'est le moral de vainqueurs.

CHAPITRE V

CONTRE-OFFENSIVE FRANÇAISE

(Avril-Mai)

Reprise d'offensive française : rive droite et rive gauche. —
Le général Nivelle, commandant la II⁰ armée (30 avril). —
Réaction allemande : perte du Morthomme et de Cumières.
— Combats pour 304. — Suite de notre offensive : la reprise
et la perte du fort de Douaumont (22-24 mai).

I

En effet, depuis le début d'avril, la bataille semble
entrer dans une phase nouvelle : on ne se contente plus
d'arrêter l'ennemi ou de lui vendre le terrain un prix
exorbitant : on l'inquiète, on l'attaque, on reprend du
poil de la bête. Partout nous regagnons l'avantage. Les
observateurs attentifs ne s'y trompent pas. L'un d'eux,
notant les faits, ajoute : « Est-ce la balance qui
change de signe ? »

Deux ou trois ordres de Pétain, dans la journée du
3 avril, sont significatifs. On se rappelle l'alarme de la
veille, quand l'ennemi a percé dans le bois de la Caillette. Pétain écrit : « En vue d'enrayer la progression de l'ennemi et de lui donner l'impression de
notre force, il est nécessaire d'attaquer » (ordre au
XXXIII⁰ corps). Le même jour, ordre général pour
tous les groupements : « La situation exige que nous
ne restions pas sur une attitude passive. Il importe de

réagir sur le plus grand nombre de points possible, pour gêner l'ennemi, affaiblir son moral. » Enfin, le même jour encore, nouvel ordre général qui résume les deux précédents : « Tenir à tout prix en prenant une attitude agressive... »

On ne peut s'empêcher de rapprocher cette série d'ordres d'un fait qui s'est passé la veille, et auquel il a été fait allusion plus haut : l'arrivée du IIIe corps et de la division Mangin. La scène est dramatique. Le général Mangin, commandant la 5e division qui relève la 70e, arrive le 2 avril après midi pour prendre son commandement à la tourelle de Souville. Au même moment, alerte : l'ennemi est signalé au ravin du Bazil[1]. Dans une heure, le voilà au fort. Mangin n'a qu'un régiment, le 74e, le régiment de Neuville-Saint-Vaast. Mais Mangin, c'est vingt ans de brousse, c'est l'Afrique, le Soudan, le Maroc ; c'est l'homme de Marrakech et celui de la Marne, l'homme du coup d'Escardes-Courgivaux, qui rouvrit les portes de Montmirail ; c'est vingt ans de guerre, — la guerre faite homme. Il se tourne vers son colonel : « Mon ami, ne faites ni une ni deux. Empoignez-moi le Boche à la figure, et allez-y ! à la grenade ! » Le soir, les Allemands sont refoulés jusqu'au bois.

On ne conte pas ce trait pour le plaisir de rapporter une anecdote, mais il faut bien admettre que les

1. L'alerte venait du ballon. Incrédule, le général Nudant fit appeler l'observateur, le sous-lieutenant Tourtay (tué depuis en avion) et lui demanda d'engager sa parole d'honneur. Tourtay jura. Nudant déclencha les barrages. Verdun était sauvé. — Bédier, dans son *Effort français* (1919, p. 252), reproduit les notes de Tourtay ; on voit la progression allemande, le tableau de la bataille.

batailles sont gagnées ou perdues par quelqu'un. En dernière analyse, c'est toujours à cette vieille vérité qu'il faut en revenir. L'histoire de Verdun plus que toute autre, est celle de ce que pèse un homme dans la bataille. Il y a telle heure où ce poids, jeté à propos dans la balance, décide la fortune. C'est ce qu'on a vu aux jours critiques du rétablissement, quand la volonté de Pétain et son génie de l'ordre sont venus changer Verdun en redoute de granit. C'est ce qui se passe le 2 avril et encore le 23 juin, dans deux des crises les plus graves qui aient suivi celle de février. Il y a dans ces deux journées comme un tournant de la bataille, un rebondissement semblable à celui qui se produit le 11 juin 1918, lors de la contre-attaque du plateau de Méry ; ce n'est pas par hasard qu'on retrouve dans toutes ces affaires la même figure impérieuse, la griffe de la même énergie.

Le général Nivelle, qui commande le III⁰ corps — il relève le 3 avril le général Nudant — est également un oseur et un combatif. C'est lui qui, en 1915, prenant le commandement d'un secteur difficile où l'Allemand se montre mordant, répond au chef qui l'installe et lui demande ce qu'il va faire :

« Ce que je vais faire ? Mais, attaquer ! »

Tout l'homme est dans ce mot. Tout lui a réussi. Le lieutenant-colonel de 1914, l'auteur des coups hardis de Mulhouse et de l'Ourcq, le brigadier de Crouÿ, le divisionnaire de Quennevières, est avec Pétain le plus rapide exemple des fortunes de la guerre. Il porte sans ivresse sur sa belle tête romaine un bonheur mérité, qui semble justifier sa confiance dans l'audace et dans l'expérience exaltante des méthodes offensives. Il supporte avec impatience les attitudes résignées, les passivités qui se contentent de courber le dos sous l'orage. On ne fait rien de bon avec des vertus négatives. Pour vaincre, il faut avoir l'état d'esprit de la victoire. La victoire, en définitive, est une question morale. « De deux troupes en présence, quel que soit leur effectif, c'est celle qui a le moral le plus élevé qui fait l'autre prisonnière » (5 avril). On a trop vu de détachements se rendre, céder des éléments de tranchée, se soumettre au fait accompli et à l'ascendant de l'ennemi. Quand voit-on « la riposte qui renverse les rôles, le coup de poing rendu par réflexe immédiat, en réponse au coup de poing reçu » (5 avril) ?

Commandant le III⁰ corps depuis le 25 décembre, Nivelle y a trouvé Mangin, jeune général, brûlant d'intelligence. Il l'a soutenu et compris. Les deux hommes vont former un de ces attelages dont le rôle à Verdun ne va plus cesser de grandir, Pétain conduisant les choses de plus loin et de plus haut, exerçant l'action de son sens des réalités et de sa lucide critique. Ainsi se trouve constituée, avec un Berthelot et un Maud'huy sur la rive gauche, la réunion de beaux talents sur qui va désormais reposer la bataille, et dont Pétain va se servir pour « renverser les rôles » et retourner la situation.

II

En effet, nous entrons maintenant dans une période de reprise systématique du terrain, période inaugurée du 2 au 5 avril au bois de la Caillette, interrompue deux jours par la grande offensive allemande des 9 et 10 avril, mais continuée aussitôt suivant un plan bien défini et avec des idées arrêtées. Le programme consiste à élargir nos positions sur le plateau de Douaumont : étayer le centre gauche, en avant de la ferme de Thiaumont, par la conquête d'un épaulement où se trouve la fontaine Morchée (ouest du fort de Douaumont) ; à droite, s'appuyer sur la croupe de la Fausse-Côte, entre le bois de la Caillette et l'éperon de Hardaumont. On voit ainsi se dessiner un ensemble d'opérations dont le centre est évidemment le fort de Douaumont.

Dès le 5 avril, Mangin, ayant achevé de nettoyer le bois de la Caillette, pousse ses avant-postes sur la crête même à l'est du fort. A l'ouest, il adopte une tactique de progression pied à pied. L'ennemi tient comme une teigne dans la tranchée Morchée. C'est le combat individuel, où triomphe le grenadier de Neuville-Saint-Vaast. Le 10 avril, la conquête de l'épaulement de gauche est assurée. Le 15, Mangin, après avoir regroupé son artillerie, jette une attaque plus importante sur sa droite, à l'effectif de trois bataillons. Objectif : la racine de l'éperon de la Fausse-Côte. Succès complet : cent prisonniers. Le 19, poursuivant ce succès, nos troupes enlèvent une redoute fortement organisée, qu'elles trouvent remplie de blessés et de cadavres, font 260 prisonniers, s'emparent de lance-flammes et de mitrailleuses. Deux contre-attaques sont repoussées.

Contre ces succès continus l'ennemi, en effet, s'irrite et réagit. Il réagit de deux manières : soit par des contre-attaques sur les lignes que nous venons de lui enlever, soit en attaquant lui-même sur d'autres points. Le premier système réussit quelquefois à rentrer un moment dans les tranchées perdues, pour en être chassé aussitôt. Finalement, le terrain nous reste. Le second système ne rapporte pas davantage. Après le fiasco du 11 avril, c'est l'attaque du 17 qui gagne un peu de terrain vers la ferme de Thiaumont ; puis, c'est la diversion excentrique des Éparges, le 19 avril ; puis le 20, le 28, ce sont de nouveaux retours inutiles et sanglants sur le plateau de Douaumont. Toute cette série d'opérations, où notre supériorité s'affirme, fatigue l'adversaire et lui coûte terriblement cher. Dès le 20 avril, la 1re division a dû relever la 121e et le IIIe corps se substituer au XVIIIe.

Bien mieux : dès le 20 avril, au lendemain de la formidable attaque des 9 et 10 sur 304 et le Morthomme, ce système de contre-offensives est étendu à la rive gauche. Les Allemands, on l'a vu, ont progressé de 500 mètres entre Béthincourt et le Morthomme ; par le nord et par l'est, ils arrivent à menacer gravement le sommet. Il s'agit de donner de l'air à toute la position.

Le général Berthelot (XXXIIe corps) procède d'abord prudemment par des coups de main à effectifs réduits, pendant que ses réserves entreprennent les travaux nécessaires. Ces affaires d'avant-garde, vivement menées et réussies, remettent les troupes en confiance. Maintenant, on peut faire plus grand.

Le 20, c'est l'attaque en règle, précédée d'une préparation minutieuse et terrible, faite par le colonel Franiatte, « l'artilleur » du XXXIIe corps, qui commandera bientôt l'artillerie de l'armée, et qui sera, lui aussi, l'un des grands vainqueurs de Verdun. L'assaut, mené par trois bataillons de la division Leconte (40e), bondit d'un magnifique élan. Deux bataillons dépassent la cote 295, s'établissent sur les pentes nord que nous avions perdues le 10 avril, et gagnent même en avant des objectifs prescrits. L'affaire nous rapporte 150 prisonniers.

L'ennemi réagit avec rage. Alors, il jette une division entière, la 43e de réserve (XXIIe corps de réserve), pour tourner le sommet par le ravin à la Hayette ; elle se fait massacrer le 22 en quatre attaques successives, puis encore le 24, devant nos fils de fer, nos mitrailleuses et nos fusils. Du 29 au 30, c'est nous qui regagnons du terrain au sud de Béthincourt, et le 30 enfin, plus à droite, en avant de Cumières. Dans la nuit suivante, quatre attaques viennent s'échouer sur nos réseaux. L'ennemi n'a fait que gaspiller son monde sans résultat. Nos lignes sont rétablies au sud du ruisseau de Forges, telles qu'elles étaient le 8 avril. Un nouveau succès, le 3 mai, achève de consolider notre front du côté de Béthincourt : plus de cent prisonniers et quatre mitrailleuses sont les trophées de la journée.

L'ennemi, dans ces combats, n'en est plus à compter ses pertes. Elles sont telles, surtout les pertes par le feu de l'artillerie, qu'en un point de nos lignes deux Allemands viennent se rendre, derniers survivants de la garnison d'une tranchée. Quant aux nôtres, dans ce duel inouï, ils commencent à faire l'étonnement du monde. On découvre l'endurance du paysan français. Un historien rapporte ce trait : pour poser un cheval de frise, un homme sort de la tranchée : il est tué ; un autre, puis un autre le remplacent : ils sont tués. Un quatrième succède aux trois premiers, et réussit. Un trait semblable fait l'admiration de César [1]. Verdun, au bout de deux mille ans, remettait en lumière les vertus de la France éternelle.

1. *Commentaires*, L. VII.

Le 30 avril, vainqueur dans trois batailles défensives, et ayant pris, depuis un mois, avec une maîtrise supérieure, une offensive raisonnée, Pétain, appelé par Joffre au groupe d'armées du Centre, pouvait, dans son ordre du jour, avant de quitter son commandement, rendre à l'armée ce témoignage :

« Une des plus grandes batailles que l'histoire ait enregistrées se livre depuis plus de deux mois autour de Verdun.

« Grace à vous tous, chefs et soldats, un coup formidable a été porté à la puissance militaire allemande. »

Nivelle qui, à la tête de son IIIe corps, a été l'initiateur de ce brillant retour des choses, remplace Pétain à la tête de l'armée. Il portera à l'Allemagne de nouveaux et de plus rudes coups.

III

A cette date du 1er mai, dans son 70e jour, la bataille de Verdun est bien perdue pour l'Allemagne. Si l'Allemagne n'y renonce pas, c'est qu'elle en attend un autre effet : la destruction de l'armée française. Ce type de bataille, où l'on oblige l'adversaire à amener ses réserves sous le pilonnage de l'artillerie, est un type de guerre qui a duré quelque dix-huit mois ; il a pris naissance à Verdun. C'est là que l'Allemagne a concentré ses canons ; c'est là que fonctionne la machine à broyer. L'Allemagne est retenue là par son matériel, plus encore que par l'amour-propre. La bataille prend le caractère d'une bataille de fixation.

Encore l'Allemagne, pour nourrir cette bataille, a-t-elle besoin d'unités fraîches. L'état-major a beau user ses divisions jusqu'à la corde et lés rejeter au feu à peine reconstituées, il ne lui en faut pas moins, de temps à autre, puiser dans ses réserves générales ou même dégarnir les autres secteurs du front. C'est ainsi qu'après le XXII⁰ corps de réserve, qui arrive des Balkans, l'état-major enlève la 1ʳᵉ division du front russe, d'où il a déjà retiré quelque 200.000 baïonnettes : cela, six semaines avant l'offensive de Broussiloff ! De même, après la 11⁰ division bavaroise, il ôtera au groupe d'armées du Kronprinz de Bavière le Iᵉʳ corps bavarois tout entier pour l'amener à Verdun, à un mois de l'offensive de la Somme ! Ainsi l'affaire de Verdun prend toute la tournure d'une mauvaise opération. L'Allemagne, pour soutenir son jeu, se met à faire des imprudences.

Elle n'en déploie d'ailleurs que plus d'acharnement. Les combats prennent un caractère de plus en plus furieux. Le duel d'artillerie suit un crescendo continu, qui fait que les bombardements passés ne paraissent plus que des jeux d'enfants. La bataille de Valmy avait coûté 30.000 coups de canon. On ne compte pas, à Verdun, les journées de 300.000 obus [1]. Les Allemands espèrent toujours atteindre la décision en accroissant sans cesse le volume de feu. Il faut lire dans les lettres de la cote 304, dans les lettres d'Augustin Cochin [2], capitaine au XX⁰ corps, ce que fut à Verdun ce mois

---

1. Voici pour fixer les idées, quelques chiffres indiquant le taux des consommations pendant la bataille de Verdun. Du 21 février au 20 mai, l'artillerie française a tiré 9.795.000 obus. Du 21 février au 15 juin, elle a consommé 10.800.000 obus de 75 ; 1.200.000 obus des calibres de 80 à 105 ; 2.600.000 obus lourds, soit un total de 14.000.000 de coups de canon en 116 jours de bataille.

2. *Quelques lettres d'Augustin Cochin*, préface de Paul Bourget, Paris, Bloud, 1917.

de mai 1916. Chose étrange ! Cette orgie de mitraille, qui devrait anéantir toute résistance humaine, n'a fait que la porter au delà des limites connues ou seulement rêvées. Guerre de matériel, a-t-on dit, et même de « sur-matériel » ! Quelle guerre, au contraire, a montré à ce point la puissance morale ? L'endurance, la faculté de souffrir et de vouloir, sont des vertus dont l'idée même resterait incomplète sans l'exemple de Verdun : l'homme y passe toutes les mesures de grandeur dont l'histoire garde le souvenir.

Autre trait digne de remarque : ce n'est plus seulement le volume du feu, c'en est, si je puis dire, la surface. L'artillerie ne s'en prend pas seulement aux premières lignes, mais aux arrières, aux batteries, aux réserves, aux pistes de ravitaillement et de renforts. De notre côté, nous faisons à l'ennemi la vie dure. Il y a des cheminements, des passages, des traversées de ravins où nous faisons en sorte qu'il trouve peu d'agrément. Il faut se représenter cette bataille comme un simoun, une tempête de feu qui s'étend, de chaque côté des lignes, à dix kilomètres à l'arrière ; ou bien, si l'on préfère une image plus calme, qu'on se figure une immense ville industrielle, un gigantesque Creusot dont vous apercevez les fumées, dont vous entendez le ronflement sourd, scandé des coups énormes des marteaux-pilons. Et sous ce nuage qui couvre cinq lieues de profondeur et suppose un si prodigieux effort d'industrie et de machines, une bataille presque immobile, où l'on se dispute des bouts de tranchée, quelques trous d'obus, quelques pouces d'une terre foudroyée...

IV

La bataille, au mois de mai, va reprendre avec fureur sur la rive gauche. Les Allemands, exaspérés de nos récents succès, font tout pour nous les arracher. Contenus, refoulés partout sur la rive droite, ils se rabattent plus violemment que jamais sur l'autre rive; ils veulent aplatir ce saillant qui les gêne. Cette fois encore, ils imaginent un mouvement tournant. Le Morthomme, pris le 10 avril et reperdu le 20, est décidément un trop dur morceau pour l'attaque de front. On le fera tomber par l'ouest, en s'emparant de la cote 304. Toute une division fraîche, la 4ᵉ, longtemps mise au repos dans la région de Tournai, sera appliquée à cette opération.

Le bombardement commença le 3 mai et dura deux jours et une nuit. Cinq cents canons concentrent leurs feux sur ce front de dix-huit cents mètres. La colline disparaît dans un nuage noir. L'atmosphère, disent les aviateurs, était obscurcie ce jour-là jusqu'à huit cents mètres de la terre. En plein jour, on se battait à tâtons dans cette ombre.

La cote 304, on le sait, a la forme d'une calotte pelée, entourée d'un collier de bois. Le 4 mai, à quatre heures du soir, l'ennemi lance sur les bois des éclaireurs, qui sont repoussés. La préparation reprend pendant une heure: l'attaque escalade alors le bord du plateau au nord-est, en tournant par le ravin de la Hayette. On ne l'avait pas aperçue dans la poussière et la fumée. Dans la nuit, le lieutenant-colonel Odent, ralliant les débris du 68ᵉ, contre-attaque et culbute l'ennemi de la crête.

L'attaque est reprise le 5 mai plus à l'ouest. On se souvient que de ce côté se détache vers le nord un éperon en tronc de cône, la cote 287, séparant 304 du réduit d'Avocourt. Nos lignes, épousant les courbes de niveau, s'avancent en balcon vers le nord, flanquant à la fois le bois d'Avocourt sur leur gauche, et sur leur droite la touffe de bois appelée le bois Camard. C'est là le nœud de la situation. L'ennemi veut s'arracher cette épine du flanc, et tente de s'avancer à califourchon sur la crête. Une charge héroïque du 66ᵉ régiment le met en fuite.

Le 6, pas de combat d'infanterie. Mais le 7, ayant échoué dans ses deux mouvements successifs, l'ennemi les renouvelle simultanément par les deux flancs dans une attaque à grande ampleur, exécutée avec des éléments de cinq divisions. Il attaque selon les côtés d'un triangle partant d'Haucourt et de Béthincourt, et dont le sommet est à Esnes. Esnes, croisement des deux routes, est évidemment l'objectif. Les Allemands s'y jettent par les deux côté à la fois, en suivant les deux routes. S'ils réussissent, c'est la chute de 304, et le Morthomme pris à revers tombe automatiquement. En effet, un fléchissement se produit aux deux ailes ; l'ennemi se répand sur les pentes sud de 304, mais il se fait ramasser à la baïonnette par nos réserves, tandis que sur le sommet nos régiments de première ligne (114ᵉ et 125ᵉ), submergés, débordés, tiennent bon et donnent aux camarades le temps de les délivrer. Le soir, notre front est reporté au sommet de 304, la ligne des sentinelles occupant la crête militaire. Nous conservons les vues. Seulement, sur la gauche, l'ennemi occupe le bois Camard, dont nous ne gardons plus le 8 au matin que la frange sud.

Les combats mollissent les jours suivants. L'ennemi souffle. Mais le 13 et le 16, il revient à la charge. Il lance un corps entier, le XXIIe de réserve [1], sans parvenir à franchir les lisières sud du bois Camard. Dans la nuit du 16 au 17, il essaie d'un mouvement de revers par l'ouest, s'écrase au réduit d'Avocourt.

A ce moment, la manœuvre a décidément échoué. Il y a des combats terribles le 18 et le 19, entre le bois d'Avocourt et le bois Camard, dans une espèce de dos de selle que l'ennemi entreprend vainement de forcer ; puis, les jours suivants, plus à l'Est, dans le ravin de la Hayette. Le combat s'enlise et ne fait plus que piétiner autour de quelques petits ouvrages, de quelques mètres de tranchées, centres infimes de cette tempête de grande bataille. Encore une fois, on en est revenu aux chicanes, au chipotage pour des bribes, des lambeaux contestés de charnier. Un trait peint la rage de ces combats. Le 18, nous reprenons aux Allemands un fortin à l'ouest de 304 : comme nous y pénétrons, un sous-officier allemand abat à coups de revolver trois hommes qui allaient se rendre. Le reste reprend du cœur et se fait bravement tuer. On trouva dans l'ouvrage plus de quatre cents cadavres. Un tel épisode montre le diapason des énergies. Mais la bataille morcelée s'émiette en incidents sans intérêt tactique. Le 22 au soir, l'ennemi tente de se rassembler pour un suprême effort sur tout le front d'Avocourt au ravin de la Hayette. Il échoue sur toute la ligne, laissant le bois Camard et le ravin de la Hayette encombrés de ses morts.

1. La 4e division est relevée le 15 mai. La liste officielle de ses pertes, publiée en juillet, accuse pour ces quinze jours de combats un déficit de 4.414 hommes tués, blessés ou disparus.

L. GILLET.

Alors, les Allemands se jettent sur le Morthomme. Nos lignes, à ce moment, après le repli sur la hauteur de 304, ont dû faire, de ce côté, leur liaison en arrière, à peu près à hauteur de la cote 217. Elles vont presque en ligne droite du sommet de 304 à la cote 295 que nous bordons en avant, puis longent, sur le bord du ravin des Caurettes, la route de Béthincourt à Cumières. Ce tracé horizontal, coupé en son milieu par une large dépression, forme une très mauvaise ligne de défense. Le général Berthelot a essayé de la consolider le 10 mai en s'établissant sur la côte au nord-ouest de 295 (ouvrage du Trapèze) ; il la perd le 18. Dès lors la position devenait très délicate. L'attaque se produisit le 23 mai. Les Allemands y consacrent un corps frais, le XIe (54e et 58e divisions), avec la 22e division de réserve. En fin de journée, nous sommes rejetés au bas de la cote 295, nous perdons le bois des Caurettes et, le lendemain, Cumières. Le 26, nous rentrons dans Cumières, dont nous conservons le château. L'ennemi nous laisse des mitrailleuses et plus de cent prisonniers. Le 28, il s'arrête à bout de souffle et relève les restes de la 22e division de réserve par la 56e.

Un mois de combats inouïs ont amené à mi-chemin la besogne d'écrasement du saillant de la rive gauche. Notre front, convexe avant l'attaque, s'est aplati, mais non rompu. Le grand mouvement tournant sur 304 n'a pas abouti ; nous tenons toujours les clefs du couloir de la Hayette. L'attaque frontale a un peu mieux réussi. Nous avons perdu le sommet du Morthomme (attaqué depuis le 9 mars !), mais ce serait pour l'ennemi une aventure terrible que d'essayer d'en déboucher. Les piliers de la défense sont en quelque sorte écornés, mais la base est encore bonne. Nous y sommes pourtant en équilibre un peu instable. La situation pourrait s'aggraver si l'ennemi essayait d'une pesée plus forte. Mais ce serait compter que Nivelle lui laissera les mains libres.

V

Pas une minute en effet, pendant ces trois semaines d'attaques sur la rive gauche, il n'a perdu de vue son plan d'offensive sur la rive droite et son projet d'enlèvement du plateau de Douaumont. Quoi qu'il se passe ailleurs, le fort et le village sont la clef du champ de bataille. Dès le 10 avril, à peine arrivé dans le secteur comme commandant du IIIe corps, il a donné l'ordre à Mangin d'étudier l'attaque et d'orienter toutes ses manœuvres dans la vue de conquérir une base de départ. Il s'agissait alors d'une opération d'assez vaste envergure, sur un front de 3 kilomètres: bois du Chauffour-étang de Vaux. Nivelle l'envisageait comme possible à la fin d'avril.

Ce projet fut modifié par les circonstances. D'abord, le 15 avril, l'ennemi pressentant nos desseins attaque le XIIe corps (Descoings) dans les bois du Chauffour ; notre meilleur atout, l'enveloppement par l'ouest du village et du fort, est perdu. Mangin quitte le secteur le 17 ; la 4e division (Lebrun) qui le relève, perd derrière son dos le fameux épaulement de la tranchée Morchée. Dès lors, notre position au sud de Douaumont forme, au lieu d'une ligne concave enveloppante, un quart de cercle convexe, avec des flancs des plus fragiles. Notre base de départ était diminuée des deux tiers ; on réduira de même l'objectif à atteindre. On se limitera à la conquête du fort. On partira ensuite du fort pour de nouvelles opérations au nord-ouest sur le village.

Toutes ces difficultés et tous ces contre-temps ne font qu'ancrer Nivelle dans sa résolution. L'ennemi redouble d'efforts. Il attaque le 7 mai, le 12 mai sur la carrière d'Haudromont, avec une division fraîche, la 19ᵉ de réserve. Le 13 mai, notre retour offensif ne nous donne que des résultats incomplets. Le 21, nos chasseurs font 80 prisonniers au nord de la carrière.

Mais il faut mettre le point final à ces entreprises de l'ennemi. Le fort de Douaumont (388 mètres) couronne le sommet d'une pyramide écrasée qui s'aperçoit de partout par-dessus l'épaule des collines de la Meuse. On dirait un gros œil rond, un œil de cyclope, posé au centre du paysage et dont le regard circulaire fait le tour de l'horizon. A cinq lieues à la ronde, on entre dans le cercle de ce regard obsédant. Qui tient Douaumont tient sous ses vues toutes nos communications, tous nos mouvements à l'arrière. Prendre Douaumont, c'est vraiment retourner la situation, c'est priver l'ennemi de son meilleur observatoire et voir chez lui comme il voyait chez nous. L'effet moral sera immense. La surprise du fort, le 25 février, aux premiers jours de la bataille, avait été pour nous une stupeur, pour l'Allemagne un triomphe. On se rappelle la dépêche de l'Empereur au Reichstag. Douaumont était l'enseigne de la réclame allemande. On allait lui « rentrer ses fanfaronnades dans la gorge » (Nivelle), lui ravir son plus précieux trophée.

Il s'agissait de prendre un saillant en forme de trapèze, de 600 mètres de profondeur avec 1.100 mètres de base. Le fort en occupe la partie nord. Cette attaque devait être appuyée sur la gauche du groupement Lebrun (IIIᵉ corps) par une opération du général Nollet (XIIᵉ corps) [1] sur le bois du Chauffour et les positions perdues le 15 avril. La préparation fut formidable pour l'époque. Elle devait ruiner les organisations et le moral ennemis, en jetant pendant sept jours mille tonnes d'explosifs par jour sur les soixante hectares de terrain à conquérir. On tira 300 coups de 370. Le 20 mai, à 14 heures, un de ces obus provoqua dans le fort une explosion et une panique. Quelques jours plus tôt, le 7 mai, un incendie fortuit avait fait sauter un dépôt de torpilles et de grenades. Il y avait eu plus de mille morts. Le soldat allemand avait tiré de cet accident un funeste présage.

L'exécution des travaux d'approche, parallèles, dépôts de matériel, de munitions, de vivres rencontra, à cause des nuits courtes et du feu ennemi, des difficultés extraordinaires. Le travail était à recommencer tous les jours. Cependant, le moral de la division Mangin demeurait magnifique. La troupe enflammée par son chef s'élançait vers la gloire.

Les ordres prévoyaient trois attaques en éventail : une au centre sur le fort (129ᵉ régiment, bataillon Maguin), deux autres sur les flancs pour protéger l'attaque centrale. Celle de gauche, la plus importante, devait couvrir le fort contre les troupes ennemies venant par les ravins à l'ouest et devait se prolonger, on l'a vu, par l'attaque du corps Nollet, destinée à

---

1. Le général Nollet a remplacé le général Descoings le 14 mai à la tête du XIIᵉ corps. — Le général Lebrun, commandant la 4ᵉ division, a été promu le 2 mai à la tête du IIIᵉ corps, en remplacement du général Nivelle, nommé au commandement de la IIᵉ armée.

soulager le front de la 5e division. Toutes devaient partir à la fois, d'un seul bond, à la conquête de leurs objectifs, s'y installer et y attendre les réserves ; car on pouvait s'attendre à une réaction terrible.

C'était en somme une très belle chose. Ce n'était plus l'opération telle que l'avait voulue Mangin ; c'était encore la première opération de grand style entreprise par l'armée de Verdun. Le jour J fut le 22 mai, exactement cent jours après que les Allemands étaient entrés dans le fort : ce revirement, après trois mois de bataille, fait connaître où est le vainqueur.

Il faisait un soleil radieux. Le ciel était à nous. Dès le matin, six drachen allemands tombaient en flammes à la même heure. C'était le coup d'essai des fusées Leprieur. Mangin, par ce rude geste, crevait les yeux à l'ennemi. Il préludait à sa conquête par cette bataille dans le ciel.

Le tir s'allonge à 11 heures 50. Le départ de l'assaut fut splendide. Mangin, des hauteurs de Souville, voit le 129e escalader le fort à 11 heures 58. En moins d'une demi-heure, les trois quarts de la surface sont à nous ; nos troupes se répandent dans les fossés et dans la cour. A 13 heures, l'ennemi ne tient plus que la corne nord-est, avec les locaux intérieurs. Il vide complètement la tranchée en arrière (tranchée des Brandebourgeois) et le village de Douaumont. Un sergent fait, par le dehors, le tour complet du fort. A ce moment, la position était virtuellement acquise. L'inertie du groupement de gauche perdit les fruits de la victoire.

En effet, les attaques de flanc, destinées à couvrir l'opération centrale, se heurtaient à de durs obstacles. A droite, nous progressons pourtant par les boyaux jusqu'à la tourelle Est du fort. Mais la colonne de gauche est accrochée dès le départ devant la crête à l'ouest, défendue par l'ouvrage dit le « Bonnet

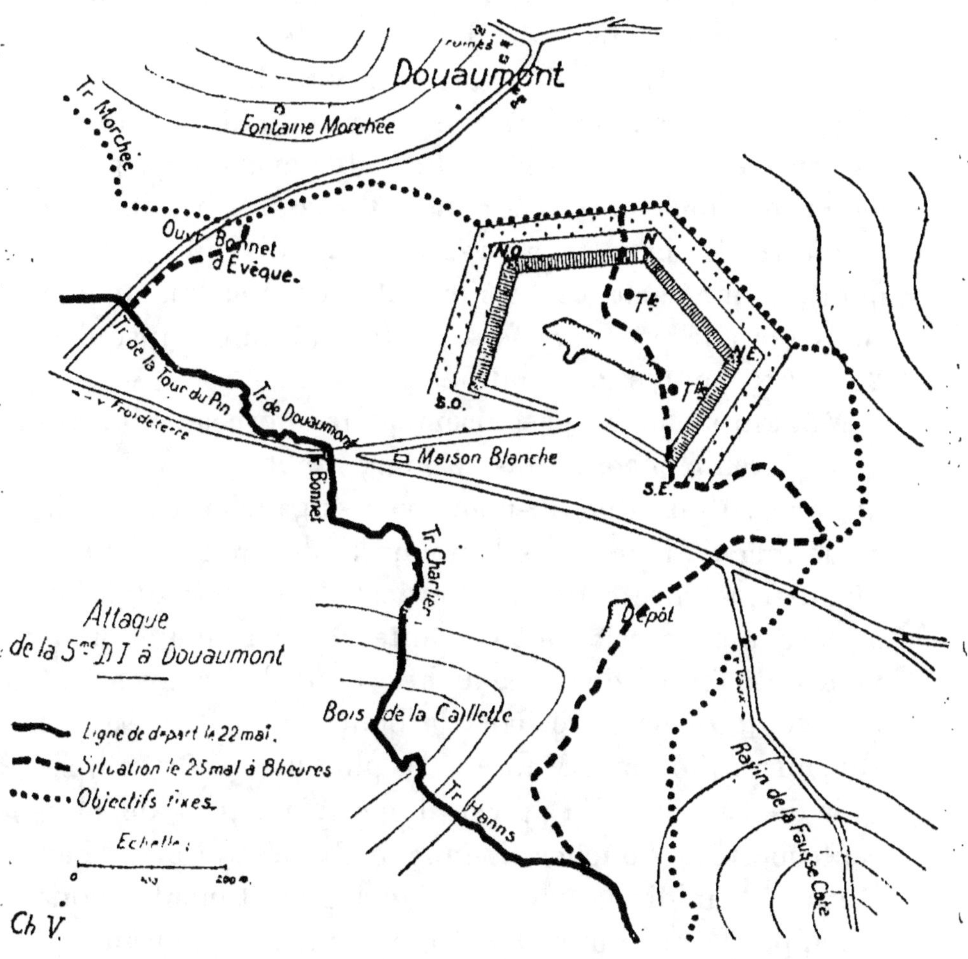

d'Évêque ». Cette colonne ne pourrait être dégagée que par un énergique mouvement dans le bois du Chauffour. Ce mouvement tardif, irrésolu, se heurte à 17 heures à une contre-attaque allemande qui l'annule.

Dès lors, la suite était fatale. Notre saillant trop en flèche, exposé à des concentrations de feux effroyables, et coincé à la base par la menace du Bonnet d'Évêque, est condamné. Nos troupes font des prodiges, s'incrustent sur la superstructure (bataillons Maguin et de la Vulpillière), se battent dans les fossés et jusque dans les couloirs, faisant sauter les barricades, luttant à la grenade contre des mitrailleuses et des canons-revolvers, mais l'ennemi est abrité, ravitaillé, tandis que nos hommes tombent et que les munitions s'épuisent. La fonte des effectifs sous l'effroyable marmitage passe les proportions éprouvées dans toutes les batailles de la guerre. La brigade de renfort (36° division, Lestoquoi), étonnée de ces canonnades de Verdun qu'elle subit pour la première fois, se fait attendre jusqu'au 23 à six heures du matin.

Mangin ne lâche pas aisément le morceau. Il parvient à tenir encore tout le jour, repousse les contre-attaques. Il attaque lui-même sur sa gauche, essaie de se donner de l'air, mais l'ennemi le devance et tout ce qu'on peut faire est de rejeter cet assaut. La situation s'aggrave encore la nuit suivante : on n'a plus de nouvelles du bataillon de gauche, dont les épaves ont achevé de disparaître dans la bourrasque. Il n'est pas revenu un homme. Mangin n'a plus une seule compagnie de réserve et il a, vers l'ouest, un trou de cinq cents mètres à boucher. L'ennemi s'y précipite le 24 au matin. A midi, le fort est enveloppé et bientôt nous échappe. Une nouvelle attaque dans le courant de l'après-midi sur le fossé sud du fort avorte, mais notre infanterie s'accroche dans les tranchées immédiatement au sud.

Du 25 au 27, l'ennemi attaque sans repos pour nous déloger de là et s'élargir autour du fort, que nous serrons de près. Il échoue. Le 25, nous le chassons de la ferme de Thiaumont, qu'il avait occupée un instant. Le 26, il est repoussé au nord de la route de Bras.

La victoire de l'ennemi lui coûte terriblement cher. On retrouve dans ces combats quelques éléments de ce que nous avons appelé la masse initiale : 13ᵉ division de réserve (VIIᵉ D. R.), IIIᵉ corps, et d'autres qui peu à peu sont venus s'y substituer : 1ʳᵉ et 50ᵉ divisions, 1ʳᵉ brigade d'Ersatz. Mais en outre, fait essentiel, l'ennemi a dû jeter dans la fournaise tout le Iᵉʳ corps bavarois nouvellement arrivé. Ce corps était réservé à donner le coup de fion à 304. La 2ᵉ division de ce corps paraît le 23 mai, la 1ʳᵉ le 25. Les Bavarois, destinés à emporter la rive gauche, relèvent sur la rive droite les Brandebourgeois épuisés. La rive gauche est dégagée.

Le magnifique fait d'armes de Mangin restait comme un exploit éblouissant de la 5ᵉ division. L'échec qui le suivit était une expérience qui ne sera pas perdue pour le 24 octobre. Cette fois, on reprendra l'attaque sur une base plus large et Mangin, commandant de la Meuse à la Woëvre, n'aura pas à compter en vain sur ses voisins. Nos moyens matériels seront aussi plus puissants.

Mais cette journée du 22 mai, avec ses débuts éclatants, a fait savoir au monde que nous défions l'ennemi et que l'Allemagne peut être battue, même à Verdun. L'Allemagne comprend la menace la première. Le coup de théâtre de Nivelle, attaquant le plateau de Douaumont, n'a pas eu seulement pour effet d'agir à la manière d'un révulsif puissant et de soulager momentanément la rive gauche. Depuis le 6 mars, la bataille s'égarait sur les ailes. Nivelle, par son acte de force, ramène l'intérêt au centre. Désormais la bataille d'ailes est virtuellement finie. Le drame se concentre sur le milieu de la scène. Tout se resserre pour la crise la plus tragique de la bataille.

CHAPITRE VI

LA DERNIÈRE RUÉE

(1-23 juin)

La situation au mois de juin : les grandes offensives d'Autriche et de Russie. — La bataille du Jutland. — L'offensive suprême à Verdun. — Rive droite. Bataille pour la ligne Vaux Froideterre (1er juin). Prise du fort de Vaux (7 juin). Bataille du 8 juin. Combats à Thiaumont. — Rive gauche. Nouvelle bataille pour 304 (15 juin). — Anxiété de la situation. — La bataille du 23 juin.

I

Ici la bataille de Verdun est moins que jamais séparable de l'ensemble du drame. Le mois de juin 1916 est celui où se nouent les fils que le glaive allemand n'a pas réussi à trancher. L'Europe est prête : le système d'offensives montées par les conseils de Joffre dans l'automne de 1915 est sur le point de fonctionner. La Russie marche le 4 juin, l'Italie le 25, l'Angleterre le 1er juillet. Tout cela grâce à Verdun. Verdun a été la cheville qui a permis d'assembler les pièces de la machine. Pour la première fois les nations alliées sont au plein de leurs forces, tandis que celles de l'Allemagne déclinent. L'Allemagne a consommé à Verdun la classe 1916, sa dernière ressource normale de l'année. Elle commence à entamer la classe 1917 [1]. Déjà elle

---

1. C'est au mois de juillet que nous commençons à faire des prisonniers de cette classe.

incorpore la classe 1918. Elle mange son blé en herbe.

Dans ces circonstances difficiles, il faut reconnaître qu'elle fit face avec un dur génie. Loin de s'avouer battue, elle redouble partout d'activité et d'énergie. Elle y fut vraiment admirable. Pour dégager l'Autriche, elle n'a plus une seule division disponible; mais elle réussit à galvaniser « le brillant second » et à en obtenir un parti audacieux. Elle précipite Conrad contre l'Italie dans le Trentin (15 mai). L'attaque s'arrête court au bout de quelques jours, sans atteindre Vérone et le débouché des plaines lombardes, car Broussiloff devient dangereux : il faut courir au plus pressé. Mais l'offensive de Cadorna s'engage dans des conditions médiocres et le péril, même après la prise de Gorizia (11 août), est en grande partie conjuré.

Contre l'Angleterre, Falkenhayn ne peut davantage distraire un homme ni un canon. Il l'atteindra sur mer, dans cette puissance flottante qui commande les routes de l'univers. C'était déjà l'objectif de Tirpitz et de sa guerre sous-marine « renforcée » : car depuis le 17 février, l'Angleterre subit, elle aussi, son Verdun. Les deux campagnes sont solidaires. La marine, dans ce système, est une aile, un immense bras ajouté à l'armée de terre et prolongeant sa droite à travers l'océan, agissant sourdement sur les communications de l'adversaire, comprimant les artères qui lui apportent la nourriture. Ce programme, après trois mois passés, a si peu réussi que la Grande-Bretagne se trouve au faîte de sa force, à la tête d'une puissance terrestre formidablement outillée. C'est pourquoi, sans attendre ses coups, l'Allemagne, comme toujours, se décide à les prévenir. Elle jette sa dernière carte, elle assaillira cette « Grande Flotte », insaisissable aux sous-marins dans sa rade de Scapa Flow. Elle ouvre elle-même les triples et quadruples verrous, elle sort de sa profonde retraite de Kiel, provoque près des côtes du Jutland l'escadre de Beatty et cherche à faire sauter Jellicoe, qui accourt, sur les champs de mines et les antres à requins d'Heligoland (9 juin). Rencontre unique de son espèce : l'Allemagne ne risquera plus l'épreuve. Mais, quand on sait ce qu'était dans sa pensée cette réserve suprême, cette sortie de la *Hochseeflotte* montre le caractère d'énergie décisive, le jour sombre et tragique où lui apparaissaient les choses et la résolution qu'elle portait dans cette guerre punique.

C'est cette résolution extrême, surexcitée encore par l'outrage de Douaumont, qui va faire, autour de Verdun, la physionomie de ces combats de juin. Ces quelques semaines qui vont suivre jusqu'à la mi-juillet sont peut-être, au point de vue local, les plus farouches de la bataille. L'Allemagne espère encore, par la chute de la place, impressionner le monde, terroriser la France et faire face à temps devant l'attaque britannique.

Elle est convaincue en effet que la France est à bout. Elle fait le compte des divisions qui ont paru devant Verdun et elle en conclut qu'il ne nous reste plus une goutte de sang. Il n'y a plus qu'un effort à faire pour nous faire toucher des épaules, nous mettre le genou sur la poitrine. Alors l'Allemagne se fera un jeu de l'affaire anglaise.

Mais le temps presse, il faut faire vite. Dès le 4, on apprend que l'ordre de l'Empereur est que le drapeau allemand flotte sur Verdun le 15 juin. Depuis la fin de mai, nous observons sur les deux rives un renforcement de l'artillerie ; beaucoup de batteries éteintes se rallument ; des emplacements nouveaux commencent à tonner. On compte, vers le milieu du mois, sur le front nord de Verdun plus de 2.000 canons, soit la sixième partie de l'artillerie allemande, et sur ce nombre, plus de 1.200 pièces lourdes à tir rapide, c'est-à-dire le quart du matériel lourd. Ainsi, loin de décongestionner Verdun, loin d'en faire partir un homme ou un canon, la sommation anglaise a pour effet d'en ramener davantage. La manière allemande ne se préoccupe pas d'une menace. Elle ne tient compte que des faits. Au lieu de s'intimider, elle redouble la pression. En fait, cette façon de faire est seule capable d'un résultat. Le parti de négliger la Somme et de foncer sur Verdun était le grand parti. Ce n'est pas celui d'une âme faible. En un mot, c'est la situation de février, mais avec un caractère d'urgence accru par le fait que les périls prévus sont maintenant présents. Pour les Allemands, il s'agit d'être vainqueurs à date fixe et d'entrer à Verdun dans quinze jours. Le drame, qui traînait en longueur, se ranime comme au premier acte. Comme en février, on assiste à une concentration puissante de troupes fraîches. On signale de Bielefeld un train allant vers l'ouest toutes les dix minutes. L'État-major reconstitue une nouvelle masse de choc, exactement égale à la masse initiale. Outre le Iᵉʳ corps bavarois, engagé par moitiés le 23 et le 25 mai, il fait venir, du 3 au 20 juin, quatre divisions nouvelles : la 7ᵉ de réserve, la 103ᵉ, la 25ᵉ d'Ersatz et une division d'élite, division de chasseurs qui a paru depuis sur tous les champs de bataille, et dont la présence sent l'orage, le corps alpin. C'est cette force qui, appliquée dans le secteur de Verdun, est chargée de « tomber » la place. On ne peut refuser à cette manière de faire le mérite du style.

Ce parti imposant fut à deux doigts de réussir. Pendant tout le mois de juin, le rocher de Verdun chancelle. Ce bloc, ébranlé de tant de coups, vacille sur sa base. L'assaut qui se prépare s'annonce comme le plus violent de tous, mais de combien s'est rétrécie la marge indispensable ! L'échec de la tentative du 22 mai sur Douaumont est un avertissement. Chaque jour diminue d'une manière inquiétante nos ressources d'élasticité, notre liberté de manœuvre. Bientôt on ne pourra plus remuer sur une tête de pont si étroite, que le moindre recul tournerait au désastre. Notre première position (Morthomme-304), aux trois quarts perdue sur la rive gauche, n'offre plus de soutien à l'autre rive. Dans ces conditions, le plus sage n'est-il pas de se retirer sur la seconde, en faisant à la prudence le sacrifice de la rive droite ? Un repli volontaire, ordonné, fait à temps, en ramenant tout le matériel, n'est-il pas préférable à l'entêtement sur des lignes détestables, qui ne valent pas ce qu'elles coûtent, et où on est à la merci du premier accident ? C'est là le conseil de la raison. Fallait-il mettre au hasard d'un malheur le tiers de l'artillerie française ?

La question de l'évacuation de la rive droite se posait aujourd'hui d'une manière aussi pressante qu'aux premiers jours de la bataille, bien différente cependant : autre chose est une retraite sous la pression de l'adversaire, dans une bousculade de débâcle, autre chose un repli rationnel, stratégique, consistant à refuser le combat sur des positions condamnées, pour obliger l'ennemi à s'écraser sur de meilleures. Dans le premier cas, il s'agit d'une défaite ; dans le second, d'une manœuvre. Ce n'est pas reculer, c'est rompre. C'est déjouer le plan de l'ennemi, rendre vains ses préparatifs et le contraindre à de nouveaux ; c'est ce que fera Hindenburg en mars 1917 quand il évacuera le saillant de Noyon, et c'est énfin le dessein de la bataille du 15 juillet 1918 sur les monts de Champagne, où l'habileté de Pétain, secondé par Gouraud, amena Ludendorff à se casser les reins.

Du reste, la bataille continue. On n'abandonnerait pas Verdun : l'ennemi n'entrerait jamais dans ses ruines, ou il n'y entrera qu'en versant des torrents de sang. Une ligne passant par la cote 310, les Bois-Bourrus, le fort de Marre, les remparts et faubourgs de Verdun, avec le réduit de la citadelle et les forts de Regret, de Dugny, de Landrecourt, ayant la Meuse pour fossé, constituerait une forteresse à peu près imprenable. La coupure de la Meuse, qui forme la grande faiblesse du saillant de la rive droite, se transforme aussitôt en obstacle à notre service. Derrière la Meuse nous serions en état de résister des mois. L'ennemi verrait ce qu'il en coûterait d'accepter le cadeau d'une bande de terrain ravagée, vue de toutes parts et quel marché il ferait en se jetant sur cette proie. Au pis aller, dût-on lui céder Verdun même, en serait-il plus avancé ? Verdun, au bout de quatre mois de siège, a joué son rôle, fait tout ce qu'on pouvait attendre d'une place forte : il a permis de gagner du temps, donné aux armées alliées celui d'entrer en scène. Il a servi de couverture à la manœuvre de l'Entente. On peut le jeter désormais comme un bouclier inutile, ou comme on fait sauter sur le champ de bataille une pièce sacrifiée qui a vidé ses coffres, retardé l'ennemi, rempli sa mission jusqu'au bout.

Pétain, dès le début de juin, commence, à mots couverts, à préparer l'opinion[1]. Et la situation empire. Et Nivelle tient toujours...

1. J. Reinach, *L'Année de Verdun*, p. **183**.

II

Il fallait rappeler ces circonstances dramatiques, pour faire saisir l'intérêt de cette péripétie et du rebondissement qui va suivre.

Au point de vue tactique, la bataille se présente comme une attaque par les deux rives. Pendant le mois de juin, l'ennemi garde l'initiative et nous réduit presque partout à une pure défensive. Pour coordonner ses efforts et leur donner plus de cohésion, l'état-major allemand a constitué ses forces en deux grands groupements, placés sur chaque rive. Sur la rive gauche, le groupement von Gallwitz continue sa conquête du mois de mai, pour nous jeter en bas de la cote 304. Mais c'est sur la rive droite que le groupement von Lochow fait le principal effort [1]. C'est là que le commandement a placé ses masses d'artillerie, concentré ses troupes fraîches. Cette double action est à peu près simultanée. Elle sera exposée ici séparément, en commençant par la plus importante, celle qui se passe sur la rive droite.

On se souvient que dans le mémoire de la *Kriegsakademie* consacré au siège de Verdun, le fort de Douaumont est considéré avant tout comme un observatoire ;

---

1. Cette division en groupements remonte au mois de mars et correspond à l'extension des opérations sur la rive gauche. Le général von Gallwitz, commandant la XIe armée en Macédoine, fut appelé en juillet sur la Somme au commandement de la Ire armée. Il fut remplacé devant Verdun par le général von François. Le général von Lochow, ancien commandant du IIIe corps, avait remplacé en avril le général von Mudra.

la véritable position se trouve à deux kilomètres en arrière, sur la ligne Vaux-Froideterre, barrière très puissante, que redouble encore une dernière ligne, Belleville-Souville-Tavannes, et où le fort de Souville (388 mètres), égal en altitude à celui de Douaumont, joue entre nos mains le même rôle que ce dernier aux mains de l'ennemi.

C'est cette double ligne qu'il s'agit d'emporter. L'État-major allemand était si convaincu de la force de cette position, que depuis le 2 mars il n'avait pas encore osé l'aborder de front. Il avait essayé de la faire tomber par la rive gauche. Cette fois, mis au pied du mur, il ne se flatte pas encore d'arracher le succès d'un seul coup. Il divise la difficulté. Il cherche à s'emparer d'abord de la première position et de ses points d'appui à chaque extrémité : puis s'étant assuré d'une base de départ, il tentera l'assaut final qui devra d'un dernier élan l'amener à Verdun. Ce sera l'objet de deux batailles, livrées à huit jours d'intervalle, le 1er et le 8 juin.

La préparation commença le 31 mai. La lutte d'artillerie prend dans la nuit un caractère d'intensité extrême de part et d'autre de Douaumont. Évidemment c'est notre centre que l'ennemi veut enfoncer. L'attaque du 1er juin au matin se présente, après cette ouverture, sur un front de cinq kilomètres, de la région de Thiaumont au village de Damloup, avec cinq divisions en ligne : tout le 1er corps bavarois (1re et 2e divisions bavaroises) à la droite allemande (Ouest), formant l'aile marchante en direction de Froideterre ; puis d'Ouest en Est, la 7e division de réserve dans le bois de la Caillette, la 1re division dans la région de l'étang de Vaux, enfin la 50e devant le fort de Vaux et le village de Damloup.

L. GILLET.

En outre, les deux régiments en réserve du XVᵉ corps et un régiment de grenadiers de la 1ʳᵉ division, appuyaient cette ligne de quinze régiments. Cinquante cinq mille baïonnettes, plus d'un homme par mètre courant, se pressent sur ce front de cinq kilomètres. C'est le coup le plus rude que l'ennemi ait monté depuis le 21 février. Le dispositif est le même qu'il a employé ce jour-là : les divisions marchent avec deux de leurs régiments en ligne, le troisième en réserve ; dans chaque régiment, deux bataillons d'attaque et un bataillon de renfort. Cette succession de vagues et de houles puissantes doit submerger nos lignes retournées, écrasées.

L'attaque fut un échec sanglant à la droite allemande. Les Bavarois, déjà étrillés au départ, pris en flagrant délit de rassemblement dans leurs ravins, viennent se briser devant les mitrailleuses du XIIᵉ corps. L'extrême gauche se fait écharper devant Damloup. Le centre est plus heureux. Son assaut trouve nos troupes (6ᵉ division) broyées, ensevelies par le bombardement, occupées à se déterrer, toutes les armes hors de service. En une demi-heure la malheureuse division a cessé d'exister [1]. Il est neuf heures du matin. Alors l'ennemi dévale la croupe d'Hardaumont, envahit le bois de la Caillette, atteint le ravin du Bazil : c'est le nom de ce long ravin qui entaille d'Ouest en Est le plateau de Douaumont et que suit le ruisseau de Vaux. La voie ferrée de Fleury à Vaux emprunte cette vallée. Cette coupure vitale, reconquise par Mangin dans les combats d'avril, nous échappe. Un flot d'Allemands déferle jusqu'au

1. *Journal du commandant Raynal*, 1919, p. 88.

talus du chemin de fer, le franchit et vient battre le pied du plateau opposé, celui qui porte le fort de Vaux.

Ce plateau de Vaux dans sa partie nord, que borde le ravin de Bazil, n'offre pas une courtine continue et compacte ; la muraille, où pendent des bois (bois Fumin, bois de Vaux-Chapitre), présente de larges écroulements, des brèches qui en festonnent le bord et qui donnent accès, à travers le massif délabré, jusqu'au cœur du plateau. Si le fort de Vaux, perché sur l'éperon oriental, prend l'ennemi d'enfilade dans le bois de la Caillette, on peut, par les ravins secondaires, le tourner à l'ouest, échapper par des défilements, se hisser au centre du plateau, jusqu'à Fleury et à Souville : tous ces cheminements sont autant de couloirs ouverts à l'escalade. — Cette tactique particulière qui consiste à s'élever en colonnes par les ravins, à s'en servir comme de coins qu'on enfonce dans une position et à s'y élargir ensuite, est la manœuvre favorite du Kronprinz qui l'a appliquée en Argonne pendant l'hiver de 1915, et devait en 1917 sur le Chemin des Dames, élever ce procédé à la dignité d'une méthode. C'est la « manière » de ce général. Nous avions pris nos précautions en barrant le ravin des Fontaines, où passe la route de Verdun à Vaux, par une série de retranchements (R, R2, R3) ; mais ces redoutes, à peu près nivelées par le bombardement, se trouvent insuffisantes. R 2, attaqué à midi, tombe à 14 heures 30. Dès lors notre barricade est rompue au milieu. L'ennemi entre dans le bois Fumin au cours de la soirée.

La bataille avait donc échoué à la droite allemande, mais le centre-gauche et la gauche remportent un gros succès. Le combat reprend le 2 juin à la gauche allemande, dans la vue d'achever l'encerclement du fort de Vaux.

On se rappelle que trois mois plus tôt, ce coin du champ de bataille avait été le théâtre des combats du 8 et du 9 mars. Un moment même, par suite d'un renseignement erroné, l'ennemi s'était cru maître du fort, et avait annoncé ce succès par un bulletin de triomphe; il dut le démentir le lendemain. L'ennemi s'était rabattu alors sur le village, qu'il arrache maison par maison (16-19 mars). Depuis lors, nous nous sommes un peu élargis sur les pentes de l'escarpement qui supporte le fort. Nous avions conservé le village de Damloup, qui flanque la position à la base.

La journée débute mal. Dans la nuit, nous perdons Damloup. Ce village, au pied des Côtes, est la clef d'un ravin qui permet de tourner le fort de Vaux par le sud-est, le ravin de la Horgne. Dès lors, l'éperon de Vaux, attaqué par le nord, débordé à la fois par l'ouest et par le sud, est une position condamnée. Une contre-attaque est lancée à 6 heures 30 pour le dégager par l'ouest ; elle échoue. L'ennemi revient en nombre. Il martèle la carcasse du fort sous un pilonnage d'obus lourds ; il se glisse derrière ce rideau entre le retranchement R, qui tient encore, et le fort, qui se trouve aux trois quarts isolé. Les derniers survivants des tranchées voisines viennent chercher un refuge dans ses galeries déjà encombrées, où ils ajouteront leur soif à celle de la garnison. A midi, l'ennemi saute sur la superstructure : quarante pionniers y grimpent et se terrent dans les trous d'obus.

Dès lors la chute du fort, coiffé par l'ennemi, enveloppé de trois côtés, n'est plus qu'une question d'heures, si nous ne parvenons pas à desserrer l'étreinte. C'est, à dix jours d'intervalle, la même situation qui s'est produite le 22 mai à Douaumont : le fort est partagé entre les deux adversaires, l'un à la surface, l'autre à l'intérieur ; seulement à Douaumont nous étions dessus, et à Vaux nous sommes dessous. Mais, à Douaumont, nous n'avions pu assurer nos flancs. C'est sur leurs flancs que les Allemands cherchent à se consolider. Trois assauts sur le retranchement R, que défend le lieutenant Delvert, du 101e, sont repoussés à la grenade[1]. Mais R3, la redoute la plus voisine de la digue, cède ; l'ennemi déborde dans le bois Fumin, s'y enracine solidement.

Dans ces conditions, le petit ouvrage rempli de blessés, de mourants, dévoré par le feu et la soif, réussit à tenir encore quatre jours. Cette résistance magnifique, à travers un enfer de tortures, ce sublime défi à la nature humaine, éternisent le nom des défenseurs de Vaux. Leur exploit, qui passionna le monde et le tint haletant, n'a d'ailleurs presque plus d'importance militaire. La perte de Vaux est le corollaire de celle du bois de la Caillette. Il était clair que, la bataille perdue sur ce point-là, le fort tourné par l'ouest ne tarderait pas à succomber. A partir de ce moment, l'ouvrage devenait un point quelconque de la ligne avancée, plus fragile même que les autres, en raison de l'attrait qu'offre un abri de cette nature et de sa situation « en l'air » au bout d'un promontoire. Le dénouement était fatal[2].

---

1. Capitaine Delvert, *Revue de Paris*, 15 mai 1918, p. 254.

2. H. Bordeaux, *Les derniers jours du fort de Vaux*. Paris, 1916. Voir surtout le dramatique récit du G. Q. G. allemand, publié par Kurt von Reden dans le *Breisgauer Zeitung* des 16-18 juin 1916.

Ainsi, pendant quatre jours, l'extraordinaire ponton, comme une sorte de navire amphibie, mi-français, mi-allemand, au milieu d'une fournaise d'éclatements, de fumées, continua sa vie étrange de nouveau radeau de la Méduse. Isolé au milieu des feux sur son récif, on n'a plus de ses nouvelles que par de rares pigeons qu'apporte l'aile de la tempête. Dès le 3 juin au matin les pionniers allemands se sont emparés des deux coffres qui battent le fossé nord ; le combat se poursuit dans les gaines. Des explosions déchirantes font sauter les barrages de sacs qui les obstruent. L'assaillant, quatre pas plus loin, bute sur des mitrailleuses. Peu à peu, il progresse pourtant dans cette horrible guerre intestine. Le béton porte la trace des égratignures des éclats, la griffe des grenadiers du peloton Bazy. Le capitaine Tabourot, qui défendait la porte nord-est, agonise, le ventre ouvert et les jambes arrachées. Le poste de secours est une géhenne où cent blessés brûlent de soif dans les puantes ténèbres de quinquets au pétrole. Le 4 juin, nous perdons le couloir des latrines. L'infection augmente. L'atmosphère devient irrespirable. L'eau manque. L'ennemi s'irrite de cette agonie obstinée. Il descend à la corde des paniers de grenades qui éclatent devant les créneaux des fenêtres. Ce n'est pas tout : introduisant par ces meurtrières de longs tubes coudés, il s'avise traîtreusement de souffler dans les poumons du fort le poison de ses gaz. Ainsi se passa pour la garnison dans sa nuit souterraine, opaque

Le Fort de Vaux, journal du commandant Raynal. Paris, 1919. Par le communiqué du 6 juin 1916, 23 heures, on apprit que le commandant Raynal était fait commandeur de la Légion d'honneur.

et rétrécie, ce qu'on n'ose appeler le troisième et le quatrième jour.

Cependant le 5 juin, à 3 heures du matin, le général de Roig, commandant le secteur, voit arriver deux messagers, deux revenants du fort [1]. Ils en viennent et ils y retournent, à travers mille morts. Ils exposent les faits, puis, ayant demandé des secours, expliqué la manière de s'y prendre pour les délivrer, les intrépides voyageurs rapportent au fort l'espérance : de quoi vivre une journée encore. Nivelle, qui est venu à Dugny au P. C. du général Lebrun, insiste avec émotion sur l' « intérêt mondial » qui s'attache à ce petit tas d'héroïques décombres. Mais l'opération de dégagement ordonnée par Nivelle est exécutée, faute de ressources, à une beaucoup trop petite échelle (6 juin). Le 7, à 3 heures 50, le fort de Vaux « parle » encore ; on déchiffre ces mots : « ... à toute extrémité.. Vive la France! » Une nouvelle attaque, à l'effectif de trois bataillons, montée rapidement dans la nuit du 7 au 8, est confiée à la brigade du colonel Savy, l'ancien commandant du fameux régiment du Maroc : on espère arriver à temps, pouvoir tendre la main à une sortie de la garnison. Le radio allemand nous apprend à 16 heures que tout était fini depuis 6 heures du matin. Deux bataillons parviennent pourtant jusqu'à la gorge, mais s'y arrêtent interdits : de violentes explosions tonnent dans les entrailles du fort, et des nuages noirs s'en échappent pendant plusieurs heures. Les officiers tués, la troupe hésite, revient à son point de départ ; le dernier retranchement à l'ouest tombe enfin le lendemain (nuit du 8 au 9 juin).

1. Il faut retenir ces deux noms : ceux de l'aspirant Buffet et du sergent Fretté.

Aussitôt les Allemands reprennent leur marche interrompue. Le fort de Vaux les a retardés jusqu'au 7 juin. Le 8, ils livrent la seconde bataille de leur programme pour l'enlèvement de la première ligne dont ils devaient, dans leurs calculs, se débarrasser en une seule fois.

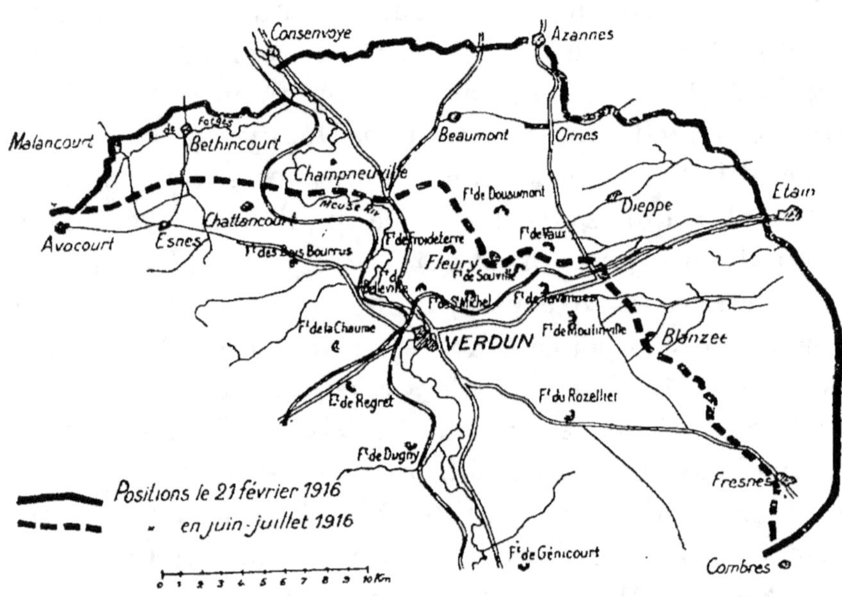

La première mise n'a pas suffi. Dès le 4 juin, en vue de la prochaine bataille, l'État-major allemand a fait venir un corps fameux, le corps alpin. Ce corps vient de passer un mois en exercices d'assaut. Les Alpins s'intercalent à la gauche du corps bavarois, entre celui-ci et la 7e division de réserve. Ces deux corps attaquent à la fois le 8 juin sur tout le front en arc convexe compris entre le ravin de la Dame et le ravin de la Caillette. La bataille se prolonge à l'Est, plus mollement, sur le reste du plateau.

Le massif de Douaumont, du côté où ses pentes descendent vers la Meuse, se plisse en plusieurs contre-forts que séparent des ravins ; l'un de ces contreforts porte la cote 316 : nous sommes là face à face avec les Allemands ; le suivant, vers le sud, plus ramifié que le précédent, en est séparé par un couloir, le ravin de la Dame. A la tête du ravin, se trouve la ferme de Thiau-mont.

Plus au sud, sur la grande échine de Douaumont à Froideterre, au point où celle-ci s'articule à la crête de Fleury, est l'ouvrage de Thiaumont. Cet ouvrage situé en un point remarquable, à la jonction des deux principaux mouvements de terrain de la région, est au centre d'une patte d'oie de ravins qui lui donnent de trois côtés des vues étendues et profondes. Le regard s'y étend d'une part vers la Meuse, de l'autre jusqu'à la Woëvre. On sent l'importance de ce point.

Toute la région, ferme et ouvrage de Thiaumont, est soumise à un de ces pilonnages qui dénoncent la volonté d'assaut. La bataille s'engage le 8 juin à 6 heures 45. A l'extrême droite, les Bavarois de la 1re division se montrent assez peu mordants [1]. La 2e division plus à gauche, fit son devoir avec plus de vigueur : elle attaqua en deux échelons, et pour la première fois en faisant précéder son assaut de ces

---

1. Les Bavarois ne cachent pas leur mauvaise humeur contre la Prusse. Lettre de Munich, 16 mai 1916 : « En Bavière on est convaincu que ce sont les Prussiens qui ont fabriqué la guerre à Berlin ; peut-être n'a-t-on pas tout à fait tort... Et nous allons livrer des vivres à l'Allemagne du Nord ! . » — « Nous sommes devant Verdun. On ne sait d'ailleurs pas pourquoi, j'aime autant les Français que les Prussiens. On fourre le Bavarois dans le feu parce que les Prussiens ne savent plus comment s'en tirer. Sommes-nous bêtes !... » (Lettre d'un homme du 12e bavarois, 15 mai 1916). Au corps alpin, des officiers se sont fait porter malades.

troupes spéciales qu'on appelle *Stosstruppen*. Cette nouveauté tactique fait ici son apparition. En fin de journée, nos premières tranchées au nord de la ferme de Thiaumont sont enlevées et quelques fractions de pointe pénétrèrent dans la ferme elle-même, d'où une contre-attaque les rejette.

La bataille continue le 9. L'ennemi s'empare enfin de la ferme de Thiaumont, se met à cheval sur la crête. Le 12, il s'attaque à l'ouvrage, se fait battre, revient à la charge, et finit par nous rejeter sur le bord sud du ravin de la Dame (cote 321).

Les journées du 13 au 15 se passent en contre-attaques et fluctuations sans résultat. Le 17, une charge brillante de nos chasseurs nous rend momentanément le terrain perdu le 12. Une fois de plus, la bataille dégénère en petits combats, en poussées de faible amplitude autour d'une ligne qui oscille. Il fallait obtenir la cassure : elle ne s'est pas produite. L'échéance de juillet approche, et Verdun tient toujours. Ce sera pour une autre fois.

III

Que se passe-t-il cependant sur cette rive gauche par où von Gerok, il y a un mois, cherchait si vigoureusement à forcer la décision ? La bataille, ramenée sur l'autre rive par le coup de théâtre de Douaumont, ne cesse pourtant pas de faire rage devant ses vieux butoirs de 304 et du Mort-Homme. L'ennemi redouble d'efforts pour nous en décrocher, faciliter ainsi ses mouvements au centre. On voit mieux que jamais que les deux batailles sont solidaires. Nivelle, de son côté, ne se départ pas un instant de sa volonté offensive. Plus il est malmené à droite, plus il multiplie les coups de boutoir pour se dégager à gauche. De part et d'autre, jamais on n'a joué plus serré.

On se rappelle que la situation, après les grands combats de mai, était à peu près la suivante : nous avions perdu le sommet du Mort-Homme et toutes les défenses avancées de 304. Nous tenions une position à peu près rectiligne bordante xactement le côté sud de la première de ces crêtes et le côté nord de la seconde. En un mot, nous étions très justes sur celle-ci, et plus que branlants sur celle-là : fort peu solides partout, presque désarçonnés et ayant, au Mort-Homme, tout à fait perdu un étrier.

C'est naturellement du côté où nous sommes le plus fragiles que l'ennemi va tenter de porter ses premiers coups. Dès le 29 mai (au lendemain de l'affaire de Douaumont) il reprend ses opérations suspendues contre le Mort-Homme et obtient une légère avance au N.-E. de Cumières. Le 30, il réitère l'attaque avec des troupes fraîches et nous force à nous replier sur la crête des Caurettes. Enfin le 31, il cherche une fois de plus à forcer le passage au sud de Cumières et à prendre le massif du Mort-Homme à revers. Il réalise par sa gauche le long du chemin de fer, une avance de plus d'un kilomètre jusqu'à la station de Chattancourt ; mais au même moment, le général Berthelot le bouscule sur sa droite, lui fait plus de deux cents prisonniers ; en même temps qu'il l'étonne par cette manœuvre inattendue, il le contre-attaque par l'Est et le culbute dans Cumières. Ce coup d'arrêt finit la bataille du Mort-Homme.

Cet effort a mis sur les dents la 22ᵉ division de réserve. Elle sera relevée le 9 juin par le VIIᵉ corps

(13ᵉ division). Von Gerok fait alors intervenir à sa droite le XIᵉ corps. Il fait concorder ses attaques avec celles de von Lochow sur le fort de Vaux, afin de fixer nos réserves et de les empêcher de roquer. Dès le 4 juin, le combat se rallume pour la cote 304.

L'attaque la plus violente se produit le 9 juin, au lendemain de la chute de Vaux et du grand assaut sur Thiaumont. Toute cette histoire devrait être écrite sur deux colonnes. La bataille est précédée d'un des plus frénétiques travaux de pilonnage dont on ait gardé la mémoire. Plus trace de tranchées, de fils de fer, d'organisation quelconque : la colline a un aspect de tas de sciure. Les Allemands, partant de la cuvette d'Haucourt, utilisent comme place d'armes un ravin que nous avons signalé plus d'une fois, celui du bois Camard. L'assaut se présente suivant l'axe de la route de Malancourt à Esnes, qui enjambe le plateau par la dépression du col de Pommérieux. C'est évidemment le point faible de la position. Si l'ennemi parvient à forcer ce passage, il tourne à la fois le bois d'Avocourt et la cote 304; notre situation, déjà si précaire au Mort-Homme, y devient impossible. C'est l'abandon forcé de toute la première position, et le repli fatal sur la seconde avec toutes les conséquences qu'un tel repli, en pleine attaque, entraînerait pour la rive droite.

Mais les Allemands trouvent en face d'eux, sous les ordres de Maud'huy (XVᵉ corps), le général Guyot de Salins, un malouin têtu, ancien lieutenant de Galliéni, revenu depuis peu [1] à la tête d'une des plus belles

---

1. Il commandait, jusqu'au 26 mars, dans ce même secteur, la 29ᵉ division, transportée dans les Flandres après l'affaire d'Avocourt. Voir plus haut, p. 82.

divisions de l'armée, cette fameuse 38e, composée de zouaves, de tirailleurs et de l'illustre régiment colonial du Maroc. En vain l'ennemi, sans compter ses pertes, multiplie les assauts contre ces lignes de granit : à 5 heures, à 5 heures 30, à 9 heures, à midi, il vient et revient à la charge. Tantôt ses attaques, foudroyées par nos tirs de barrage, sont écrasées dans l'œuf; les plus heureuses font demi-tour devant nos baïonnettes et se font ramener la pointe dans les reins. Tels furent à Verdun les débuts de la 38e.

Maud'huy, le soir du combat, rédige cette proclamation : « Soldats! Dans la journée du 9 juin, vous avez repoussé quatre assauts accompagnés de flammes et précédés d'un bombardement inouï.

« Fantassins, zouaves, tirailleurs, artilleurs, sapeurs ont rivalisé de bravoure, inébranlables à leur poste et rejetant l'ennemi partout où il a osé se montrer.

« Soldats! Le poste que vous défendez est d'une importance capitale. La France vous l'a confié. Vous le garderez tant qu'il faudra. »

Les attaques se renouvellent sans plus de succès le 10 juin, le 17, le 22, le 23, le 24, perdant chaque fois de leur ampleur et de leur force. Le bastion ne bronche pas.

Mais, puisque l'ennemi ne cesse de l'attaquer, c'est donc le moment pour Nivelle de le soulager en prenant l'offensive au Mort-Homme. On profitera de l'occasion pour corriger nos lignes : il s'agit de reconquérir une crête qui descend au sud-ouest du sommet, barrant le ravin de la Hayette et croisant ses vues sur les derrières de l'ennemi avec celles de 304. C'est nous rendre en quelque façon l'usufruit de la position. L'attaque se déclenche le 15 juin. La crête est prise, dépassée ; nous enlevons à l'ennemi plus d'un kilomètre de tranchées et deux cents nouveaux prisonniers. Les Allemands réagissent le 16, le 18, en pure perte.

Ainsi au milieu de cette bataille furieuse où il se défend sur la rive droite, Nivelle, sur la rive gauche, trouve encore moyen de lutter avec avantage. Loin de penser à la retraite, il résiste, il attaque. Plus il est pressé sur sa droite, plus il se fait pressant sur sa gauche. Ce qu'il ne peut faire faute de monde (car Joffre économise avarement pour la Somme) il le fait à coups de canon, menant à l'ennemi vie d'enfer, le démoralisant, l'abrutissant, l'accablant sous un continuel orage de munitions [1]. Ainsi il manœuvre sans se lasser, fait tête sur les deux rives, contraint parfois à reculer, perdant du terrain pas à pas, en reprenant ailleurs, cherchant avant tout à durer, faisant feu par tous ses tonnerres, disputant, reprenant sans cesse l'ascendant, comprenant, à la rage de l'ennemi, que l'ennemi est talonné par la faim et le temps, et résolu plus que jamais, au milieu de ces circonstances terribles, à ne rien lui céder et à lui arracher ce drapeau de Verdun.

---

1. Citons à titre d'échantillon, cette lettre saisie sur un soldat de la 56ᵉ division : « Au Mort-Homme, le 31 mai 1916... Depuis quatre jours et quatre nuits dans la tranchée. Comment peut-on y résister ? Nous souffrons horriblement du feu de l'artillerie : toujours obus sur obus, et ce que les obus démolissent le jour il faut le refaire la nuit. La 12ᵉ compagnie n'a plus que 60 hommes de 180 qui sont montés en ligne... Et pas d'eau ! Le ravitaillement est impossible, le convoi est pris sous le feu. Jour et nuit, pas un instant de trêve, toujours sur le qui-vive, être prêt à tout instant à faire le coup de feu, et toujours ce feu d'artillerie. Les obus ! les obus ! C'est à devenir fou... Et voilà que ça recommence ! Le Francillon canarde. Ah ! ce Mort-Homme, c'est le plus sale coin de toute la zône des armées. Et combien de victimes ce coin a-t-il coûtées ? Combien en coûtera-t-il encore ? Recevez, mes chéris, les baisers de votre malheureux père... »

IV

Pétain est le plus froid des hommes, la tête la moins systématique. « Ne me faites pas plaisir ! » C'est son mot, à Souilly, aux fameux rapports du mardi, où il se fait exposer par les officiers de liaison le résultat des reconnaissances. Nul chef n'est moins porté à jeter sur les choses un regard de complaisance. Dès la fin de février, à tout événement, il avait fait faire une étude par le général Maistre dans la prévision d'un repli sur la rive gauche. Cette étude ultra-secrète dormait depuis ce temps dans les dossiers de l'armée. Un jour vînt où elle allait être exhumée des cartons.

L'usure de la troupe devenait effroyable. La moyenne des pertes était de 4.000 hommes par relève. Les divisions fondaient ; certaines ne duraient pas deux jours, se volatilisaient comme des gouttes d'eau sur une pelle chauffée à blanc. Joffre faisait la sourde oreille pour en accorder de nouvelles : on était à quinze jours de la Somme, le général en chef était près de ses pièces. Cette situation d'effectifs était inquiétante. Le pays pouvait-il soutenir ce train de dépenses ? Le jeu valait-il la chandelle ? On peut se demander si la France n'a pas fait assez pour la gloire.

A cette heure, la mission de Verdun est remplie : Verdun devait tenir tant que les Alliés n'étaient pas prêts, leur donner le temps de gagner le printemps. A cette heure, Broussiloff galope en plein triomphe ; dans quinze jours, les Anglais s'ébranlent en Picardie. Dès lors, à quoi bon s'obstiner dans une lutte d'amour-propre ? Pourquoi ne pas faire librement ce qu'on peut être contraint de faire, comme un poste chargé de tenir un point stratégique et d'occuper l'ennemi pendant un certain temps, se replie quand la manœuvre s'est prononcée ailleurs?

Le caractère de ces missions de sacrifice est d'être essentiellement temporaires. La valeur de ces points à tenir coûte que coûte, tels qu'Essling à Wagram, ne survit pas au mouvement qu'ils étaient chargés d'étayer. Qu'importe au surplus, si l'on tient à ce nom de Verdun, que Verdun se défende à deux kilomètres de ses murs ou sur ses remparts mêmes ? Il ne s'agit que de calculer ce qu'on y peut sauver ou perdre de vies humaines. A l'heure qu'il est, l'humanité, la prudence, l'intérêt commandent de resserrer la défense, de la ramener au plus près et au plus juste prix, dans les conditions les plus économiques, c'est-à-dire derrière la Meuse.

Dès la première semaine de juin, — la semaine de Vaux — les affaires se gâtent. Nivelle, tout en continuant à se battre comme on a vu, commence à préparer sa retraite. Le 7 juin, le jour même de la chute du fort, « en cas de recul de notre front actuel et de repli éventuel sur la rive gauche », les groupements sont avisés de l'itinéraire à suivre et des gares de ravitaillement qui leur seraient attribuées. Le 9, les généraux commandant sur la rive droite (Nollet, Lebrun) sont invités à proposer un plan de repli « éventuel » de leur artillerie lourde. Le 11, toujours en cas de repli « éventuel », il leur est assigné de nouveaux quartiers généraux. Le 13, ordre de préparer à la citadelle de Verdun une organisation identique à celle des forts, en vue de permettre une résistance prolongée. La ville se hérisse de travaux.

Mais en prenant ses sûretés, Nivelle ne se lasse pas de ranimer les courages. Il sait l'attrait funeste qu'exerce sur une troupe le fait de commencer à regarder en arrière. Il redoute que la prudence ne soit prise pour un signe de doute, que certains chefs n'interprètent les mesures préparatoires à la retraite comme des consentements à la retraite. On dira que Verdun, depuis les victoires de Broussiloff, n'offre plus d'intérêt. Nivelle (comme Joffre) tire de ces mêmes victoires une conclusion opposée. « Pour permettre à notre offensive de développer ses succès, il faut que l'armée de Verdun ne recule pas d'un pas. Le salut du pays est en jeu, aucun sacrifice ne sera trop lourd pour l'assurer » (9 juin). Il sait que par moments la troupe se décourage, qu'il se produit dans certains corps une « crise du moral ». Il conjure de réagir (4 juin). Le 8 juin, des flottements se sont produits dans nos lignes; une division n'a pas pu renseigner sur sa situation. Depuis quand le Français ne sait-il plus tenir que derrière un parapet ?

On voit quelle est, en ce dur moment, la situation de l'armée : battue en brèche par l'ennemi, démantelée sur son front, perdant de larges pans de murs; le moral du troupier faiblissant; les avis des chefs partagés. La jeune autorité de Nivelle encore trop peu confirmée par d'incomplètes victoires, insuffisante pour communiquer la foi. Joffre ordonnant de tenir et ajoutant d'ailleurs qu'il n'a plus à donner une division fraîche.

On arrive à l'instant le plus aigu de la crise. Le 25 juin en Italie, le 1ᵉʳ juillet sur la Somme, le 2 juillet au centre russe, se prépare tout un cercle inexorable d'offensives. Les Allemands n'ont pas pris Verdun le 15 juin : il le faut pris pour le 25. L'État-major ne néglige rien pour réunir toutes les chances. Il ramène du monde, il ramène du canon. Il fait venir enfin deux divisions nouvelles, la 1re et la 103e, cette dernière récemment rappelée de Serbie, et qui, jointes à une des brigades du corps alpin, qui n'avait pas encore paru dans la bataille, vont servir à reconstituer la masse de choc centrale. Tout avait été calculé pour porter un coup formidable qui ferait voler en éclats notre front déjà disloqué par les précédentes attaques. On avait distribué aux troupes les plans détaillés du terrain. Chacun était muni d'un guide pour le voyage. On trouva sur un prisonnier un exemplaire d'une carte comme en fabriquent les agences, reproduisant à grande échelle les mouvements topographiques jusqu'à Verdun, et puis, en raccourci, comme pour escamoter les distances, la route de Verdun à Paris [1].

Cette fois, on ne doutait plus du succès. On était à pied d'œuvre. De la ferme de Thiaumont à Verdun, il n'y a pas, à vol d'oiseau, cinq kilomètres à franchir. Ces cinq kilomètres devaient être emportés d'un élan On avait fait venir les drapeaux, les fanfares. L'empereur était par derrière, au quartier général. On comptait que de ce train-là on arriverait en trois jours, tambours battants, place de la Roche. L'Allemagne se disposait à répondre aux offensives de l'Entente par un coup de tonnerre.

Mangin, mis le 10 juin à la tête du XIe corps, désigné à la date du 20 pour relever le général Nollet dans le secteur de Froideterre, prenait son commandement le 22 à 10 heures du matin. Le général Paulinie

1. *Une bataille de 131 jours*, 1916, p. 75.

(VIe corps) à sa droite avait relevé le corps du général Lebrun dans le secteur de Vaux-Damloup, et le général Delestoille, à sa gauche, dans le secteur du Mort-Homme, venait de remplacer Berthelot, désigné pour une mission en Roumanie.

V

La bataille préludait depuis quarante-huit heures. A partir du 20 juin au soir, le canon qui depuis quatre mois ne se taisait ni jour ni nuit et remplissait de sa voix d'airain le paysage de la Meuse, avait pris son mugissement des veilles de grandes batailles. On ne distinguait plus les coups dans le grondement continu de l'universel tonnerre. Un prodigieux unisson de plusieurs centaines de bouches à feu semblait on ne sait quoi de fixe, comme un élément formidable ajouté à la nature. C'était le bruit des orgues monstrueuses du Nord.

Par moments, sur cette rumeur qui semblait assise sur l'horizon, un crépitement accéléré se faisait entendre; des batteries semblaient prises d'une rage de vitesse. Ou bien des notes plus graves ponctuant le concert ébranlaient les airs, annonçaient sur Tavannes, sur Moulainville, sur Froideterre la chute des projectiles énormes de Skoda et de Krupp. J'ai entendu au Canada au moment de la débâcle des glaces dans le lac Supérieur, la chute de la masse de l'Ohio dans les rapides du Niagara; j'ai vu remonter le long de la paroi liquide les eaux précipitées au gouffre et pulvérisées en diaphanes colonnes de vapeurs. Parfois dans la clameur géante de l'abîme s'écroulaient de grands blocs qui faisaient retentir les forêts de coups sourds. C'était la détonation des glaçons accourus au galop du volume des eaux et qui venaient avec elles se broyer sur les rochers. Ainsi fondent sur la face des collines embrasées, dans des nuages de fumées noires, les grandes cataractes d'un Niagara de feu.

L'ennemi avait puissamment renforcé ses batteries. Il en avait même rapproché un grand nombre jusqu'au voisinage immédiat de ses premières lignes, à 1.500 mètres derrière Douaumont. Les ravins qui entourent le fort, leurs contre-pentes percées de cavernes et d'abris servaient de places d'armes à son infanterie. Comme le 21 février, l'attaque devait se produire par le front Nord. Même densité de troupes, mais combien diminué l'espace à parcourir! Le 21 et le 22 juin, le bombardement crût encore, avec un martelage des forts par les plus gros calibres. Dans la soirée du 22, de 14 à 16 heures, il alla *crescendo*, atteignit vers 19 heures un degré de fureur enragée. La carcasse des collines tremblait ; les ouvrages écrasés, secoués jusqu'au fond de leurs racines de béton, gémissaient sur leurs bases. On voyait fumer de sueur le dos géant de la bataille. Mais la nuit, un ennemi plus sournois s'ajoute à la pluie de fer : l'Allemand achève son ouvrage en jetant sur les ravins, sur les batteries, sur les pistes, les carrefours, cent mille obus asphyxiants. Toute vie devait être interdite là où passait la nuée de poison.

Les combats du début du mois avaient amélioré aux ailes les positions allemandes. De petits engagements préliminaires, dans la soirée du 21 et la nuit du 22, se produisent encore dans la région des bois Fumin et de la Vaux-Régnier, où l'ennemi s'empare des têtes des ravins, précieuse base de départ.

L'assaut se prononça enfin le 23 juin, par un temps radieux, sur toute l'étendue du plateau entre la côte du Poivre et la batterie de Damloup. Une attaque princi-

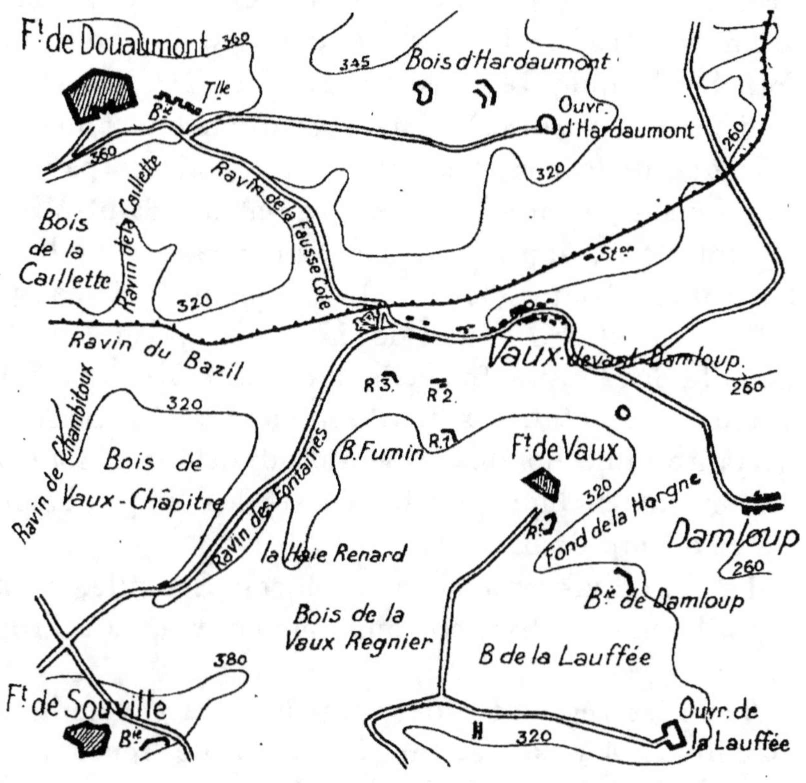

Croquis
du terrain de Douaumont à Souville.

Ch. VI et VII.

Echelle.
0   500   1000 m.

pale excessivement puissante, s'étendant de la lisière orientale du bois Nawé à la région du fort de Vaux, était flanquée de deux attaques secondaires sur les ailes. A l'aile droite (ouest), les Allemands rangent deux régiments de la 19° division de réserve (X°

corps) ; à leur gauche, deux régiments prussiens, et trois du XVe corps. Mais c'est au centre qu'ils ont groupé les éléments de choix : bloc compact comprenant la 103e division (trois régiments), le corps alpin (quatre régiments) et une division combinée formée de cinq régiments bavarois (1re, 2e et 10e divisions bavaroises). La 103e division, l'une des brigades du corps alpin et deux régiments bavarois, récemment retirés de la région de Saint-Mihiel, étaient des troupes fraîches, amenées la veille de l'attaque. Toutes les unités avaient été complétées avec des recrues de la jeune classe 1916. La bataille du 25 juin fut celle du printemps de l'Allemagne. Au total, dix-neuf régiments, une masse de soixante mille hommes, de huit divisions différentes, s'avancent en lignes profondes sur les cinq kilomètres de ce champ de bataille.

La 103e division avait pour objectif Souville, le corps alpin Fleury, la division combinée l'ouvrage de Froideterre.

Tous les régiments de première ligne avaient deux bataillons accolés et un bataillon de renfort. Les bataillons de renfort n'étaient éloignés que de 500 à 1.000 mètres des premiers. Les régiments en réserve, tout au plus de 1.000 à 1.500. Cet échelonnement, la densité croissante de la gauche à la droite indiquent la volonté d'un effort décisif, qui atteindrait son maximum dans la région de Froideterre. Tout était calculé pour obtenir l'événement. Un sous-officier prisonnier déclara que les attaques devaient se poursuivre sans interruption, alimentées à mesure par des renforts incessants de troupes fraîches. Verdun serait pris en quatre jours [1].

1. *La Victoire de Verdun*, p. 77.

L'assaut se déclara à 7 heures du matin. Il échoua aux deux ailes. L'attaque du XVe corps fut noyée dans le sang. A l'ouest, le 359e résiste victorieusement. Le 114e bataillon de chasseurs, avec ses mitrailleuses, cause de terribles pertes aux Allemands dans le ravin de la Dame et arrête net toutes les tentatives d'attaques sur son front.

Au centre, l'attaque allemande progresse d'abord par bonds d'une effrayante rapidité, franchit la première ligne nivelée par le bombardement. A 7 heures 40, elle occupe la voie du chemin de fer (cote 337) ; à 8 heures 15, elle pénètre dans le village de Fleury, dont nous ne tenons plus que les dernières maisons. Vingt-quatre pièces de 105, venant du groupe des Chambrettes, s'installent au galop sur des positions préparées dans le bois du Chauffour. Notre 121e bataillon de chasseurs, à cheval sur la crête en avant de Thiaumont, se trouve assailli de face et chargé en flanc par l'ennemi qui monte de Fleury et du ravin des Vignes ; pendant un quart d'heure, on entend un vif crépitement de mitrailleuses et de fusillade ; puis tout se tait. Le 121e bataillon de chasseurs a disparu. Il est neuf heures du matin. Alors quatre compagnies bavaroises se jettent par la brèche et viennent déferler jusque sur le fort de Froideterre, à huit cents mètres de Thiaumont. Il était environ 10 heures. Ce fut le dernier effort de la masse bavaroise [1].

En effet, cette masse disloquée par nos feux dès ses premiers pas sur la ligne de Thiaumont et du chemin de fer, n'a réussi à la forcer qu'en s'y brisant elle-même ; elle n'a projeté au delà que quelques élé-

1. Joseph Bédier, *L'Effort français*, 1919, voir p. 253 les notes du lieutenant Tourtay.

ments trop faibles et trop raréfiés pour pouvoir se maintenir. Les réserves, écrasées par nos tirs, ne parviennent pas à déboucher. De Souville, du ravin des Vignes, les contre-attaques s'organisent. On se bat dans les rues de Fleury. Le 114e bataillon de chasseurs expulse les Bavarois de Froideterre et les reconduit brillamment jusqu'à la ligne intermédiaire. Finalement l'ennemi, battu dès le matin aux ailes, se trouve contenu au centre avant midi, et ne garde de son avance que l'ouvrage de Thiaumont et le village de Fleury, où il reste accroché. Il n'a pu conserver Froideterre ni aborder Souville.

La casse est telle que dès le soir, toutes les réserves sont venues se fondre dans la première ligne. Vingt régiments se trouvent confondus pêle-mêle dans le plus grand désordre, cohue découragée dont on ne peut plus attendre le succès d'un nouvel assaut. En une demi-journée, la plus puissante machine que l'État-major allemand eût lancée contre Verdun gisait désemparée, dans les ravins des côtes de Meuse, en panne, ayant besoin de réparations urgentes. Les contre-attaques laissaient entre nos mains deux cents prisonniers.

Tel fut le sort de l'entreprise la plus massive que l'Allemagne eût faite depuis le mois de février. Dès le 12 juin, le général en chef, au lendemain de la prise de Czernowitz, adressait à l'armée de Verdun cette proclamation :

« Le plan mûri par les conseils de la coalition est maintenant en pleine exécution.

« Soldats de Verdun, c'est à votre héroïque résistance qu'on le doit. C'est sur elle que reposent nos victoires prochaines. »

Le soir du 23 juin, Nivelle s'écrie à son tour :

« L'heure est décisive.

« Traqués de toutes parts, les Allemands lancent sur notre front des attaques désespérées, dans l'espoir d'arriver aux portes de Verdun, avant d'être attaqués eux-mêmes par les forces réunies des armées alliées.

« Vous ne les laisserez pas passer, mes camarades!... »

Le lendemain, le canon de la Somme commençait à tonner.

CHAPITRE VII

LA BATAILLE DEVANT SOUVILLE

(Juillet-Août)

Mangin commande le groupement D [1]. — Fin de la bataille du
23 juin. — Combats autour de Thiaumont. — Combats autour
de Fleury. — La dernière des grandes offensives allemandes :
la bataille pour Souville (11 juillet). — La réaction française ;
la division Niessel. — La bataille du 3 août. — Attaques allemandes dans le bois de Vaux-Chapitre (5 août). — La division
de Salins. — Prise de Fleury par le régiment du Maroc
(17 août). — La ligne de résistance reconstituée devant
Verdun. — Mangin commande sur la rive droite (groupement D E). — L'initiative passe aux Français.

I

C'était la troisième fois que Mangin revenait à Verdun [2], et la seconde fois qu'il héritait d'une situation

1. Depuis la fin de mai, le commandement, à Verdun, avait
été organisé en « groupements », dont les secteurs d'opérations
portaient conventionnellement les lettres de l'alphabet : sur la
rive gauche, le groupement A (Avocourt), le groupement B
(304), le groupement C (Morthomme); le groupement D, de
Cumières à Fleury, était à cheval sur les deux rives ; E, plus
à l'est, jusqu'à Damloup ; F, G, H s'étendaient le long des côtes
de Meuse jusqu'aux environs du bois d'Ailly. Plus tard, les
deux premiers groupements (A B) furent fondus en un seul,
et un groupement Z fut ajouté à l'ouest jusqu'au Four de Paris.
La Meuse devint la limite des groupements C et D. Le groupement D, ainsi rétréci sur la gauche, fut progressivement
étendu sur la droite et finit par englober tout le secteur du
groupement E. Au moment de l'offensive, Mangin commandait
tout le secteur d'opérations, autrement dit le groupement D E.
2. Voir plus haut, p. 102 et 115.

compromise. En douze heures, il ne pouvait en changer la nature. L'attaque devança sa promptitude. Il
n'était pas en garde. Il plia. Mais dès ce jour même, il
se jetait à la tête de l'ennemi, bondissait, reprenait
l'offensive.

De toutes les figures célèbres de la guerre, celle du
général Mangin est la plus déformée par la légende.
Tout jeune, il a connu la gloire : il en a payé la ran-
çon. Depuis qu'il a l'âge d'homme, il se bat au service de la France, faute de mieux, aux colonies. A
cinquante ans, avant la guerre, il a derrière lui quinze
campagnes, cinq blessures, tous ses grades gagnés à la
pointe de l'épée, une part éclatante dans cette prodigieuse épopée africaine qui, en pleine paix, presque
sans ressources, sous l'œil de l'Allemagne, ajoutait
à la France algérienne l'immense continent noir, nous
donnait un empire aux portes de Marseille. Personne
ne lui refuse un grand tempérament. Mais ces qualités
de la brousse, bonnes pour la chasse aux nègres, qu'en
faire dans la guerre classique, qui exige l'emploi d'un
matériel moderne, le maniement complexe d'une
troupe européenne, les savantes habitudes, l'éducation
de l'État-major ? Cette méfiance avait retardé son
avancement. Joffre lui laissait ronger son frein, lui faisait attendre son corps d'armée. Bref, pour beaucoup
de bons juges, c'était un splendide « exécutant », un
général à poigne, à employer dans les coups de force,
mais à ne pas lâcher la bride sur le cou, ni dans des
missions supérieures à ses facultés.

Réputation injuste. Cet homme, qu'on prend pour
un brutal, est un des esprits les plus cultivés de l'armée. L'auteur de la *Force noire* a trouvé sur les routes
du monde des vues d'historien, de psychologue et

de politique fort peu communes chez les sabreurs. Laborieux, doué d'une force d'attention et de travail sans limites, ne dormant pas, mettant son état-major sur les dents, il semble un des talents les plus progressifs qu'il soit donné de rencontrer. Il passe pour un impulsif, et c'est un calculateur. Il est clair que ce n'est pas un tendre, mais il sait trop bien son métier pour ignorer le rôle du moral et n'être pas par intérêt, sinon par sentiment, bon économe de son monde. Il pense qu'il en coûte moins d'attaquer que de se défendre et il le prouve. Une attaque réussie revient moins cher qu'une contre-attaque (laquelle coûte les pertes de la défense, plus celles de l'attaque, augmentées de celles qu'entraîne une préparation faite nécessairement dans de mauvaises conditions). Et elle apporte de plus, ce qui est incalculable, le sentiment de supériorité que donne le succès. Victoire égale Volonté. Le privilège de l'offensive, c'est de faire travailler à son profit les impondérables. Du reste, c'est un esprit trop souple pour ne pas s'adapter aux conditions de l'expérience. Organisateur, comme l'ont été tous ces grands « africains », les Archinard, les Galliéni, les Lyautey, les Joffre, le côté matériel de la guerre moderne n'était pas pour l'embarrasser. Cet homme à mufle de lion, surmonté d'une brosse de crins noirs, froid, sans nerfs, d'un ressort incroyable, est une des premières énergies de ce siècle ; mais il en est aussi un des cerveaux les plus complets et l'une des intelligences les plus évoluées. Au reste, du feu et « le ferme propos de ne jamais faire de savantes retraites [1] ».

1. *Bonaparte à Carnot*, 9 mai 1796.

On se rappelle que l'attaque allemande du **23** avait trois premiers objectifs : Froideterre, Fleury, Souville. Elle avait échoué aux deux ailes. A notre droite, le XVe corps reste cloué sur place. A gauche, les Bavarois n'ont fait, en quelque sorte, qu'effleurer Froideterre, où leur pointe n'a pu se maintenir ; mais l'ouvrage de Thiaumont est resté entre leurs mains. Le succès le plus important a été obtenu au centre, où les Alpins occupent le village de Fleury. Ce village, qui va jouer un rôle si important dans la bataille, mérite un mot de description.

Aucun de ceux qui ont visité Verdun depuis l'été 1916 n'a vu le village de Fleury. Un calice en vermeil tordu par un éclat d'obus et sauvé par une main pieuse, était la seule relique visible, la seule épave du naufrage et qui attestât l'existence réelle de Fleury. Quant au village, c'est le néant. Les ruines mêmes n'existent plus. Rien de ce qui fut pierre, maison, ne se distingue des cailloux, des rognons de silex qui pavent le calcaire argileux du plateau. Nulle part un tel exemple d'évanouissement. Des hauteurs de Souville, on croit reconnaître seulement une tache grisâtre comme une mousse pâle, un vague estompage de craie, l'écume d'une cruche de lait répandue sur la terre avare : cette blancheur à peine discernable sur le flanc maigre de la colline, c'était Fleury après trois mois de batailles pour s'en disputer la conquête. Tout est retourné en poussière avec les ossements des milliers d'adversaires qui roulèrent ici pêle-mêle, chaos d'ombres dans ce village d'ombres.

Si l'on considère le terrain, on s'explique l'acharnement de la bataille. Le plateau de Douaumont et celui de Souville qui lui est parallèle, forment à peu près la figure d'une croix de Lorraine grossièrement charpentée, d'une sorte d'H majuscule orientée du nord-est au sud-ouest, et dont la barre transversale serait représentée par une crête médiane, qui porte le village de Fleury. En fait, cette crête n'est qu'un fragment de la ligne de faîte du plateau, une partie de l'arête qui divise les eaux descendant vers la Meuse de celles qui s'écoulent vers la Woëvre. Mais le caprice des érosions, qui s'est plu à fouiller cette portion du massif située entre le ravin du Bazil et le ravin des Vignes, n'a laissé entre ces deux ravins qu'un bourrelet, une espèce d'isthme que suit la route de Douaumont à Souville.

Cette crête joue un double rôle : d'un côté, elle sépare le ravin du Bazil, par où l'on vient de Vaux, du ravin des Vignes, qui se jette dans la Meuse ; elle forme verrou entre ces deux couloirs. D'autre part, elle forme viaduc entre le terre-plein de Douaumont et celui de Souville, et c'est en effet cette chaussée que suit la route militaire tracée entre les deux forts. A cet égard, la chaussée de Fleury ressemble à un pont jeté entre deux précipices, et que gardent deux tours placées à chaque extrémité : Douaumont au nord, Souville au midi. La première de ces tours est aux mains des Allemands. Les Allemands veulent s'emparer de la seconde, sans laquelle ils sont fort mal à l'aise sur le pont et toujours à deux doigts d'en être basculés. Nous cherchons au contraire à nous hisser sur ce pont, et à tirer le loquet qui ferme l'accès de Froideterre et de la vallée de la Meuse par le ravin des Vignes. Tel va être, pendant deux mois, le sens de la bataille.

Ainsi la crête de Fleury forme le trait d'union entre les grands mouvements de terrain qui constituent les lignes successives de fortifications au nord de Verdun. On comprend l'importance de la situation occupée par le village. La crête de Fleury se joint à celle de Douaumont à peu près à mi-chemin entre Douaumont et Froideterre ; la soudure se fait à Thiaumont, nœud dont j'ai déjà eu l'occasion de signaler la valeur.

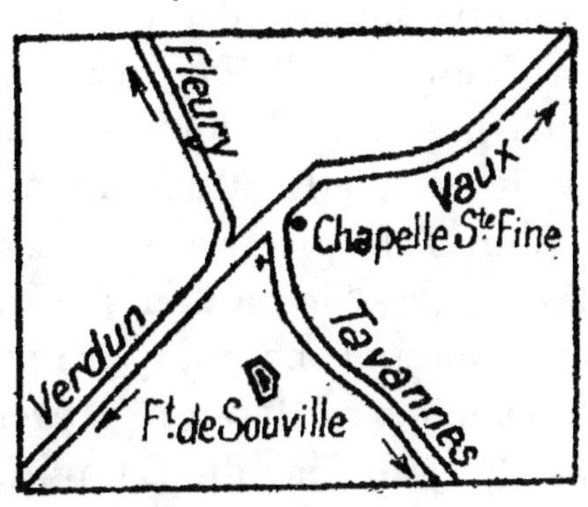

Du reste, cette image d'un pont a quelque chose de géométrique, qui ne répond guère au modelé d'un ouvrage de la nature. Au nord, c'est par le ravin de Chambitoux qu'on descend vers le grand couloir du Bazil. Le versant sud est plus compliqué encore. De ce côté, la crête de Fleury détache une longue côte, aplatie en forme de spatule, et qui sépare le ravin des Vignes du ravin de la Poudrière. Ajoutez que les divers compartiments ainsi formés sont particulièrement encaissés, et qu'aucun endroit du plateau n'offre de plus profondes gorges. Du niveau du plateau où se trouve le village, à l'altitude de 344 mètres, on tombe brusquement à 285 dans le ravin de la Poudrière, et à 260 dans le ravin des Vignes. Le village qui s'allonge sur la crête, exposé au midi, surplombe de ce côté un escarpement de 80 mètres.

On voit que les Allemands, en crevant notre centre à Fleury, s'étaient placés dans une situation singulière. Ils occupaient la crête et s'avançaient en pointe jusque dans le ravin des Vignes. En revanche, il leur est interdit de faire un pas dans ce couloir dont nous tenons les deux côtés. La « poche » qu'ils ont faite dans nos lignes les amène dans un cul-de-sac dont nous tenons les cordons. Mangin, sans perdre une seconde, va chercher à chasser l'ennemi de la crête et pour cela, à reprendre la charnière de Thiaumont. Les Allemands, au contraire, font des pieds et des mains pour se donner de l'air et pour s'élargir à la base. La lutte, comme dans toutes les affaires de saillants, va se passer sur les flancs. Nous manœuvrons pour les réduire, l'ennemi joue des coudes pour s'étendre. Après avoir coiffé l'attaque dans la journée du 23 juin, nous allons peu à peu, dans les journées suivantes, tenter d'en maîtriser les derniers soubresauts.

II

En fait, notre situation vers Froideterre et la côte du Poivre était assez précaire, Il ne nous restait là que six ou sept bataillons dans un extrême désordre, et à la merci du moindre mouvement en avant de l'ennemi. Il fallait peu de chose pour les encercler, et alors nous n'avions, pour nous y recevoir, que la crête de Belleville. C'était peu. Il fallait agir.

Dès le 24 juin à 5 heures, tandis que l'ennemi piétine et se ressaisit, Mangin lui jette à la tête un paquet de 9 compagnies fraîches de la division Garbit (129e) qui vient d'arriver sur le terrain. Le soir même, une seconde attaque est concertée avec la division Toulorge (126ᵉ) qui doit se jeter sur Fleury, tandis que le général Garbit, avec ses deux brigades, attaquera Thiaumont.

L'ouvrage de Thiaumont a la forme d'un fer à cheval dont le côté convexe est tourné vers le nord-est et s'élève sur une éminence. C'est un ouvrage « dernier modèle », et la révision de la carte faite en 1912 ne le donne pas encore. On y a adopté le système des ouvrages dispersés. Il est formé d'un noyau qui est la redoute proprement dite et qu'entoure une ceinture d'ouvrages disséminés à quelque distance, banquettes de tir, retranchements (X, Y, Z), dépôts de munitions, abris, batteries, etc. L'un de ces abris, le P. C. 119 (au sud de l'ouvrage) sera souvent nommé dans les pages suivantes. De tout cet ensemble perfectionné, représentant le dernier mot de la technique moderne, nous ne conservions entre nos mains que le retranchement X au sud-ouest de l'ouvrage.

L'ordre du général Garbit exige que tout le terrain perdu soit repris. « Il faut y aller à fond, jusqu'au dernier homme, jusqu'au dernier souffle, à la baïonnette, à la grenade. La Patrie le demande. » Malheureusement, dans le secteur de droite, la division Toulorge ne peut progresser vers Fleury. Au centre, la brigade de Susbielle avance péniblement jusqu'aux abords du P.C. 119, et vient s'y déchirer à nos réseaux intacts (réseaux du temps de paix !), tandis qu'à notre gauche la brigade Méric qui attaque d'Ouest en Est, échoue sur le retranchement Z. Pour l'ennemi, c'est évidemment le côté dangereux. Par là, nos lignes bordent les siennes dans une direction nord-sud sur plus d'un kilomètre : menace permanente

L. GILLET.

dans le flanc droit allemand. L'ennemi le comprend et attaque sur l'angle de notre ligne, pour abattre cet angle qui lui entre dans les côtes. C'est la première de ces attaques qu'il renouvellera si souvent dans le bois des Trois-Cornes (sud-est du bois Nawè).

Les contre-attaques du 25 juin n'ont pas donné le résultat espéré. Elles prouvent en tous cas que la situation, pour être difficile, n'est pas perdue sur la rive droite, qu'on y tient, qu'on peut même y regagner du terrain. L'ennemi nous chassera, s'il peut : nous résisterons à outrance, de la bonne façon, en attaquant. Il faut reconstruire une barrière en avant de Verdun, boucher la brèche du 23 juin. Nivelle en donne, le 25, l'ordre catégorique : « La nécessité s'impose, impérieuse et urgente, de rejeter l'ennemi vers le nord-est et d'atteindre, comme premier objectif, la cote 316 (nord du ravin de la Dame) — ouvrage de Thiaumont — Fleury. Cette crête doit être organisée et tenue solidement. Le général Mangin est chargé de l'opération. »

III

L'opération durera deux mois. Cette période se divise en trois phases, séparées par des réactions allemandes.

L'attaque du 25 est reprise le 27, après une journée de préparatifs et de réorganisation. Cette fois, Mangin dirige seul : il dispose de deux brigades : à gauche, la brigade Grumbach (54e division) ; à droite, la brigade Martin (131e division). L'attaque est montée en équerre : le colonel Pellenc (gauche du détachement

Grumbach) se jette d'un bond sur la crête au nord de l'ouvrage et s'y accroche ; plus au sud, le colonel d'Heudeville (droite) rend compte vers 8 heures qu'il occupe Thiaumont. En réalité, il n'occupe que le retranchement Z. L'aspect chaotique du terrain l'avait trompé. Cependant la brigade Martin attaque Fleury par le sud et cherche à l'envelopper en même temps par les ailes. Une compagnie parvient jusqu'au cœur du village. Un bataillon perd treize officiers sur quatorze. A midi, nous ne tenons plus que la gare et un pâté de ruines qui l'entourent, au sud du village.

L'attaque doit continuer le 28, mais les Allemands la préviennent. Ils attaquent deux fois ce jour-là, à quatre heures du matin et à trois heures de l'après-midi pour dégager Thiaumont. Pour le second assaut, ils font donner la Garde (brigade Ersatz Garde). Cette masse orgueilleuse s'effondre sous nos feux.

Mais Mangin n'a pas l'habitude d'en démordre. Il est clair que Thiaumont est la clef de Fleury. La journée du 29 se passe en préparatifs. Le 30, l'artillerie ouvre le feu à 6 heures. A 10 heures, la brigade Méric part du retranchement Z et, dans un élan magnifique, couronne les débris de l'ouvrage. Chassés à 14 heures, nous y rentrons à 16, pour le perdre deux heures plus tard. L'ouvrage passe de mains en mains. Nous nous cramponnons à cent mètres de son tas de décombres, où nous rentrons le 1er juillet, pour la troisième fois en deux jours. L'ennemi se retranche sur la crête au nord-ouest.

Cette série d'offensives violentes et opiniâtres étonne l'adversaire et l'irrite. Dès le 2 juillet, il fait appel, pour appuyer la Garde, à une division nouvelle, la

25e de réserve. L'entrée en ligne d'une grande unité fraîche a toujours été, chez l'ennemi, le signal d'une attaque. L'orage ne se fait pas attendre.

Le 3 juillet, nous bordons encore le pourtour de l'ouvrage. Mais la situation est confuse. Le douteux fantôme baigne dans le clair obscur des batailles. Le lieutenant Wagner en fait le tour par le dehors sans pouvoir pénétrer dans l'intérieur de sa masse broyée. Deux autres officiers en tentent l'aventure : l'un est tué, l'autre disparaît. Le lendemain, dès l'aube, commence un furieux pilonnage, suivi de six heures de corps à corps. Le lieutenant-colonel Wacquez est blessé trois fois en se portant sur la ligne de feu. Les munitions s'épuisent, les barrages interdisent tout ravitaillement ; à 16 heures, la défense, écrasée d'obus, cède ces ruines méconnaissables, dont elle tient toujours les abords immédiats. Le 5 et le 6, des torrents de pluie rendent le terrain impraticable. Le 7, le P. C. 119 est enlevé, reperdu.

On résume à regret ces combats en une ligne. Il faut voir le terrain, le plus convulsif du champ de bataille, l'argile assurément la plus tragique de l'univers, et celle qui conserve le mieux, dans l'horreur de son chasme, l'aspect de la tempête. Dans cette seule journée du 7 juillet, la division Patey (60e) perd trois colonels. Toute la bataille de Verdun, dans le silence de plus en plus passif de la rive gauche, fait rage sur ce tertre, où les deux artilleries déversent leurs mitrailles. Thiaumont, nœud de ravins, soudure de collines, clef de Froideterre et de Fleury, devient l'articulation essentielle du combat. Mais l'ennemi rencontre là une volonté plus forte que la sienne. Suivant son habitude, il transporte le débat ailleurs et, comprimé à droite, fonce par le centre.

IV

Rien de plus logique : atteindre Froideterre, c'est chercher à tourner Souville. Du moment que le mouvement débordant se heurte à une résolution si forte, le plus court est de brusquer les choses et de marcher droit sur l'objectif. Peut-être, du même coup, von Lochow se flatte-t-il de réconforter l'opinion et surtout de dégager von Below sur la Somme.

Retardée par le mauvais temps, la bataille, décidée dès le début de juillet, ne put être livrée que le 11. Le front de Fleury à Vaux ne mesure pas 4 kilomètres. Onze régiments, soutenus de deux autres en réserve, soit plus de 40.000 baïonnettes, forment la ligne de bataille. Ce sont, de la droite (allemande) à la gauche : le corps alpin (4 régiments), renforcé d'un régiment frais, le 140e prussien ; la 103e division (3 régiments), la 1re (2 régiments) et les 3 régiments de la 39e division. Ces deux dernières divisions forment l'attaque secondaire. La masse principale, forte de huit régiments, débouchant de Fleury et du bois de Vaux-Chapitre, emportera Souville.

On voit cependant : 1° que le front se rétrécit de plus en plus. L'ennemi n'a plus de quoi alimenter la bataille sur les deux rives. Et sur la rive droite, le secteur d'attaque diminue. 2° Que dans les troupes fraîches il n'en apparaît plus qui proviennent de Russie ou des réserves générales. Le Kronprinz est réduit à celles de son armée. Mais il cherche à compenser cette réduction de forces par de nouveaux moyens.

Des ordres minutieux règlent la progression. L'assaut se fera en deux phases. La première vague a pour mission de s'emparer de nos premières lignes ; elle s'y arrêtera. Deux heures plus tard, l'assaut principal, chargé d'emporter la victoire. On enlèvera d'un seul coup le fort et ses batteries. Il ne s'agit pas de s'amuser avec la garnison, mais d'envelopper le fort, de le dépasser et de s'établir solidement en avant. Mais *il faut* (c'est l'auteur de l'ordre qui souligne) que l'objectif soit atteint et pris d'assaut. Une *Kleif-Trupp* [1] marche avec la deuxième vague [2].

La préparation commença le 10 juillet ; le canon se mit en devoir de mâcher la besogne et de *sturmreif-machen* (rendre mûres pour l'assaut) les positions françaises. Souville est écrasé de 380. Un trait particulier de cette préparation, ce fut l'attaque par les gaz. Peut-être la nécessité d'en constituer un stock suffisant fut-elle la principale cause du délai qui sépare cette journée de celle du 23 juin. On remarqua la localisation des obus suffocants dans une zone centrale encadrée par deux zones d'obus lacrymogènes, la nappe suffocante correspondant à l'axe de l'attaque principale. Ces obus, très nocifs (palite modifiée), se brisaient sans éclat, avec le claquement d'une bouteille qu'on débouche. Leur chute ne laissait aucune trace. Les premières salves accoururent très vite, par surprise, puis les premiers nuages de gaz ainsi formés furent entretenus par un tir lent et continu. On eût dit de ces vapeurs qui montent, les soirs d'été, des terres marécageuses. Au petit jour, ces vapeurs prenaient une teinte bleuâtre. Beaucoup de chevaux moururent. L'ennemi évita d'arroser les premières lignes. Peu

---

1. Petits lances-flammes (*Kleine Flammenwerfer Truppe*).
2. Ordre n° 3, du 140° régiment (4° division), 5 juillet.

avant l'assaut, sur les points à enlever, des salves de gros percutants dissipèrent en un moment les nuages toxiques.

L'attaque fut dénoncée par un déserteur polonais. Nivelle, sur-le-champ, étend vers l'est le groupement Mangin, et y fait entrer la division Riberpray (128e), chargée du secteur de Souville. Le 11, au cours de la bataille, il l'allongera encore vers la droite, en y ajoutant le secteur de la 131e division.

La bataille, déclenchée le 11 juillet à 5 heures, échoua complètement à la gauche allemande.

A droite, les premières vagues ennemies progressent d'une centaine de mètres sur tout le front d'attaque. Fauchées par nos tirs de mitrailleuses, leurs débris sanglants refluent à leurs tranchées de départ, d'où les deuxièmes vagues, clouées par nos barrages, n'ont pu les soutenir.

Au centre seulement, le 140e régiment parvient à refouler notre 255e brigade, la repousse de la station de Fleury et des ruines que nous occupions dans la partie sud du village. Il s'engage dans les boyaux un long combat à la grenade. Nous reculons en résistant. Enfin, le régiment prussien est contraint de stopper devant nos barrages. A neuf heures, ses trois bataillons sont complètement mélangés. L'attaque enrayée n'avance plus. Mais nos lignes exténuées sont flottantes, amincies. La situation est indécise au sud-est de Fleury, dans la direction de la chapelle Sainte-Fine. Des patrouilles ennemies circulent dans les ravins. L'une d'elles, dans la nuit, occupe la Poudrière où le général Chasles est surpris et tué.

La contre-attaque, retardée par les remaniements du secteur, ne peut démarrer qu'à minuit et se heurte aux postes ennemis. Plus à droite, il y a un grand trou dans nos lignes. La liaison n'existe plus entre les 255e et 262e brigades. Vers 3 heures du matin (le 12 juillet), les Allemands prononcent un mouvement qui achève d'engloutir les derniers défenseurs de la brèche. L'ennemi, en formations diluées, ne cesse de s'infiltrer. La voie d'eau s'élargit. A 7 heures 55, les observatoires signalent des groupes en marche sur la chapelle Sainte-Fine ; nous ouvrons le feu : les Allemands accélèrent leur course, rencontrent un peloton du 7e, lui passent sur le ventre. A 8 h. 45, ils gravissent les pentes de Souville. Nos barrages se déclenchent. Sous le feu, les Boches tourbillonnent : c'est une vraie fuite en avant, qui jette 150 Allemands, comme l'extrême écume d'un paquet de mer qui se résout en embrun, sur le sommet du fort. Tous sont pris ou tués en un moment dans les fossés. Nos contre-attaques, lancées pour dégager le fort, n'y trouvent plus d'ennemis et n'en rencontrent qu'aux abords de la chapelle Sainte-Fine. L'attaque allemande, menée à gros effectifs, à la suite d'une préparation violente, n'avait produit qu'une nouvelle poche de quatre à cinq cents mètres de profondeur au sud de Fleury, sur une largeur de huit cents.

Cependant la situation demeure difficile. La chapelle Sainte-Fine, à trois cents mètres de Souville, occupe le carrefour des deux routes militaires qui traversent ce plateau : celle de Thiaumont à Tavannes par la chaussée de Fleury, et celle de Verdun à Vaux par le ravin des Fontaines. Là s'opère la réunion des deux principaux axes d'attaque vers le sud. En progressant de quelques centaines de mètres sur cette route, l'ennemi aborde en plein centre la dernière ligne de défense, précisément au col qui sépare les forts de Saint-Michel et de Souville, débordant l'un et l'autre, et débouchant enfin en pleine vue de la place, qu'il dominerait sans obstacles à moins de dix-huit cents mètres, du haut d'une terrasse de cent mètres de commandement. Dans ces conditions, que deviendrait notre saillant de la côte du Poivre ? Et l'ennemi annonce l'intention de persévérer. Le bruit court d'une attaque monstre faite « par huit corps d'armée ». Un prisonnier, le 14 juillet, déclare que l'effort continue coûte que coûte : l'armée allemande veut le dernier mot.

Mais on sent bien que c'est du *bluff* et que l'ennemi est à bout de souffle. Nivelle profite de la circonstance pour attaquer et commencer à retourner la situation. Dès le 13 juillet, il lance dans la bataille une division d'élite, la 37e (Niessel), qui a déjà paru sur ces mêmes collines dans une autre heure obscure. Mission : dégager Souville et reprendre Fleury. Une première attaque, le 15 juillet, reste sans résultats à droite ; mais à gauche, nous reprenons le P. C. 119. Les jours suivants, la progression recommence pied à pied ; c'est une suite de petits combats autour de la chapelle Sainte-Fine, autour de la Poudrière. On améliore la situation, on riposte, on affirme l'attitude agressive. En même temps, on travaille à organiser le secteur : les routes sont réparées, les transports, qui ne pouvaient plus se faire qu'à dos d'homme, sont remplacés par des convois de bourricots. On aménage des sources, on reconstitue les liaisons. Alors, le 19 juillet, la division attaque tout entière, enlève d'un élan la chapelle et la Poudrière, et ramène 300 prisonniers. Première victoire, fruit de la méthode et d'une énergie héroïque. L'ennemi réagit le 21 et laisse entre nos mains 70 nouveaux prisonniers.

Ainsi nous avons repris l'initiative au centre droit, entrepris de résorber la poche du 11 juillet. Mangin recommence aussitôt d'agir au centre gauche. Il veut sortir de ce coupe-gorge qu'est le ravin des Vignes, s'emparer d'une base pour la conquête de Fleury. Le 24 et le 28 juillet, nous nous rapprochons de Thiaumont[1] en faisant 40 prisonniers. Le 20, une troisième étape nous fait encore progresser d'une centaine de mètres vers la tête du ravin (attaque de la tranchée des Trois Arbres). Toutes ces opérations de détail, méthodiques, ininterrompues, sont les préliminaires d'une action qui devait, quelques jours plus tard, nous conduire à un succès plus important.

V

Cependant l'ennemi tente un dernier effort pour rompre l'équilibre. Il s'agit d'un combat suprême pour cueillir le fruit de six mois de combats. Souville domine la situation. Tant que nous tenons à Souville, il y a une barrière puissante devant Verdun. De Thiaumont à Vaux, Souville voit tout le champ de bataille. Que de fois, des hauteurs du fort, j'ai contemplé cet amphithéâtre, cette scène aux contours sublimes, si resserrée, si bien dessinée dans ses plans, cette plate-forme grande à peine comme la plaine de Waterloo, où se joua le plus grand des drames de la guerre ! C'est de Souville que, le 22 mai, Mangin voyait le 129e escalader le fort de Douaumont. Souvent j'ai pensé que la bataille n'était qu'un duel entre ces deux forts, un combat où les deux géants immobiles, égaux, surveil-

1. H. Libermann, *L'Infanterie héroïque et douloureuse*, 1919.

laient, dirigeaient à leurs pieds les batailles, se défiaient par-dessus l'épaule des armées.

La bataille du 1er août s'étend à presque toute la largeur de la rive droite, et met en jeu les éléments de huit divisions différentes. Le 49e régiment (4e division) qui attaque devant Thiaumont avec le VIIe corps, était arrivé la nuit même.

Ce fut de nouveau l'attaque brusquée, précédée seulement d'un *Trommelfeuer* de quatre heures ; et au rebours du 11 juillet, où l'effort principal s'était donné au centre, ce fut surtout une bataille d'ailes. A notre gauche, l'attaque se produisit en partant de Douaumont, du P. C. 119 au ravin des Trois-Cornes, à l'effet de percer en direction de Bras ; à notre droite, en partant de Vaux, de manière à déborder Souville par l'est. D'après ces directions, on peut supposer que l'objectif était de nous rejeter d'une part sur la Meuse, de l'autre sur le ravin de l'Hôpital, et de nous faire décidément perdre pied sur la rive droite.

La bataille fut conduite avec une énergie extrême. A vingt mètres de notre ligne, on vit un officier allemand, debout, braquer son revolver à droite et à gauche pour faire lever ses hommes, jusqu'à ce qu'une balle l'abattît auprès d'eux. Dans l'ensemble, le résultat fut presque insignifiant. L'ennemi ne gagna un peu de terrain que sur un point, dans le bois des Trois-Cornes.

A notre droite, le succès fut un peu différent. Dès 9 heures, l'ennemi est arrêté dans les bois de Vaux-Chapitre par nos feux de mitrailleuses. Mais plus à l'est, la gauche du général Rabier est complètement enfoncée. On voit les vagues ennemies s'avancer en ordre parfait, se reformer après le passage des obstacles, signaler leur position par des fusées. Elles occupent rapidement la crête de la Haie-Renard, arrivent jusqu'au poste du chef de bataillon. Il y a dans nos lignes un trou de 800 mètres. Les défenseurs de Vaux-Chapitre sont pris à revers, Souville menacé. Il faut reprendre à tout prix cette croupe qui ferme le Ravin des Fontaines. Toutes les réserves du secteur sont jetées dans la brèche. C'est le lendemain seulement qu'une contre-attaque du 56ᵉ parvient à étouper le trou et à se rétablir partiellement sur la crête.

Mais l'ennemi a réussi à créer dans notre flanc droit un point sensible, une hernie qui va être pendant un mois un sujet de disputes, le dernier et l'un des plus vifs foyers de la bataille. C'est par là que les Allemands, débouchant de Vaux par le Ravin des Fontaines, visent Souville, pensent l'atteindre par un coup de Jarnac. Le 5 août, à 7 heures, ils bombardent le saillant, s'y jettent, passent sur le corps du 10ᵉ régiment, pratiquent un nouveau trou qui menace toute notre défense. Le lieutenant-colonel Richaud, commandant le 4ᵉ Zouaves, arrive sur le terrain, pousse toutes ses réserves. Bientôt, il ne lui reste plus que le sous-lieutenant Charles et sa section de pionniers : il les lance à leur tour. Les 24 zouaves bousculent deux compagnies, font 40 prisonniers. L'héroïsme de cette poignée de braves sauve la situation. Jusqu'à minuit Charles avec sept zouaves, un sergent et deux hommes du 56ᵉ garde victorieusement le front d'un bataillon. Chacun de ces dix zouaves en vaut cent. Traits impérissables dont est fait le salut de Verdun !

Mais ces inquiétudes sur sa droite ne détournent pas Mangin de l'objet qu'il poursuit au centre et à sa gauche.

Toute cette première quinzaine d'août est une succession, une mêlée d'attaques contraires dans tous les sens. Les deux offensives s'enchevêtrent. Pas de jour sans attaque, parfois sans deux attaques, à la même heure, sur le même point, neutralisées, télescopées comme deux machines lancées en sens inverse sur la même voie. Mais à travers ce tournoi confus, on distingue bientôt une volonté qui s'épuise et une volonté qui s'affirme ; celle-ci imperturbable, froide, parfois obligée d'improviser une parade et de réparer un accroc, mais revenant sans cesse à son premier dessein, comme l'aiguille aimantée dans les soubresauts de la bourrasque ; l'autre s'énervant, perdant peu à peu ses moyens et dispersant ses coups, tandis que nous calculons les nôtres et rassemblons nos forces pour en porter chaque fois de plus massifs et de plus lourds.

En effet, dès le 2 août, Mangin riposte à l'offensive de von Lochow par une triple attaque : il s'empare sur sa gauche d'un observatoire allemand (tranchée de Bismark), donnant des vues précieuses sur la vallée de la Meuse, et occupe les têtes des ravins des Vignes et de la Poudrière. Puis le 3 août, partant de la base acquise, il se lance à l'attaque avec deux divisions, pour s'emparer à la fois de toute la ligne Thiaumont-Fleury. Thiaumont est emporté par le bataillon Faure, du 96e (31e division), pour la quatrième fois, vers 15 heures, perdu une heure après, repris pour la cinquième fois à la grenade le soir même et reste entre nos mains comme le trophée de notre victoire. Au centre, la 15e division s'élance vers Fleury qu'elle dépasse. Un moment toute la crête est redevenue française. Malheureusement les vainqueurs, au lieu de s'organiser sur l'objectif conquis, se laissent entraîner par l'ennemi en déroute, arrivent épars, à bout de souffle jusqu'au ravin de Chambitoux, où une contre-attaque les ramasse à leur tour, les ramène, les bouscule jusqu'au sud du village, laissant une poche énorme à droite de Thiaumont, situé désormais en flèche dans un saillant précaire. Cette brillante journée n'en demeure pas moins pleine de promesses, la consécration d'une méthode et le gage de nouvelles victoires. Il est clair que c'est nous qui menons la bataille. L'ennemi laissait dans nos mains 1.800 prisonniers.

Il réagit le 4 août sur Fleury ; il réagit le 5 et le 6 à notre droite (voir plus haut), puis le 7 à notre gauche où il veut arracher Thiaumont. De notre côté nous ne lui laissons aucun répit : tantôt nous attaquons à gauche (bois des Trois-Cornes), pour élargir notre saillant de Thiaumont (6 août); tantôt au centre sur Fleury, où le 8e Tirailleurs essaie de pénétrer le 7 août ; tantôt (8 août) avançant à son tour l'épaule droite, nous reprenons vers la Haie-Renard la tranchée de Montbrison et 200 prisonniers. Escrime infatigable, où chacune des parties égare par la vitesse de son jeu le fer de l'adversaire : chassé-croisé d'attaques, lutte de souplesse et de rapidité. Enfin les Allemands marquent un avantage : le 8 août, le même jour où nous leur enlevons la tranchée de Montbrison, ils se jettent sur Thiaumont que défend le 81e, après un fantastique pilonnage de gros obus, le submergent, le perdent et finissent par le reprendre — provisoirement — pour la septième fois en un mois [1].

---

1. Voir G. Jollivet, *L'épopée de Verdun*, 1916, p. 93 — *Nos beaux régiments*, n° 1 : le 81e d'infanterie, 1919, p. 16.

Mangin ne perd pas un moment pour réparer cet accident : du 9 au 15 août c'est une succession d'attaques autour de Thiaumont, actions locales, souvent violentes, dont le détail serait fastidieux. Les deux infanteries sont tellement au contact qu'il paraît difficile de se servir du canon ; l'artillerie, en effet, risque d'écraser les siens. Pour se soustraire à ses feux, il n'y a qu'une ressource : c'est de sauter dans les tranchées de l'adversaire. On se dérobe au feu par la mêlée et le corps à corps. C'est ainsi que nous progressons tous les jours dans Fleury, qui est finalement enlevé le 17 août par une magnifique contre-attaque du régiment colonial du Maroc. Cette fois la conquête sera définitive. Nous faisons cent prisonniers.

Dès le lendemain, une nouvelle et quadruple attaque sur tout le front du groupement nous en rapporte 300. Mais le village de Fleury est bâti, on s'en souvient, sur la pente méridionale de l'isthme qui le porte ; il s'agit de conquérir la crête et d'avoir les observatoires. Ce sera l'objet d'une série de nouvelles actions, à méthodes variées, tantôt préparées au canon, tantôt employant seulement la sape et la grenade. Ce programme s'exécute à partir du 20 août. Le 23, la progression nous rapporte 200 prisonniers ; le 24, nous en faisons autant au cours de la contre-attaque qui s'échoue sur nos lignes. Le 28 août, le 3 septembre nous avançons encore. Cette pression continue démoralise l'adversaire. Depuis le 8 août, c'est nous qui regagnons constamment du terrain. L'ennemi non seulement n'avance pas, mais il perd chaque jour quelques lambeaux de ses conquêtes. L'assaut contre Verdun, commencé en tempête le 21 février, soutenu obstinément pendant plus de quatre mois; réveillé le 23 juin avec une furie nouvelle dont

les remous se prolongent jusqu'à la fin de juillet, se
termine avec le mois d'août ; l'immense vague brisée
retombe sur elle-même.

VI

Dès lors, la situation est complètement retournée.
Nivelle ne s'est pas contenté de tenir ; il a remonté à la
force des poignets les pentes de Fleury, réoccupé la
crête, reconstruit la muraille en avant de Verdun. Il a
fait, dans cette bataille, plus de 4.000 prisonniers. Il
a fait mieux : il a arraché aux Allemands le privilège
de l'initiative. L'ennemi subit sa volonté. La victoire
est fixée.

Sans doute, ce résultat n'eût pas été possible sans le
soulagement apporté par la bataille de la Somme. La
manœuvre de Joffre a produit tous ses fruits. Toutes
les réserves allemandes, au lieu de peser sur Verdun,
sont absorbées, à partir de juillet, par la ventouse de
Picardie[1]. Vers la fin du mois, on voit même von
Lochow céder quelques batteries ; mais il ne dégarnit
que le front de la Woëvre. En revanche Nivelle, par son
attitude agressive, rend à Foch le service de retenir
devant lui la masse presque intacte de l'artillerie du
Kronprinz. Ainsi Verdun fait pour la Somme ce que la
Somme fait pour Verdun.

Certes, il reste encore, dans le rempart reconstitué,
quelques lézardes, des points délicats, des irrégularités
qu'il faudra rectifier. Thiaumont demeure un point de
friction, une plaie écorchée entre les deux partis. Vers

1. Voir l'appendice B à la fin du volume.

le ravin des Fontaines, la porte n'a jamais été complètement fermée. L'ennemi, le 3 septembre, essaie de l'enfoncer une dernière fois. Il est repoussé par la 68e division (Prax), qui s'empare le même jour de petits ouvrages de campagne à l'issue du ravin, achève de boucher la fissure. Enfin nous obtenons, de la Meuse à la Woëvre, une ligne cohérente. C'est le moment de coordonner toutes les opérations. Le 4 septembre, Mangin qui, depuis le 23 juin, a brisé quatre grands assauts, remporté dix victoires, reçoit le commandement de toute la rive droite, de la côte du Poivre à Tavannes. Mais le temps n'est plus de procéder à des affaires de détail. Le moment est venu d'une action de grande envergure. La bataille allemande a fini, de guerre lasse. Le 15 septembre, Mangin donne l'ordre de suspendre toutes les actions secondaires, et soumet à Nivelle le plan d'une action d'ensemble. Une nouvelle bataille commence. Et c'est une bataille française.

L. GILLET.

CHAPITRE VIII

LA BATAILLE DE DOUAUMONT

(24 octobre).

La fin de septembre devant Verdun. — Les projets successifs
de la bataille du 24 octobre. — Divisions engagées. — Les
forces allemandes. — La préparation d'artillerie. — La journée du 24 octobre. — Prise du fort de Vaux (3 novembre).

I

La dernière quinzaine de septembre fut pluvieuse.
Le temps se remit au beau dans les premières journées d'octobre, sans tirer l'ennemi de son abattement.
Pour la première fois depuis février, une trêve d'un
mois régna sur le front de Verdun. La bataille était
bien finie. On put lire des communiqués où il n'était
plus question du Morthomme, de Thiaumont. Verdun
cessait de rider le front de la patrie.

Tout l'intérêt de la guerre se porte sur la Somme.
Les belles journées de Thiepval, de Cléry, de Guil-
lemont, de Bouchavesnes, succédaient à celles de
Favières et de Curlu. Après avoir tant menacé, l'Allemagne se défend. Elle connaît à son tour l'angoisse des
mauvais jours. Ses bataillons fondent à l'Ouest avec
une effrayante rapidité d'usure. Le 25 septembre, elle
en a jeté au feu plus de six cents. Joffre écrit le
29 : « Verdun dégagé, 25 villages reconquis, plus de

35.000 prisonniers, 150 canons, les lignes de l'ennemi enfoncées sur dix kilomètres de profondeur », voilà, à ne parler que des armées françaises, le bilan de la Somme. Jamais l'Allemagne ne s'est trouvée dans une situation plus tragique. Tous ses plans échafaudés sur le succès de Verdun, sur ce coup de pistolet au cœur de l'adversaire, font long feu. Elle nous a ratés à bout portant, et elle n'a pu ensuite nous réduire corps à corps. C'est elle qui maintenant se sent prise à la gorge. Dès le 29 août, disgrâce de Falkenhayn et nomination d'Hindenburg, qui depuis le 3 août commande les forces du front russe, comme chef d'État-major général. C'était l'aveu de la défaite [1].

Toute la politique d'Hindenburg, en ce moment difficile, consiste à arrêter les frais, à lasser les Anglais par une défensive appropriée en Picardie, à faire le mort devant Verdun. Le vieux maître ne va pas sacrifier un homme dans une entreprise qu'il a toujours désapprouvée, et qui ne vaut plus les os d'un grenadier prussien. Il n'est pas homme à s'entêter (il le montrera plus tard, en 1917) sur une question de gloriole. Sa gloire le met à l'aise. Le vainqueur de Tannenberg et des lacs Mazuriques peut se permettre la défensive. Il peut jouer à son heure les Koutousow et les Blücher. Pour le moment, pas de luxe, de théâtre, de panache : *tenir*, voilà tout le programme. Pas d'attaques pour la galerie. Pas de provocations. S'organiser en profondeur, construire des lignes et des lignes, réduire la casse au minimum, économiser strictement le matériel humain. Plus tard, on verra. Présentement, rien à faire que de durer en dépensant le moins pos-

1. *Post* du 3 septembre.

sible et gagner la mauvaise saison pour se tirer d'affaire.

A cette date de la mi-septembre, la bataille de Verdun est donc archi-finie. Aurait-elle fini de cette manière sans la Somme? On peut croire que, dans ce cas, rien ne pouvait empêcher d'en venir à la longue à la retraite sur la rive gauche. Du reste, c'est une question purement académique. A partir du 1er juillet la bataille de Verdun n'est plus, du côté allemand, qu'une affaire d'entêtement, une bataille « pour l'honneur ». La première action d'Hindenburg devant ce gaspillage, est d'y mettre le holà et de clore l' « addition ». Ordre de ne plus bouger à Verdun, pour y avoir la paix et se donner ailleurs les mains libres.

Tel étant l'intérêt allemand, nous avons l'intérêt contraire, qui est de rallumer la bataille qu'Hindenburg veut laisser s'éteindre. Pour cela, nous avons trois raisons :

1° L'une d'ordre stratégique : accrocher l'ennemi qui cherche à se décrocher, et lui interdire d'envoyer du monde sur la Somme ;

2° Au point de vue local : améliorer notre situation, dans l'hypothèse d'un retour offensif de l'ennemi, en créant une ligne de défense en avant de Fleury ;

3° Au point de vue général : reprendre du terrain à l'ennemi, c'est-à-dire donner au monde un signe palpable de la défaite allemande ; prouver d'une manière irrécusable que nous sommes les maîtres et que l'Allemagne est battue.

C'est pourquoi, librement et de notre plein gré, la bataille de Verdun, qui avait fini le 30 août, recommence le 24 octobre.

II

C'est le 17 septembre que Mangin soumet à Nivelle les idées directrices d'une nouvelle opération. En deux mois, du 23 juin et du 11 juillet au 15 septembre, nous sommes parvenus à créer en avant de Verdun une ligne homogène. Mais cette ligne forme un angle rentrant de 80 degrés, un coin dont le saillant peut devenir dangereux. On ne peut répondre d'un accident. Il y a lieu de la redoubler en avant par une autre, supprimant la pointe, et épaississant en quelque sorte le matelas d'air devant Verdun. Cette nouvelle ligne passerait à 300 mètres au nord de la ferme de Thiaumont, borderait la croupe à l'ouest du ravin de la Fausse-Côte et se relierait par la côte ouest du ravin des Fontaines à nos positions au sud du fort de Vaux. On voit qu'il s'agit d'avancer l'épaule gauche et le centre tout au plus de douze à quinze cents mètres en profondeur sur quatre kilomètres de front. On obtient ainsi une ligne à peu près rectiligne, presque partout à contre-pente, défilée aux vues de Douaumont. L'opération serait à faire d'un seul coup. Elle exigerait quatre divisions. Nivelle approuve (21 septembre), à condition que la nouvelle ligne forme un tout cohérent et permettant à volonté, soit de s'en tenir là, soit d'en faire la base « d'une opération ultérieure ». Mangin n'attendait que ce mot-là. La forme de Douaumont se dessine à l'horizon.

Le plan d'engagement du 24 septembre, approuvé le 26, introduit en effet un nouvel objectif, correspondant à peu près à nos lignes du début de mars, et enserrant le fort de Douaumont au plus près. Cet objectif atteint, le fort sera reconnu et s'il est possible investi. C'est seulement le 9 octobre que les choses se formulent d'une manière définitive : « rejeter l'ennemi au delà du fort de Douaumont. »

En même temps, le plan d'action est étendu vers l'Est et comprend, comme corollaire de l'opération principale, une opération sur le flanc droit, qui pourrait devenir gênant, à l'effet de masquer, et au besoin de prendre le fort de Vaux. Les deux opérations doivent s'exécuter ensemble, à une date aussi rapprochée que possible du 15 octobre.

Il s'agissait donc cette fois d'une bataille à livrer sur toute la rive droite, avec l'enlèvement complet des organisations ennemies sur tout le front d'attaque et finalement la prise d'un fort de grand modèle. En d'autres termes, le problème était de rompre le front ennemi sur une largeur de sept kilomètres et d'aller saisir, à trois quarts de lieue en arrière, un objectif sans doute puissamment défendu et dont les Allemands avaient fait le symbole de leur victoire.

L'entreprise consistait en somme à retourner la bataille et à refaire en sens inverse, contre les Allemands, ce que ceux-ci avaient fait contre nous le 21 février. C'était déchirer tous leurs bulletins de victoire, c'était faire cinq mois après le 22 mai, ce qui ne s'était fait qu'à moitié ce jour-là, mais le faire en partant de plus loin et en ajoutant même la difficulté de Vaux à celle de Douaumont. Pour la première fois la bataille de Verdun, limitée du côté français à la lutte pied à pied et aux contre-attaques de détail, devenait pour nous le thème d'une affaire de grand style : opérer la rupture et manœuvrer en liberté dans la trouée ainsi produite.

Cette entreprise audacieuse avait été longuement méditée et mûrie. Douaumont était, depuis le début, l'idée fixe de Nivelle.

Arrivé à Verdun comme commandant du IIIe corps [1], il engageait aussitôt une série d'opérations toutes dirigées sur Douaumont et qu'il devait pousser, comme commandant d'armée, jusqu'à l'assaut du fort. Il le prend, et le perd en se jurant de le reprendre. L'ennemi ne lui en laisse pas le temps et le contraint à reculer. Nivelle emploie deux mois à se rétablir. A peine rétabli, il retourne à son idée de derrière la tête, à ce Douaumont où il a vu tout de suite le nœud de la bataille. Tout ce qui s'est fait en dehors n'est que manœuvre latérale pour tourner cet obstacle. Toute l'histoire de Verdun n'est qu'une bataille autour de Douaumont.

Dans cette longue série d'assauts et de revers, aucune expérience n'avait été perdue. Nivelle revenait à son idée de toujours, avec une science plus parfaite, une méthode plus souple et plus sûre d'elle-même. Au cours des combats incessants qu'a coûtés l'ascension de la crête de Fleury, l'étude de tous les procédés offensifs a été poursuivie sans relâche. Ces deux mois de Thiaumont ont été une école ; la troupe y a fait son apprentissage. L'instruction s'est poursuivie au repos dans les camps. On a eu l'idée de procéder, à l'exemple de l'ennemi, à des exercices d'attaque, à des répétitions pratiques de chaque manœuvre. On a cessé de croire que les qualités françaises d'ardeur et d'improvisation permissent de se passer des autres. Cet entraînement méthodique, auquel Pétain, à partir de

---

1. Voir plus haut, ch. iv et v.

1917, soumettra toute l'armée française, fut inauguré à
Verdun. Dès la fin de juillet, cette méthode a été portée à un tel point de virtuosité, qu'un bataillon, le
2 août, au nord de Thiaumont, fait 60 prisonniers et
n'a que 6 blessés.

Toutes les troupes chargées de l'attaque connaissaient leur terrain. Elles s'y étaient depuis longtemps
familiarisées avec les mœurs de l'adversaire et convain-
cues en vingt combats de leur supériorité. Toutes
connaissaient par expérience, l'objectif à atteindre,
l'obsession de ce Douaumont qu'elles avaient coutume
de voir au bout de leur créneau, surveillant le paysage.
Elles savaient l'importance du but, et que la vie serait
transformée dès que ce mauvais œil cesserait d'espion-
ner à la ronde. Le charme serait rompu. On ne senti-
rait plus sur soi, dans tous les recoins du pays, la
gêne de ce regard. On respirerait plus à l'aise. On
verrait chez le voisin comme il voyait chez nous.
Chacun sentait enfin qu'il y avait dans ce point, dans
cette forme étrange, écrasée, dominante, quelque chose
de plus que l'importance militaire : cette chose mys-
térieuse qui s'appelle la gloire.

Les trois divisions de choc, triées sur le volet, ont
été mises un mois ou six semaines au repos. Chacune
a. répété, sur un terrain approprié, le mouvement
qu'on attend d'elle. On a perfectionné à loisir tous les
organes de liaison, surtout la liaison par avion (en
principe, un avion accompagne chaque division pour
jalonner l'avance, régler le tir de l'artillerie). Trois
autres divisions aménagent le secteur, construisent
des postes de commandement, les relient par des
kilomètres de téléphones enterrés, creusent des places
d'armes, des boyaux, des parallèles de départ. Besogne

ingrate, mais méritoire comme celle du combattant : elle ne donne pas comme celle-ci l'ivresse du succès, et elle n'est pas moins indispensable à la victoire.

La partie d'artillerie a été particulièrement soignée par ces grands artilleurs que sont Nivelle, Barescut, Franiatte et le chef d'État-major de Mangin, le colonel Fiévet. Une masse de 530 canons, outre l'artillerie d'armée, ce qui forme un total de 650 bouches à feu, c'est-à-dire un canon tous les dix ou douze mètres, s'aligne dans les ravins à l'arrière du front. Les côtes de Tavannes, de Saint-Michel et de Belleville sont littéralement farcies de batteries : sept régiments d'artillerie, 42 pièces de 120 long, 93 pièces de 155 long, 124 pièces de 155 court, six pièces de 240, deux de 273, deux batteries de 370, et enfin la dernière création du Creusot, une batterie de 400. Le programme comporte tout un ensemble d'opérations prodigieusement diversifiées : destructions, contre-batteries, tirs sur les camps, les gares, les pistes, harcèlements, peignages, barrages, encagements, accompagnements, tirs à obus spéciaux, dont nous faisons pour la première fois nous-mêmes l'emploi en grand. Nivelle avec une main de fer modèle et pétrit sa matière, lui imprime sa volonté. Il s'agit d'anéantir toute trace d'organisation ennemie, d'empêcher tout travail de réparation, de briser les nerfs et le moral. Rendre les ravitaillements impossibles, empêcher le dormir et le boire, soumettre l'adversaire à un régime d'épuisement ; brimer l'artillerie allemande, l'inonder de gaz, l'aveugler en faisant la chasse aux avions, en tirant sur les observatoires ; conquérir et garder la supériorité du feu, battre en brèche à la fois les travaux, les courages, désosser en quelque sorte la forteresse allemande, d'avance la réduire, la défaire, telle sera la tâche de l'artillerie. Sur le fort de Douaumont les tirs de 155 court bouleverseront les travaux de la super-structure, obstrueront les tourelles, mettront hors de service canons et mitrailleuses ; tandis que des tirs de 400 (dont l'obus pèse 900 kilos) disloqueront le béton, feront des trous qu'élargiront les 370 avec leur charge de mélinite, et que chaque nuit des tirs à obus spé-ciaux insinueront leurs gaz par les fissures et les crevasses. Les troupes d'attaque seront munies d'appa-reils Schildt (liquides enflammés). On n'avait eu garde d'oublier la leçon du fort de Vaux. La préparation devait durer cinq jours. On mesure les progrès accom-plis depuis le 22 mai. Jamais action de pareille ampleur n'avait été montée sur le front d'une armée française avec un tel luxe de moyens, un soin plus exact du détail et une résolution plus volontaire d'aboutir.

III

Du côté allemand, de la Meuse à Watronville, le *Maas-Ost-Groupe* était placé, comme on l'a vu, sous les ordres de von Lochow et divisé en trois secteurs :

Secteur de la côte du Poivre : VIIe corps de réserve et 25e division de réserve, général von Zwehl.

Secteur d'Hardaumont : 34e, 54e, 9e divisions actives et 33e de réserve, général von Planitz.

Secteur de Vaux : 50e et 192e actives, 19e division d'Ersatz, général von Steuben.

De ces dix divisions, sept tenaient le front d'attaque, carrière d'Haudromont-Damloup. Elles avaient en première ligne 62 compagnies et 23 en soutien, au total 21 bataillons 1/2, échelonnés dans la zone à conquérir par nos troupes. En soutien, hors de cette zone, 11 bataillons, tous engagés le soir de la bataille. L'artillerie, disposée en trois masses principales (Jumelles d'Ornes, Bois-le-Chaume, Haumont-Samogneux), comprenait au moins 209 batteries, dont les deux tiers en pièces lourdes.

On sait que l'agence Wolff, pour expliquer la défaite allemande, prétendit que Verdun n'offrait plus d'intérêt, depuis « l'abandon de l'offensive », et que l'ordre d'évacuer Douaumont était déjà donné au moment de notre attaque [1].

Cette ruse était de bonne guerre. Un communiqué n'est pas de l'histoire. Mais la vérité vraie, telle qu'elle résulte des ordres authentiques, est diamétralement contraire. Les documents font voir qu'il n'a jamais été question d'un repli volontaire et que, loin d'y songer, le commandement avait pris les mesures les plus énergiques pour se défendre victorieusement. Il tenait à Douaumont comme à la prunelle de ses yeux. Un mémoire, trouvé dans les archives du fort, et daté de septembre, le dit expressément :

« En dehors de son immense importance politique, le fort de Douaumont, avec ses excellentes tourelles cuirassées, constitue un observatoire de premier ordre.

« Il domine par ses vues tout le terrain en avant, empêche seul une surprise de notre première ligne. Il assure un abri précieux pour nos réserves à 2 kilomètres du front.

---

1. Sur la part — toute petite — de vérité que contient cette affirmation, voir plus loin, p. 198.

« Mais la situation est fragile. L'ennemi est tout près ; pas un point d'appui entre la première ligne et le fort, les défenses du fort lui-même sont tout à fait insuffisantes. Il faut entrevoir, à tout instant, une surprise possible... »

A la date du 18 septembre, le général von Lochow donne l'ordre d'organiser puissamment le terrain :

« La ligne actuellement atteinte doit être tenue et renforcée d'une manière acharnée.

« Le programme des travaux visera à établir plusieurs positions comprenant chacune plusieurs lignes.

« Il importe d'abord... de mettre la première ligne en état de résister même à une forte attaque. Diminuer les pertes en créant des boyaux d'approche... Le temps qui nous sépare de la mauvaise saison doit être utilisé avec la dernière énergie. Il faut que les difficultés ne surgissent pas en hiver. Se servir de tous les effectifs disponibles, avant qu'ils soient diminués.

« Un ordre intercepté par nous nous avertit que les attaques françaises ne seront pas interrompues. La suite de ces attaques sur la rive droite de la Meuse est à envisager comme une certitude. Que toutes les mesures soient prises en conséquence, soit en vue d'une attaque locale, soit d'une attaque sur tout le front. Calculer minutieusement toutes les hypothèses concevables et préparer dans le moindre détail les contre-mesures les plus pratiques. Faire connaître ces mesures aux unités voisines. »

Cet ordre est complété par des ordres de détail :

« Le plus urgent, écrit le 20 septembre le général von Planitz, c'est d'établir sur tout le front une bonne ligne avancée, avec tous ses obstacles et lignes accessoires. L'expérience de la Somme démontre une fois de plus qu'il n'y a pas de moyen plus sûr d'arrêter l'ennemi. »

Le 25 septembre, le général Hencke (33ᵉ division de réserve) indique l'ordre d'urgence des travaux, l'emplacement des lignes successives. Enfin, le 23 octobre, à la veille de l'attaque, le général von Zwehl, commandant le VIIᵉ corps de réserve, écrit :

« D'après nos renseignements d'agents, il faut s'attendre à une attaque française devant Verdun.

« La position de combat est à tenir à tout prix. L'infanterie et les mitrailleuses seront prêtes à tout moment (préparer les bandes de cartouches, les grenades).

« Transporter le plus possible de grenades à l'avant. Les réserves avec leurs C. M. ¹, seront prêtes à entrer en ligne immédiatement. Chaque chef de pièce devra savoir où se mettre en position. Faire des essais. »

L'ennemi était sur ses gardes. Il savait à quoi s'en tenir sur nos intentions. Il ne se faisait plus d'illusions sur la prise de Verdun. Les rôles étaient changés. L'assaillant devient l'assailli. Mais il entend se défendre au moins aussi bien que nous. Notre exemple l'a convaincu qu'on ne passe pas. Quelques jours avant l'attaque, un officier allemand l'avoue, avec beaucoup de dignité :

« Nous avons perdu la partie, mais vous ne la gagnerez pas non plus. Nous ne prendrons pas Verdun, vous ne prendrez pas Douaumont. »

Ainsi von Kluck avait dit, un an auparavant :

« Pas plus nous Paris, qu'eux Vouziers... »

En effet, le dogme des fronts défensifs devenait pour tout le monde un article de foi, corroboré encore par

---

1. Compagnies de mitrailleuses.

la double expérience de Verdun et de la Somme. On commençait fort à douter du mythe de la percée. Cependant Nivelle, vers le 15 octobre, ayant achevé son plan, menait le maréchal French à l'observatoire de La Chaume et, caressant l'horizon, de la main palpant d'avance la pyramide de Douaumont :

« J'espère, disait-il, que nous irons jusque là... »

IV

Le mauvais temps ne cessa pas du 15 au 20 octobre. Les bourrasques de l'équinoxe noyèrent dans un flot de boue jaunâtre les collines, dont les cîmes disparurent sous le noir troupeau du nord-ouest. Nivelle, soucieux, comprit que la saison refuserait cinq jours de grâce, et pria Mangin de se réduire à deux ou trois. Une embellie subite se produisit le 21. Le ciel accorda trois jours d'or. Une nuée d'avions élança ses escadres dans l'air. La préparation commença.

On vit les collines se couvrir des crêtes des fumées et le soir, sur les photographies que rapportaient les aviateurs, le tracé des tranchées se brouiller comme une eau fouettée par la pluie. Bientôt tout dessin disparaît : tout se perd dans la ponctuation innombrable des obus. Les abris s'effondrent. La plupart des mitrailleuses sont enterrées. Les réserves quittent leurs camps et se dispersent dans les trous d'obus. Elles cessent dès lors d'être une force organisée, et se feront prendre, terrorisées, comme le lièvre entre deux sillons. Nos tirs sur pistes poursuivent les troupes et y jettent le trouble.

Le 155 long s'attaque aux batteries, à raison de 400 coups par batterie à détruire, ou de 150 coups de

220, ou de 60 coups de 280. Un tiers des batteries ennemies est mis hors de service. Une feinte inédite eut un effet remarquable. Le 22 octobre à 14 heures, il y eut un simulacre d'attaque : toutes nos batteries allongent le tir. A l'instant, 158 batteries ennemies se démasquent. Le soir, le bulletin allemand se vantait d'une forte attaque repoussée. L'ennemi était tombé dans le piège. Nos artilleurs reprirent leur travail, à telles enseignes que, le jour J, il ne restait que 90 batteries en action dans le secteur.

Au bout de trois jours de feux les pertes étaient telles, qu'il fallait relever presque toutes les unités en ligne.

Le tableau suivant, qui représente cinq jours de feux, fera comprendre ce que fut cette préparation :

Calibres.	Munitions consommées de J — 3 à J + 2.
75	504.000
80	4.200
90	9.300
95	30.000
100	14.000
105	30.000
120	28.000
155 C.	50.000
155 C. T. R.	37.000
155 C. Schneider	10.000
155 L.	60.000
220	13.000
Total :	790.200

Un second tableau indique le nombre de coups de mortiers sur les forts de Douaumont et de Vaux :

		400	93 coups.
Fort de		370	170 —
Douaumont.		280	232 —
		270	483 —
		400	22 coups.
Fort de		370	122 —
Vaux.		280	141 —
		270	116 —

Que devenaient sous nos coups ces masses formidables ? On voyait par degrés sur les photos d'avions leurs maçonneries se disloquer, leurs murs crouler dans les fossés, ne laisser de Douaumont qu'un spectre d'hexagone, une vague figure béante et rongée de lèpre. Quant au quadrilatère de Vaux, les restes de ses cours intérieures évoquaient un de ces bas-reliefs frustes et primitifs, où l'on croit discerner la forme confuse d'un animal. Une violente explosion s'y produisit le troisième jour. On vit une vingtaine d'Allemands s'enfuir par les issues. Le même jour, vers 15 heures, un incendie se déclara au fort de Douaumont. Un coup de 400 tombant dans la partie centrale met le feu à un dépôt de benzine et de fusées. Toute la nuit, on vit s'élever à une hauteur indéterminée dans le ciel cet étrange météore : c'était Douaumont qui brûlait.

L'ennemi semblait arrivé à un état d'extrême dépression nerveuse. Un pigeon voyageur égaré dans nos lignes apportait un message désespéré de Thiaumont : « Horrible feu roulant de gros calibres. Secteur complètement à plat. La garnison ne tient plus. La tourelle de l'observatoire est inutilisable. Toutes les sorties sont obstruées. Le bataillon n'est plus en état de combattre. » Au sud de Vaux, un officier et 72 hommes se rendirent.

Cependant nos troupes étaient en place et ne dou-
taient pas de la victoire. Elles écoutaient au-dessus de
leurs têtes le sifflement pressé des trajectoires d'obus,

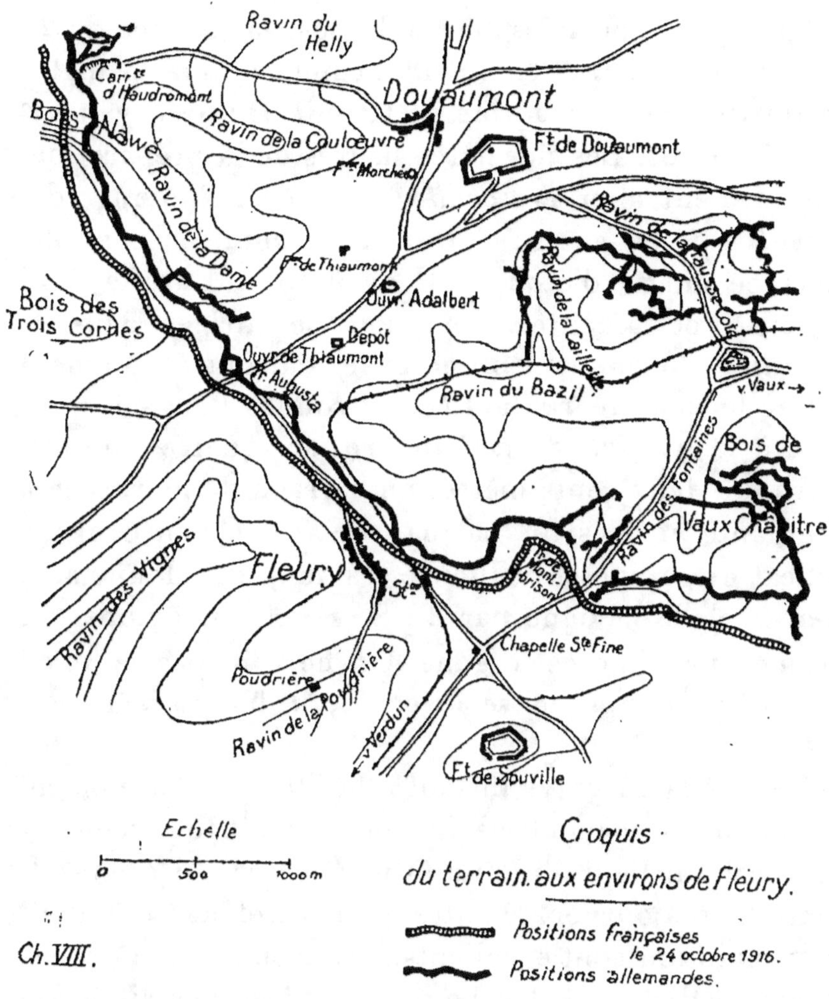

semblable au murmure de l'eau contre les piles d'un
pont. Là-bas, la grande torche de Douaumont, comme
un prodige céleste, leur montrait le but. Les buées de
la Meuse envahissaient les collines. L'artillerie ennemie se taisait. L'heure H était pour le lendemain,
24 octobre, 11 h. 40.

L. GILLET.

V

Après trois journées merveilleuses, la journée du 24 se leva sans soleil et tellement brumeuse que le matin ne fut qu'une autre forme de la nuit. On ne voyait pas à cent mètres. Les dernières heures de la préparation, qui devaient aller *crescendo* et achever l'ouvrage des journées précédentes, se firent sans contrôle possible, dans ce nuage d'étoupe. Il avait plu. L'argile était boueuse et gluante. Comment se diriger dans ce brouillard ? Comment observer les liaisons ? Comment régler le barrage roulant ? Les troupes devaient marcher à la vitesse de cent mètres en quatre minutes, suivant à deux cents mètres un barrage de lourde et à cinquante mètres un barrage de 75. Ce mécanisme délicat exige une surveillance assidue, un jalonnement continuel de la ligne par T. S. F. et par avions. La brume supprime cet organe. On ne voit pas ce qu'on fait. Si le temps ne se lève pas, il faudra y aller à tâtons.

Il y eut là un grave instant d'hésitation. Au moment de l'attaque une bouderie du ciel semblait tout remettre en question. Peut-être une prudence ordinaire eût-elle conseillé d'ajourner. D'autre part les effets connus de la préparation sont excellents. Les troupes sont prêtes. On avait distribué des boussoles. Rien n'était laissé au hasard. Qui sait ce qu'il y avait à gagner à attendre au lendemain ? La brume même pouvait nous servir, permettre la surprise. En tout cas, elle gênait l'ennemi plus que nous. Mangin décida de marcher.

Les troupes étaient, de gauche à droite, la 38e division (Guyot de Salins), celle qui avait repris Fleury et sauvé Vaux-Chapitre, renforcée à gauche d'un régiment de la 33ᵉ division (le 11ᵉ régiment, lieutenant-colonel de Parthouneaux). Elle a pour objectif les carrières d'Haudromont et Douaumont, fort et village. Le fort était attribué au vainqueur de Fleury, le régiment colonial du Maroc. Chaque régiment de la division était en outre doté d'une compagnie de Sénégalais. Au centre, la 133ᵉ division — la « Gauloise » (Passaga) — avait pour objectif la croupe d'Hardaumont. A droite, la 74ᵉ division (de Lardemelle) devait prendre le fort de Vaux.

Tout se passa en effet comme Mangin l'avait prévu. Deux heures avant l'attaque les mortiers de tranchées, qui s'étaient jusqu'alors tenus dissimulés, ouvrent un feu terrible, achèvent d'accabler les lignes ennemies, tandis que le canon neutralise les batteries. A l'heure dite, l'assaut se prononça. L'ennemi est partout surpris dans le brouillard. Le tir de barrage se déclenche avec un retard de dix minutes. Un seul accident se produisit au centre gauche, devant le régiment du Maroc. Le bataillon Modat ayant par précaution évacué ses tranchées pendant les dernières minutes de la préparation, une cinquantaine d'Allemands y sautent et s'y installent. Il fallut en venir aux mains pour reprendre la tranchée. La première ligne allemande, défendue par des mitrailleuses, ne fut prise sur ce point qu'à 13 heures.

Partout ailleurs, le premier objectif est atteint presque sans pertes. A la gauche, le 11ᵉ enveloppe la carrière d'Haudromont par le nord et le sud, cerne les défenseurs. Ceux-ci, bien retranchés, prolongent la résistance. On se bat à la grenade dans la carrière jusqu'à 17 heures. Plus à droite, zouaves et tirailleurs, malgré le terrain bouleversé, dépassent rapidement les premières lignes, se répandent dans les camps, faits de profondes cavernes creusées à contre-pente dans les flancs du ravin de la Dame. Ils passent sur la tête des réserves allemandes réfugiées dans ces abris. Tout ce qui s'y blottissait se rend sans résistance. Un officier supérieur est pris au saut du lit. On prend un vaguemestre avec tout son courrier. Dans la nuit, le sergent Jullien, du 4e zouaves, trouvait encore dans cette cité souterraine un lot de 200 Allemands qu'il faisait prisonniers, avec six officiers et plusieurs mitrailleuses. Les choses n'allaient pas moins bien sur le reste du front. A midi 15, trente-cinq minutes après le début de l'attaque, la victoire, sauf devant le régiment du Maroc, accroché au départ, est complète sur toute la ligne. Deux mille prisonniers, en rigoles grisâtres, commencent à ruisseler des pentes de Fleury.

Il avait été convenu que l'attaque serait exécutée en deux phases séparées par un intervalle, pour remettre de l'ordre dans les rangs, rétablir les liaisons, s'organiser sur le terrain en cas de contre-attaque. Pétain estimait que quatre heures n'étaient pas trop pour cette tâche. Nivelle craignait au contraire de ralentir le mouvement, de laisser à l'ennemi le temps de se ressaisir. Il réduit l'entr'acte à trois heures. Mangin en rabattit encore et se trouva bien de l'avoir fait.

A 13 h. 40 la progression reprit sur l'ensemble du front, en s'appuyant à gauche sur le 11e régiment, qui servait de pivot. La marche se poursuit dans le brouillard, sans autres difficultés que celles qui tiennent au terrain. Le front allemand était complètement percé. On ne rencontre pas un ennemi. On ne reçoit pas un coup de canon. L'artillerie allemande tire à l'aveugle dans la brume. L'ennemi désorganisé ne peut réagir dans ce brouillard, que son trouble lui montre comme une invention nouvelle, comme une arme inédite de vapeurs artificielles. Dans la défaite, l'imagination est vaincue la première. A 14 heures, la 38e division borde la route de Bras, et le lieutenant Gilbert, poussant au delà de l'objectif, fait sauter une batterie abandonnée dans le ravin.

Au régiment colonial était réservé l'honneur de prendre Douaumont. Le bataillon Croll devait envelopper le fort, le dépasser et l'isoler pendant que le commandant Nicolaï avec ses hommes procéderait à l'attaque et réduirait la garnison, mais celui-ci s'égare en chemin dans la brume. Le capitaine Dorey, au lieu de contourner le fort, prend le parti de sauter dessus et de le traverser par la superstructure. Il n'y arrivait que le second : la fraction de gauche du 321e (133e division) conduite par le sous-lieutenant Lesseux, avait déjà franchi le fossé, mis le pied sur l'observatoire. Quelques instants plus tard, un peu avant 15 heures, arrivait le commandant Nicolaï. Au même moment le vent s'élève, les brumes se déchirent, le jour se fait et vient frapper, au sommet de ces champs sublimes, sous une couronne de nuages jaunes et sulfureux, ce tas de gloire sur lequel un grand noir arbore en dansant nos couleurs.

Une demi-heure après, le fort de Douaumont était complètement à nous, avec 45 prisonniers, 10 mitrailleuses, 2 canons, des vivres, des outils, du matériel de

---

1. Voir pour tout le détail, le livre d'Henry Bordeaux, *Les Captifs délivrés*, Paris, 1917.

toute sorte. L'incendie brûlait encore ; les prisonniers nous aident à l'éteindre. C'étaient pour la plupart des isolés qui avaient cherché un refuge dans les galeries et les casemates. On prit le commandant du fort, un capitaine nommé Prollius, qui venait, après l'explosion de la veille, reconnaître la situation : il venait de donner l'ordre à la garnison de reprendre ses emplacements qu'elle avait évacués. Un quart d'heure de plus, il aurait fallu en découdre. La prise du fort aurait coûté de nouvelles batailles. Dans la nuit, la ligne est poussée sans aucune résistance à 400 mètres plus au nord.

Le matin de l'attaque, Mangin avait promis à Joffre de lui servir, dans deux heures, 19 bataillons allemands. Il tenait parole : tout ce qui se trouvait en ligne avait été anéanti. Plus de 6.000 prisonniers, dont 138 officiers, 15 canons, 144 mitrailleuses, 40 canons de tranchées, des milliers de fusils restés entre nos mains ; l'armée de von Lochow ébranlée ; le village de Douaumont et son fort, le meilleur observatoire de l'ennemi, la fameuse « pierre angulaire » de la défense de Verdun, perdu naguère par surprise dans une journée de deuil, repris dans un élan grandiose, et la victoire enfin s'achevant en triomphe, tels étaient les résultats de cette immortelle journée. Après tant de moments tragiques, la bataille de Verdun finissait par l'apothéose.

Nivelle envoie le soir sa belle proclamation :

« Officiers, sous-officiers, soldats du groupement Mangin,

« En quelques heures d'un assaut magnifique, vous avez enlevé d'un seul coup à votre puissant ennemi le terrain hérissé d'obstacles et de forteresses du nord-est de Verdun, qu'il avait mis huit mois à arracher, par lambeaux, au prix d'efforts acharnés et de sacrifices considérables.

« Vous avez ajouté de nouvelles et éclatantes gloires

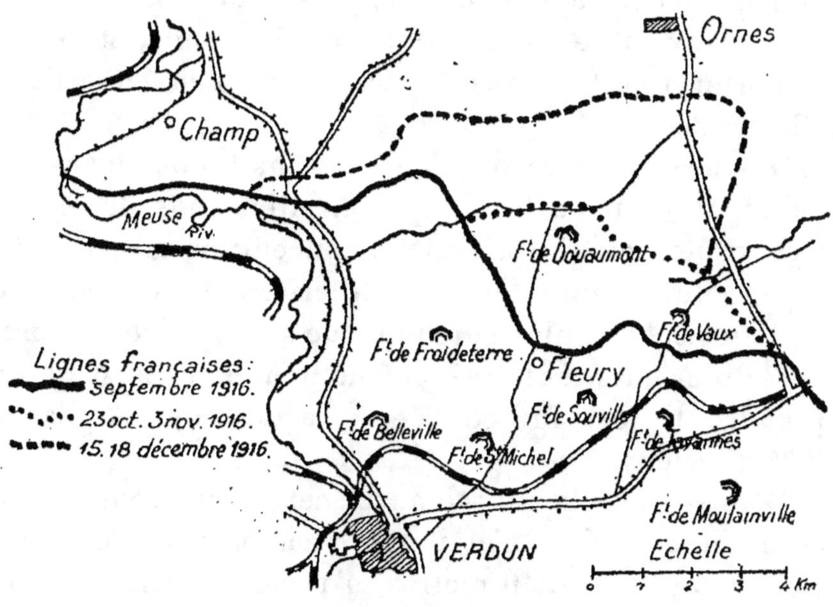

Croquis
Batailles des 24 octobre et 15 décembre 1916
Ch. VIII et IX.

à celles qui couvrent les drapeaux de l'armée de Verdun. Au nom de cette armée, je vous remercie.

« Vous avez bien mérité de la Patrie. »

VI

Ce magnifique succès ne clochait que sur un point.
La division de droite n'avait pu dépasser son deuxième
objectif. On se rappelle que le fort de Vaux n'avait été
introduit dans le programme qu'au dernier moment.
La préparation était incomplète de ce côté ; c'est malheureusement celui où l'ennemi était le plus fort et
disposait de points d'appui, d'anciennes carrières,

d'anciens ouvrages solidement organisés. La division de Lardemelle dépensa d'héroïques efforts pour traverser ce labyrinthe, perdit beaucoup de monde, et ne put emporter à huit heures du soir que la deuxième ligne allemande.

Dès lors, la prise de Vaux devenait une opération de détail, qu'il ne tenait qu'aux Allemands de rendre très coûteuse : ils pouvaient concentrer sur ce petit espace tous leurs feux d'artillerie. Le fait est que l'attaque échoua plusieurs jours de suite. Le 28 octobre, après plusieurs tentatives infructueuses, la mission de prendre le fort fut confiée à la division Andlauer (63° division).

D'autre part, la situation, sur cet étroit promontoire absolument en l'air, n'était guère tenable pour l'ennemi. Le fort de Vaux (340 mètres) n'a aucune action sur le plateau. Son intérêt était de flanquer Douaumont. Douaumont pris, la position n'offrait plus de raison d'être. L'ennemi n'y était pas non plus sur des roses. Pour conserver la position, il aurait fallu l'agrandir, recommencer la bataille. Hindenburg estima que ce serait trop cher.

Le 2 novembre, veille du jour fixé pour l'attaque de la division Andlauer, le radio allemand qui, quatre mois plus tôt, nous avait annoncé la reddition du fort, nous apprit que le fort était évacué. Hindenburg pensait nous jouer un bon tour en nous frustrant d'une victoire et en nous prévenant par une retraite volontaire. Il voulait consoler l'amour-propre national par la satisfaction d'une bonne ruse de guerre. En réalité, la perte de Vaux était la conséquence de la perte de Douaumont, et Hindenburg cédait à la nécessité.

Le lieutenant Diot, du 298°, entrait dans le fort à minuit. Le 5 novembre au matin, nous occupions Damloup.

CHAPITRE IX

LA BATAILLE DE LOUVEMONT
(15-18 décembre).

Joffre ordonne de continuer l'offensive. — Préparation et plan de la nouvelle bataille. — Forces allemandes. — Forces françaises. — Les Allemands attaquent la cote 304. — La bataille du 15 décembre. — La journée du 16. — La prise des Chambrettes. — Nivelle commandant en chef. — Le général Guillaumat commande la IIe armée.

I

Joffre avait passé à Souilly et à Regret la journée du 24 octobre. Il repartait le soir pour Chantilly, enchanté du succès, en laissant à Mangin l'ordre de l'exploiter à fond. Mais il lui faisait connaître presque aussitôt, qu'il ne pouvait lui allouer qu'une très petite partie des munitions que Mangin estimait nécessaires à une nouvelle bataille. Mangin demandait 150.000 coups de 155. Le général en chef n'en accordait que 15.000. Mais le général Mangin pouvait faire des économies sur ses allocations quotidiennes, qui étaient de 6.000 coups; en ne tirant que 2.000 coups par jour, il arriverait en un mois, à constituer un stock de 120.000 obus et un total de 150.000 aux environs du 5 décembre. Une bataille à cette époque était une affaire d'artillerie. Cette raison suffisait par un simple calcul à fixer à la nouvelle entreprise un délai de cinq à six semaines.

Il y en avait une autre non moins déterminante, qui était la nécessité de s'organiser. La victoire du 24 octobre nous laissait maîtres du terrain, mais ce terrain était impossible. On se trouvait là comme il était arrivé aux Anglais sur la Somme, en présence de ce problème étrange qui devait près de deux ans demeurer insoluble. On ne pouvait faire un pas à travers les défenses ennemies sans les avoir détruites, et le terrain ainsi détruit devenait à son tour un obstacle insurmontable. Toutes les offensives devaient longtemps encore se heurter à cette condition sans issue : l'obligation de tout ruiner, et l'impossibilité de se mouvoir dans des ruines. Le plus grand effort de la troupe, et il était déjà surhumain, consistait à s'avancer à la limite de la zone bouleversée par l'artillerie ; après quoi on était vaincu par la fatigue et obligé de s'arrêter, jusqu'à ce que les canons eussent pu suivre pour épauler une nouvelle poussée ; mais l'ennemi avait eu le temps d'organiser de nouvelles lignes, qu'il fallait détruire à leur tour, et c'était à recommencer.

Il en était ainsi à Verdun plus qu'ailleurs. Le terrain que nous venions de conquérir, ces trois kilomètres de plateaux calcaires et argileux entre Fleury et Douaumont, c'était le champ de bataille que l'on se disputait depuis neuf mois. Pas un pouce de cette terre fourbue qui n'eût été meurtri, blessé, broyé au point qu'il n'y restait nulle ombre, nulle trace des forêts qui couvraient naguère ces collines chevelues. Pas un tronc, pas une souche, pas une herbe visible sur ce sol tué jusqu'aux racines. Ce n'était partout que cette mer désordonnée de trous d'obus, que ce paysage impraticable, aux innombrables pores fangeux, faits de cratères et d'entonnoirs. Qui n'a pas vu cela n'a rien vu. Le sol, à force d'être tourmenté, perdait toute apparence d'une chose connue. On eût dit de la tempête figée, des remous et des tourbillons de vagues incohérentes. On circulait à ses risques et périls sur les bords de ces crevasses qui coudoyaient d'autres crevasses. Les sources qui abondent dans cette argile forestière, résultant de la condensation des vapeurs et des bois, remplissaient bientôt le fond de ces vasques d'une eau croupie. La saison pluvieuse venait ajouter ses horreurs à l'horreur du chaos. Elle délayait ce sol surmené et désagrégé, le rendait à la fois plus gluant, plus glissant. On mettait neuf heures pour monter de Verdun à Douaumont. Il y avait de ces cratères où nageait un caisson avec son attelage. Ce désert avait ses drames. Tel partit en corvée, tel coureur porta un message, qui n'arriva jamais, s'engloutit dans ces vases sans laisser de nouvelles. L'eau, sur ces collines homicides, est une ennemie plus traîtresse et plus enveloppante, plus redoutable que le feu. Un de nos généraux, qui avait visité tous les fronts, assure n'avoir rien rencontré, fût-ce les marais de Pinsk, qui fût comparable à ces boues de Verdun. En certains points, autour de Douaumont, de Thiaumont, cette terre suante comme du beurre, brassée, fouettée par les obus a pris une boursouflure d'écume, la consistance d'une mousse de savon, cette apparence bouillonnante qui est celle des mers en furie.

La première chose à faire était de vaincre ce cloaque ; c'était déjà un problème, et l'ennemi avait peu de peine à le compliquer. C'est même ce qui explique qu'il n'ait jamais tenté de contre-attaque sérieuse pour nous reprendre au moins Douaumont. Il nous savait embourbés dans notre conquête; c'était assez pour croire que Nivelle se tiendrait tranquille. Nous avions en effet fort à faire pour réussir seulement à y vivre et, sans faire les frais d'une bataille, l'artillerie allemande, par ses harcèlements, était à l'aise pour gêner notre installation. L'ennemi, au contraire, se recevait sur un terrain relativement intact et seulement traversé au mois de février, par deux jours de guerre en rase campagne. Il y trouvait des bois, des couverts, des abris, des routes praticables. A défaut de Douaumont, il lui restait encore, sur les hauteurs environnantes, un demi-cercle d'observatoires d'où il jetait sur nos arrières des regards obliques fort indiscrets. Nos communications étaient épiées de tous côtés. En somme c'est le vainqueur, comme il est arrivé souvent dans cette guerre, qui se trouvait en réalité dans la situation ingrate; le vaincu retombe sur ses pieds, tandis que le conquérant a le chaos à débrouiller. Cette tâche devait nous suffire; les Allemands y voyaient une garantie de sécurité. Les pieds au sec, ils nous regardaient barboter dans cet océan de fange, dans cette mer de boue où les batailles font naufrage. Enfin, la mauvaise saison, qui avait eu raison des Anglais sur la Somme, se faisait contre nous l'alliée de l'Allemagne. Les brumes de novembre tombaient sur le dernier acte. La bataille va s'engourdir dans ce tête-à-tête des tranchées, qui remplace les quartiers d'hiver du temps de Malborough. L'Allemagne compte sur cette trêve pour se refaire et reprendre haleine. C'est pourquoi elle se garde de contester nos avantages, trop heureuse de tirer parti pour le mieux de sa situation. Raison de plus pour nous de redoubler d'énergie et de déjouer ce calcul. Il fallait accabler l'ennemi, le traquer, le poursuivre au fond de sa retraite, ne pas le laisser respirer derrière ses rideaux de brume. Il fallait surmonter l'hiver et paraître en vainqueurs de la nature. On avait tout contre soi : il fallait se rire de tant d'obstacles, frapper l'Allemagne de stupeur en venant la chercher au fond de ses frimas, entasser victoire sur victoire. Ainsi, sous le crêpe de brumaire, sous la trêve apparente des choses, dans la torpeur du crépuscule de l'hiver qui envahissait tous les fronts, se prépare un nouveau réveil de la bataille.

II

Il faut jeter ici un coup d'œil sur le terrain pour comprendre le développement de l'action.

Le plateau des Hauts de Meuse est divisé par des ravins en différents massifs, qui s'emboîtent les uns dans les autres à la manière de vertèbres. La victoire du 24 octobre venait de nous rendre le noyau central du massif de Douaumont, mais nous ne possédions pas les contre-forts à l'Est dont les diverses branches portent le bois d'Hardaumont et donnent à cette partie du plateau l'aspect d'une patte velue, posée à plat, les doigts écartés sur la Woëvre. En revanche, nous avions pied, du côté de la Meuse, sur la côte du Poivre, c'est-à-dire sur l'extrémité méridionale du massif de Louvemont situé au nord-ouest du premier, mais l'ensemble du massif et son point culminant (cote 378) demeuraient aux mains de l'ennemi. Les deux massifs sont reliés par un isthme (cote 347), débris de la ligne de faîte, entre les deux cuvettes des bois de la Vauche et du Chauffour. Ces ravins, par un grand nombre de ramifications, entament par la base le massif de Douaumont et constituent des brèches qui le rendent assez fragile par l'Ouest, tandis qu'on y accède encore du Nord-Est par les profonds couloirs des ravins du Loup et d'Hassoule. En outre le massif de Louvemont, à l'ouest de Douaumont, l'enveloppe pour ainsi dire, d'un fer à cheval d'observatoires qui achèvent de rendre sa position très vulnérable. Il est de notre intérêt de mettre la main sur cette crête. C'est une opération de sûreté qui consistait à mettre Douaumont à l'abri d'une surprise, à boucher les yeux à l'ennemi et à se verrouiller chez soi.

Le premier projet de Mangin (7 novembre) comportait une avance de la gauche et du centre, définie par les objectifs suivants : conquête de l'Épine du Poivre jusqu'au point culminant (cote 378) — isthme entre les deux massifs (cote 347) — enfin, ligne dominant les têtes de ravins dans le bois d'Hardaumont. Cette ligne englobait les principaux observatoires et nous donnait à l'Est les clefs des portes du plateau. Le front à attaquer exigerait trois divisions. Pour des motifs d'économie, Nivelle suggéra un parti plus modeste : l'attaque se ferait par les ailes, seulement sur la côte du Poivre et le bois d'Hardaumont, avec solution de continuité au centre. Il fallait ne compter que sur les ressources de l'armée, éviter toute usure... Mangin répondit qu'en ce cas il préférait rogner à gauche en ne s'occupant pas de la côte du Poivre, mais il maintenait comme essentielle l'attaque au centre sur les points dominants du plateau (cote 378) et l'isthme de la Vauche.

L'économie allait nous engager à une action étriquée. Nivelle le comprit et exposa au Général en chef la supériorité d'une opération de style, qui ne coûterait pas beaucoup plus cher qu'une affaire de détail, et rapporterait beaucoup plus. Joffre fut frappé de ces raisons et délia les cordons de sa bourse. Il promit deux divisions fraîches. L'ordre d'opérations fut arrêté le 19 novembre. Il comprenait une large bande passant par Vauchérauville, Louvemont, en suivant la route entre ces deux villages, les cotes 378 et 347, pour rejoindre à travers le bois d'Hardaumont, la lisière Est et le cimetière de Vaux. L'action fixée au 5 décembre fut ajournée par le mauvais temps. Le 3 décembre, dans son plan d'engagement définitif, Mangin arrondissait brusquement son programme, en y incorporant un deuxième objectif : c'était le bois d'Hardaumont jusqu'au village de Bezonvaux, tout le bois des Caurières et la ferme des Chambrettes, c'est-à-dire tout le bloc du plateau de Louvemont jusqu'aux ravins du bois des Fosses et du bois le Chaume. La bataille du 24 octobre nous avait rendu la ligne des forts, nos anciennes positions du 25 février. Il s'agissait de reprendre d'un seul coup toute la deuxième position, perdue dans la journée du 24 février. L'ensemble était conçu comme un grand mouvement de conversion à droite, avec la gauche pour pivot ; le front, de la Meuse à la Woëvre, mesurait dix kilomètres. C'était de beaucoup l'opération la plus importante que nous eussions entreprise dans le secteur de Verdun.

Elle devait l'être encore davantage. Dès le 2 novembre, Nivelle ordonnait au général Delestoille, commandant le groupement A B C, d'étudier les moyens de rejeter l'ennemi dans le ruisseau de Forges. Cette partie du programme fut ajournée faute de monde. C'était déjà le projet de la grande bataille d'août 1917. Dans la pratique, Nivelle ne put en retenir qu'un élément : pour tromper l'ennemi, la préparation d'artillerie fut étendue sur les deux rives.

Cependant les travaux préliminaires se poursuivent avec activité. Un champ de bataille, à cette date, commence par un chantier. Il fallait avant tout rétablir la circulation, tracer des pistes, refaire les chaussées désossées, avancer l'artillerie. Nivelle, pour donner l'impulsion, fait d'abord rétablir le pont de la Galavaude, pousse sur la rive droite deux embranchements à voie normale, l'un jusqu'au tunnel de Tavannes, l'autre jusqu'à Bras. Ces deux voies desservent l'arrière immédiat du front d'attaque, transportent à pied d'œuvre munitions et matériel. Un train aura même l'audace de jeter, en pleine bataille, des réserves à cinq cents mètres de la côte du Poivre. Il y était encore, en pièces, un an après.

Deux divisions, secondées par des régiments de territoriaux, creusent les parallèles, les places d'armes, les postes de commandement et de secours. En cinq semaines, on jette 25 kilomètres de routes, dix kilomètres de Decauville. On constituait des dépôts de matériel, de vivres, de grenades, de cartouches. On aménageait des points d'eau. Tout était prêt dès les premiers jours de décembre. Déjà les divisions désignées pour l'assaut exécutaient leurs reconnaissances, détachaient en avant leurs éléments techniques, posaient les téléphones. L'artillerie, camouflant ses tirs, prenait position aussi près des lignes qu'il était humainement possible de le faire ; de là, elle épaulerait l'attaque, lui prêterait un élan, un ressort incalculables.

L'ennemi de son côté ne chôme pas. Il avait sur la côte du Poivre des organisations excellentes et perfectionnées à loisir. Il n'était guère moins fort sur le reste du terrain. La bataille du 24 octobre, en le bousculant de Douaumont, l'avait rejeté sur un espace aménagé depuis des mois. C'étaient partout des camps, des cavernes, des étages de casemates creusées à flanc de ravin, défilées à nos coups, où vivaient des réserves, des régiments entiers. En quelques jours, le massif se couvre de tranchées. Les organisations s'ébauchent et se rejoignent. Il n'y avait par là, en dehors des camps dont je viens de parler, que de vieux ouvrages du temps de paix, dominant la Woëvre, les ouvrages d'Hardaumont, de Lorient, du Muguet, de Bezonvaux. Tous ces éléments deviennent de précieux points d'appui. Les lignes se multiplient, les fortins se relient par des courtines, les positions successives par des boyaux et des bretelles. Compartimentage du terrain, lignes en retrait, organes de flanquement, système de pinces et de tenailles destinées à coincer l'attaque, au cas où elle forcerait l'entrée, tout était prévu pour donner de la tablature à l'assaillant, sans parler des diverses défenses accessoires, abatis, nappes de fil de fer et autres traquenards où s'embarrassent les assauts. Tout cet enchevêtrement de pièges allait être un sérieux obstacle. La bataille du 24 octobre n'avait guère consisté qu'à crever une position linéaire ; cette ligne enfoncée, le reste n'avait plus été qu'une promenade. Des forteresses comme Thiaumont avaient pu être enlevées comme par enchantement. Cette fois, les Allemands avaient pris leurs mesures pour s'organiser en profondeur. Il faudrait se battre. L'ennemi, instruit par l'expérience, n'avait rien négligé pour nous donner du fil à retordre.

L. GILLET.

Le front de bataille était tenu, de Vaucherauville à Bezonveaux, par cinq divisions allemandes. C'étaient, de la gauche (Ouest) à la droite : la 4e de réserve, la 39e, la 10e et la 14e actives et la 39e de réserve. On voit que, sauf la 14e division de réserve (VIIe corps de réserve), qui d'ailleurs n'a pas eu à combattre le 24 octobre, tout le reste de l'armée von Lochow a dû être remplacé. On voit aussi que le dispositif des troupes est différent. L'État-major n'a pas refait la faute de placer tout son monde en ligne, au coude à coude, si bien que, cette ligne brisée ou submergée, il lui devenait impossible de prolonger la résistance. Quinze bataillons, soit une force de six à sept mille hommes, occupaient la première ligne; il y en avait autant dans les camps, en soutien immédiat; le dernier tiers, au repos dans les cantonnements proches du front. Enfin, quatre autres divisions (Garde-Ersatz, 30e et 5e actives, 21e de réserve) se trouvaient sous la main, à la distance d'une étape. Du reste, tous ces éléments n'étaient pas de la première fraîcheur. Les effectifs étaient réduits et en général anémiques. La 39e division arrivait fourbue de la Somme. La 39e de réserve était en bon état, mais vieille, et habituée au calme du front des Vosges.

Notre masse d'attaque alignait quatre divisions, soutenues en seconde ligne par quatre autres. Trois d'entre elles s'étaient déjà couvertes de gloire à Verdun : c'était la 38e (Guyot de Salins), la 37e (Garnier du Plessis) [1], et la 133e (Passaga) qui toutes avaient pris part aux dernières affaires. A côté de ces vétérans,

____

1. En remplacement du général Niessel, promu au commandement du IXe corps.

la 126e division (Muteau), faisait ses débuts comme troupe d'assaut. Les divisions de réserve (123e, 128e, 6e) n'eurent pas à combattre.

III

La préparation par l'artillerie fut une affaire laborieuse. Le nombre des pièces en ligne passait 750, sans compter l'artillerie des groupements voisins, dont une partie exerçait une action sur les deux flancs de l'attaque. Mais le temps se montra obstinément contraire. Les journées étaient courtes, le « plafond » bas, rampant, le ciel obstrué de vapeurs ou secoué de rafales. Le travail des avions, en liaison avec l'artillerie, était rendu presque impossible. Une des nouveautés de cette bataille, c'était l'emploi tactique de l'aviation à grande échelle, procédé dont les Anglais avaient donné l'exemple sur la Somme. Mangin disposait d'une escadre de 150 aéroplanes. Ils devaient attaquer les tranchées à la mitrailleuse, jeter la panique dans les colonnes et les cantonnements, jouer le rôle de la cavalerie et de l'auto-mitrailleuse. Tout cela exigeait le beau temps.

On se souvient que la bataille devait se livrer le 5 décembre. Les réglages et les destructions commencèrent le 29 novembre. On les poursuivit chaque jour pendant les heures d'éclaircie, mais sans pouvoir, comme en octobre, dominer nettement l'artillerie ennemie ; en outre, nous avions donné l'éveil aux Allemands. L'effet de surprise était manqué. Le 4 décembre, le travail était peu avancé. Les jours suivants, le temps se boucha. Il y eut une semaine de pluie et de bourrasques. Il fallut décaler l'affaire *sine die*.

Un contre-temps plus grave pensa tout gâter. L'ennemi, averti, tenta de nous prévenir. Il essaya de la manœuvre qui avait réussi à Nivelle à la fin de mai : menacé sur la rive droite, il attaqua sur la rive gauche. Il revenait tout à coup à ce secteur de 304 où il ne s'était plus rien passé depuis six mois. L'attaque du 6 décembre, très violente, réussit à nous chavirer complètement de la crête, et à nous y mettre à peu près en aussi mauvaise posture que nous l'étions au Mort-homme. Malheureusement pour l'ennemi, elle n'était pas montée en force : elle ne put pousser jusqu'à Esnes et créer un danger en nous obligeant à un repli précipité. Tout se borna à une nouvelle poche de trois cents mètres en profondeur et à la perte d'observatoires, résultat bien insuffisant pour déranger nos intentions et nous inquiéter sérieusement. Il y eut deux ou trois jours de vifs combats à la grenade pour tenter de reprendre la crête, qui resta finalement aux mains des Allemands. Le projet de rejeter l'ennemi dans le ruisseau de Forges devenait d'une exécution plus difficile, mais l'affaire en demeura là, sans aucune influence sur la situation générale.

Enfin, le 9 décembre, les jours noirs s'éclaircirent. Le ciel, sans se mettre au beau, parut promettre de s'apaiser. Nivelle résolut de profiter de l'embellie. Il eut l'audace de jouer sa partie entre deux tempêtes. Par la Voie Sacrée détrempée, comme aux mauvaises heures de février, les camions de Verdun lancèrent les quatre divisions. Sur un terrain épouvantable, les bataillons d'assaut se mirent en place dans la boue. Les avions s'élevèrent dans les nuées de l'automne et le canon commença son œuvre de trois jours.

En dépit des difficultés, des ciels sombres, des

averses, se poursuivit le travail du feu. L'ennemi ripostait avec rage. Il soumettait nos premières lignes à des tirs d'écrasement. La bataille d'artillerie fut très dure. L'aviation ennemie se montrait mordante et résolue. On eut grand'peine à la mater. Tout s'annonçait plus âpre que le 24 octobre. Les objectifs à détruire étaient autrement compliqués. Le troisième jour seulement, on sentit l'ennemi faiblir. Nos mortiers achèvent de broyer Vacherauville, Bezonvaux, Hardaumont, guêpiers armés en forteresses. Les tranchées se comblent. Un mur de fer coupe les routes, condamne l'ennemi à la famine. Celui-ci, terré dans ses trous, abattu, les dents longues, s'attendait d'un instant à l'autre à prendre le chemin de Paris. Un curieux document, tombé entre nos mains, nous montre les pensées d'un officier de troupe pendant le bombardement : « J'écris dans une carrière pleine d'une cohue de toutes armes, et que l'artillerie ruine systématiquement. Mon lumignon s'éteint toutes les cinq minutes. Il est clair que personne ne sortira d'ici... Après tant d'orgies de canon, on espérait un peu de calme. Au diable! Ah! nous aurions mieux fait de décupler la force de notre ancienne ligne, au lieu de foncer sur ce terrain, où ces Messieurs de l'État-major ne mettaient jamais les pieds! Plût à Dieu qu'à l'heure de la paix, nous en ayons conservé ici autant que nous en avons perdu dans la Somme ! Mais tout m'est égal aujourd'hui... [1] » Le 14 au soir, sept déserteurs se présentèrent dans nos lignes : c'étaient les restes d'une compagnie.

L'attaque fut ordonnée pour le 15 à 10 heures.

---

1. Lettre d'un officier du 3e bataillon, du 56e R. I. (14e D, I.).

IV

Nos troupes étaient disposées de la gauche à la droite dans l'ordre qu'on va lire, avec les objectifs suivants : 126ᵉ division, de la Meuse à la cote 342 ; 38ᵉ division, de la cote 342 à la ferme des Chambrettes ; 37ᵉ, des Chambrettes à l'ouest de Bezonvaux ; 133ᵉ, bois d'Hardaumont et village de Bezonvaux.

Il suffit de jeter un regard sur la carte pour s'apercevoir que ces tranches sont inégales en profondeur. La division de gauche n'a guère qu'un bond de cinq ou six cents mètres à faire, tandis que celles de droite parcourent trois kilomètres. L'armée pivote sur sa gauche, avec son aile marchante à droite, et d'une ligne approximative Côte du Poivre-Étang de Vaux, doit dessiner un front Vacherauville-Bezonvaux. C'est le mouvement de l'escrimeur qui avance le buste d'un quart de cercle à droite en refusant l'épaule gauche. Le mouvement réussit d'emblée de ce côté ; il fallut deux jours à la droite pour exécuter le sien.

Le 15, à 7 heures du matin, le jour se leva nuageux et couvert, mais sans brume. La vue est d'une netteté extrême. L'artillerie doublée des engins de tranchée, achève les démolitions. A 10 heures elle allonge le tir, et la marche commence. Deux minutes plus tard, le barrage ennemi s'abat. Il s'abat dans le vide. Nos troupes avaient déjà passé. Les réserves étaient instruites à sortir en même temps que les troupes de choc, pour éluder le feu ennemi, et à prendre leurs intervalles en marchant. Manœuvre ingénieuse pour franchir la muraille de feux devant laquelle tant d'assauts se sont brisés dès le départ.

A l'extrême gauche, la brigade de Woillemont a pour objectifs Vacherauville et l'Épine du Poivre. Nulle attaque plus impétueuse. A 10 heures 7', les observateurs signalent nos troupes sur les crêtes. A 10 heures 12', le 112ᵉ se jette dans Vacherauville, le traverse, l'enveloppe et court s'établir en bordure de la route de Louvemont. A 10 heures 35', le bataillon Enaux s'empare de la cote 342 et de son observatoire. Toute la Côte du Poivre, sa double ligne de tranchées, ses fortifications, ses abris, ses blockhaus, ses observatoires, tout est à nous, avec plus de 1.200 prisonniers. Toute la montagne tombait en une demi-heure, moins une poche de deux cents mètres, au centre, devant des fils de fer intacts. Cette poche ne sera réduite que dans la nuit. Plus à l'Est, la brigade Steinmetz enlève d'un élan la cote 342 et s'y établit à 11 heures.

La 38ᵉ division marchait de la carrière et du bois d'Haudromont sur le village de Louvemont. Le terrain était difficile. Il y avait à traverser un nœud de ravins fort compliqué, un de ces camps-cavernes que l'ennemi s'était creusés partout aux environs, et dont chacun pouvait s'improviser en redoute. Là, on eut maille à partir avec les occupants. Le commandant Nicolaï est tué dans le combat. Le lieutenant-colonel Régnier avait été blessé dès les premiers instants. Les marsouins furieux ne font pas de quartier, exterminent les Allemands, tandis que le bataillon Modat pousse d'une traite jusqu'à Louvemont qu'il cerne et subjugue en un instant. Quelques jets de pétrole ont bientôt fait de mettre les résistances à la raison. Comme Vacherauville, Louvemont est dans le sac, et notre ligne de ce côté s'accroche solidement à ces deux points d'appui. Dans tout le reste de la division, les premiers objectifs sont partout atteints à 11 heures 30, et les seconds deux heures plus tard, excepté la ferme des Chambrettes.

L'attaque de la 37e division traverse rapidement les premières lignes ennemies. A sa gauche, le bataillon de Maniort a de vifs démêlés avec les Allemands à la tête du ravin du Helly. Cette partie du ravin, dite le camp d'Attila, abritait le 6e grenadiers, de Posen (IIIe corps brandebourgeois), avec leur colonel et son État-major. C'étaient les hommes de février, les anciens vainqueurs de Douaumont. Ils firent belle contenance. On vit des officiers servir des mitrailleuses. Le colonel Kaisenberg, un fusil à la main, refusa de se rendre. On ne passa que sur son cadavre.

Pourtant le commandant de Maniort, bien qu'il eût dans le corps à corps perdu ses quatre capitaines, arrive peu après 13 heures à la tranchée de la Chaume, au delà du bois des Caurières, en liaison à gauche avec les zouaves de Richaud (4e zouaves) et à droite avec ceux de Bonnery (3e zouaves). Mais le 3e tirailleurs, après avoir franchi victorieusement les premières tranchées, se trouvait accroché, dans les bois de la Vauche à la deuxième position allemande, formée par les tranchées dites de Weimar et de Chemnitz. Ces tranchées barrent un long et puissant éperon, séparant deux ravins et qui, dans les ruines dégradées des Hauts de Meuse, est le seul endroit du plateau qui conserve l'altitude du faîte primitif, cette altitude de 388 mètres qui ne se remarque plus qu'à Douaumont et à Souville. A cheval sur cette arête, les Allemands barrent les deux chemins qui conduisent dans le fond des Rousses ; ils interdisent aux tirailleurs tout progrès dans le bois d'Hassoule, et ils battent à l'Est toute la partie nord du plateau d'Hardaumont. Les pertes sont sérieuses aux 2e et 3e tirailleurs. Dans le bois d'Hardaumont, la division Passaga se trouve paralysée.

Celle-ci, en effet, qui, avec ses chasseurs, constituait l'aile marchante, avait réalisé une avance foudroyante, franchi à 10 heures 30 la ligne des ouvrages de Josémont, et atteint en une heure, au bout de 1.500 mètres, ses premiers objectifs. Dans sa marche sur le deuxième, elle nettoyait en passant les camps de Hardaumont, ramassait au pas de course plus de 2.600 prisonniers, dont 84 officiers, emportait enfin par sa droite, tout au nord du plateau, l'ouvrage de Bezonvaux, mais se heurtait par sa gauche à la tranchée des Deux-Ponts, suite de la tranchée de Weimar, participant par là à l'arrêt de la division du Plessis. Le verrou était trop puissant pour être brisé de front. Il n'y avait pour le moment qu'à se coucher devant l'obstacle.

En fin de journée, la situation est la suivante : de Vacherauville à Louvemont, nous tenons toute la crête du Poivre, moins une poche de 200 mètres qu'on résorbera dans la nuit. A l'Est de Louvemont, nous bordons la crête du plateau en avant de la cote 378, suivant la route de Louvemont à Ornes. La ligne passe à 200 mètres au sud de la ferme des Chambrettes. A cet endroit, elle fait un coude brusque au Sud-Est et, à travers les bois de la Vauche et d'Hardaumont, va se raccorder en pointe à l'ouvrage de Bezonvaux.

Cette magnifique journée rapportait plus de 9.000 prisonniers (le nombre, quelques jours plus tard, s'élevait à 11.000), dont plus de 200 officiers. Ceux-ci, rassemblés à Regret, au quartier général de Mangin, se plaignaient d'être parqués dans un local étroit :

« Excusez-nous, Messieurs, leur fait répondre le général, nous ne vous attendions pas si nombreux. » Nous avions, sur presque tout le front, percé complètement les organisations allemandes, pénétré en arrière jusqu'aux positions de batteries, pris ou détruit 115 canons. La journée du lendemain compléta la victoire.

V

Dans la nuit du 15 au 16, la hernie de la Côte du Poivre est étranglée par les deux flancs. A 8 heures du matin, la ligne était rectifiée.

Plus délicate était l'opération de droite sur la tranchée de Weimar. Cette tranchée, on l'a vu, avait cloué sur place le 3e tirailleurs et interdit la progression de la division voisine. En outre, elle prenait à revers les zouaves de Bonnery, au sud-est des Chambrettes, mettait cette partie de la ligne dans une situation très précaire. L'ennemi ne cesse de s'infiltrer par le bois des Caurières et de s'attaquer au saillant que nous formons à cet endroit. Les zouaves épuisés, à bout de munitions, chargent trois fois dans la nuit, à coups de crosses et de baïonnettes.

Il fallait à tout prix faire tomber ou sauter l'obstacle. L'affaire, arrêtée en détail par les deux divisions, devait avoir lieu à minuit. Le mauvais temps, la neige, l'obscurité profonde (on était au dernier quartier), l'extrême difficulté des communications, la retardèrent jusqu'au point du jour.

Alors le général Passaga conçoit une manœuvre hardie. Filant par le ravin du Pré dans le douteux crépuscule de l'aube, cheminant entre chien et loup le long des Côtes de Meuse, le bataillon Florentin se jette en flèche dans Bezonvaux, disperse ou tue un petit poste et entre dans le village : tandis que le bataillon Gatinet tourne à gauche par le fond du Loup et se rabat brusquement dans le dos de la tranchée des Deux-Ponts, qui prolonge celle de Weimar. La garnison, surprise, est faite prisonnière.

Mais les chasseurs dans Bezonvaux étaient à ce moment dans une situation difficile. Les prisonniers allemands (ils étaient plus de six cents, qui devaient attaquer à 7 heures du matin), sans escorte, s'apercevant du petit nombre de leurs vainqueurs, se ressaisissent, ramassent leurs armes et ouvrent le feu dans le dos des nôtres. A cet instant critique, survint un secours inattendu : c'étaient les zouaves du commandant de Metz qui venaient d'exécuter à l'Ouest un mouvement analogue à celui qu'on vient de décrire. Le bataillon Mondielli arrivant dans le Fond des Rousses par le ravin d'Hassoule, débordait la tranchée de Weimar et dépêchait du monde à l'aide de Bezonvaux.

Dès lors, l'obstacle était levé : la terrible tranchée, débordée à l'Ouest et à l'Est, était désormais condamnée. Les tirailleurs qu'elle avait bloqués si longtemps, s'élancent à leur tour dans un bond magnifique et, en une demi-heure, à travers un chaos d'abatis, de fondrières, franchissaient le bois des Caurières pour s'établir au bord du plateau. Tout ce morceau, occupé par l'ennemi le 24 février, faisait retour entre nos mains. Il ne restait plus, pour en interdire l'accès aux Allemands, qu'à prendre l'isthme des Chambrettes, qui domine le cirque du bois des Fosses et du bois le Chaume. La ferme fut prise le 18 décembre par le commandant Prouzergue.

Nous tenions désormais tout le plateau de Louvemont. Nos lignes étaient reportées à plus de trois kilo mètres au nord de Douaumont. Nous faisions 11.387 prisonniers, dont près de 300 officiers. Trois généraux allemands étaient mis en disgrâce.

VI

L'effet de cette magnifique victoire fut immense. « Victoire, proclamait Nivelle dans son ordre du jour, plus belle encore, s'il est possible, que celle du 24 octobre », elle éclatait triomphalement dans la grisaille anxieuse de cette fin d'automne, attristée par trop d'espoirs déçus, par l'enlisement apparent de la bataille de la Somme, par la fin prématurée de l'offensive russe, par le sort misérable de la campagne roumaine. A l'entrée de cet hiver douteux, de l'avenir peu rassurant, elle déchirait les brumes, raffermissait les cœurs comme le chant du coq.

Une circonstance étrangère se chargea de lui donner encore plus de retentissement. Le 12 décembre, le chancelier allemand fit au nom des Empires du Centre des ouvertures de paix. L'homme du *Not kennt kein Gebot* jouait le coup de la partie nulle. Quelle riposte que notre victoire! Mangin l'écrivit le premier dans un ordre immortel : « Soldats!... Nos sauvages agresseurs osent nous tendre le piège grossier d'une paix prématurée. Tout en ramassant de nouvelles armes, ils vous crient : Kamarad! Vous connaissez ce geste...

« A leurs hypocrites ouvertures, vous avez répondu par la gueule de vos canons et par la pointe de vos baïonnettes. Vous avez été les bons ambassadeurs de la République. Elle vous remercie. »

Terminée par cette doublé victoire, l'immense bataille dominait la guerre, devenait un pavois qui portait les vainqueurs. Le soir du 15 décembre, le général Nivelle, nommé le 12 par décret présidentiel au commandement en chef des armées du Nord et de l'Est, quittait Verdun pour Chantilly. Le général Guillaumat, ancien commandant du Ier corps, qui avait défendu en février la Côte du Poivre et venait de s'illustrer à la prise de Combles, prenait le commandement de la IIe armée, Mangin celui de la VIe ; il était remplacé à la tête du XIe corps par le général de Maud'huy.

Cette bataille mettait fin aux opérations actives. Désormais, la IIe armée aurait l'obligation de rendre des forces disponibles pour d'autres théâtres d'opérations.

CHAPITRE X

LES RÉSULTATS.

Les ouvertures du 12 décembre. — La situation de l'Allemagne à la fin de la bataille. — L'usure allemande. — La victoire française. — Méthodes d'infanterie. — Progrès de l'armement. — L'armée française prend conscience d'elle-même. — Guerre de position et guerre de mouvement. — Le problème de la percée. — Situation critique de l'Allemagne. — Le programme Hindenburg — Influence de la bataille de Verdun sur la campagne de 1917.

I

Les offres de paix du 12 décembre constituaient pour nous une victoire éclatante. A cette date où Nivelle prend le commandement suprême, l'Allemagne, en dépit de ses succès roumains, se sent profondément battue. Elle l'a été partout, en Russie, sur le Carso, en Picardie; et la plus lourde de ses défaites, elle l'a subie à Verdun. Elle avait entrepris de gagner là sa victoire « essentielle » (*Wesentliche Sieg*)[1]. Elle s'était juré d'y écraser la France. Or, dès le mois de mars, il apparaît nettement qu'elle a manqué son coup. Non seulement Verdun n'est pas pris, non seulement la France est si peu écrasée qu'elle se trouve en état d'attaquer sur la Somme

1. L'Empereur au XVIIIe corps, à la fin de mars 1916.

et d'y faire, avec les Anglais, 60.000 prisonniers : mais elle attaque à Verdun même et reprend en deux jours, avec 18.000 prisonniers et 130 canons, presque tout ce que l'Allemagne lui avait arraché en huit mois. La bataille gigantesque, qui était depuis longtemps un sanglant échec pour l'Allemagne, se termine par un soufflet.

C'est pour arriver là que l'Allemagne avait sacrifié sa jeunesse, perdu cinq cent mille hommes, tant de généreux sang ! Tout cela enfoui dans les creux de ravins, dans les gorges et les fossés des collines de la Meuse, dans cet immense tombeau de la gloire germanique, pour ne pas parvenir à prendre une petite forteresse prise quatre ou cinq fois dans l'histoire ! Il semble qu'à ce moment l'opinion allemande ait subi une grande dépression. L'usure nerveuse produite par tant d'espoirs trompés, par tant d'excitations suivies de déconvenues amène un état de morne prostration. Pour la première fois, l'Allemagne se prend à douter [1]. On avait pu jadis escamoter la Marne, mais quel moyen de cacher Verdun ? L'Allemagne avait pris l'univers à témoin. Elle-même avait convié tous les peuples au spectacle, les avait appelés à une sorte de jugement de Dieu. J'ai dit quelle espèce d'attrait mystique, venu du fond des âges et des profondeurs mêmes de la conscience nationale, intéressait le peuple entier à la vieille cité du premier Saint-Empire. Par delà le Versailles de Bismarck, on ne sait quelle religion confuse poussait la Germanie à retrouver dans Verdun les titres de ses origines. Tout cela en vain. Et après tant de sacri-

1. Voir le beau livre de Madelin, *l'Aveu*, 1916, et l'étude si forte d'André Hallays, *L'Opinion allemande et la guerre*, 1918.

fices, l'Allemagne consternée, de ces mêmes champs où elle avait voulu assassiner la France, voyait victorieuse, indomptable, terrible bondir, ressusciter la France.

II

Bataille d'écrasement... Exterminer la France avant le printemps de 1916, en finir avec l'ennemi principal et démoraliser les autres par cette leçon, tel est le but de l'Allemagne. Pour nous, comme dans toute bataille défensive, il s'agit de gagner du temps, de permettre une manœuvre. Du temps, c'est tout ce qu'on attend d'une place forte. De là, l'intérêt que les Allemands avaient à faire vite. Du jour où la bataille se prolonge, elle perd de plus en plus ses chances d'amener une décision. De là au contraire notre volonté d'éterniser la résistance. A l'abri de cette résistance, notre manœuvre du printemps se monte et s'organise. En juin, elle se déclenche d'abord par la Russie, puis par l'Italie, puis en juillet sur la Somme. Alors Verdun est dégagé et passe au second plan. La bataille défensive est finie. Ce sont les Allemands qui, à propos de Douaumont, ont parlé de pierre angulaire. Verdun, pendant l'année 1916, a été le pivot d'une bataille des nations.

Mais il s'est trouvé que la manœuvre du printemps, bâtie sur la résistance de Verdun, a été loin de répondre aux espérances [1]. L'offensive russe s'arrête au bout

---

1. En partie, disons-le, à cause de la tactique préventive de l'Allemagne. La bataille de la Somme, qui devait s'engager avec 40 divisions françaises, s'engagea seulement avec douze. On voit que, comme effet d'usure ou de fixation, l'État-Major allemand

de six semaines, faute de munitions ; l'offensive roumaine est trahie par la désertion russe ; l'offensive italienne piétine, dans le sang ; celle de la Somme sombre
dans la boue. Cette immense manœuvre, d'une conception grandiose, donne bientôt l'impression d'un grand
avortement. Vers la fin de septembre, il apparaît que
l'Allemagne, qu'on a pu croire perdue au mois de
juillet, est sauvée. L'étau des offensives montées par
Joffre se desserre. La branche russe, à demi pourrie,
est peu sûre. Le colosse respire. Il se dégage violemment par une de ces brusques sorties où il excelle et
abat, dans une farouche expédition de représailles, la
malheureuse Roumanie. Une fois de plus, les pieds
sur sa dernière victime, le belluaire barbare se
redresse, défie le monde. Déjà vont éclater les applau-
dissements du cirque. C'est alors que, de l'autre bout
de l'arène, de l'endroit même où il croyait gîsant et
terrassé son premier adversaire, partent subitement
deux coups, deux terribles éclairs ; le géant étourdi,
atteint en pleine poitrine, trébuche au milieu de son
triomphe.

Ainsi Verdun, à force de gloire, à la fin de cette
douteuse année, semblait fixer les destinées. Verdun
avait surpris le monde par une résistance surhumaine,
et le surprenait par le réveil de la *furia* française. Ce
nom éblouissant cumulait toutes les gloires, devenait
le plus grand nom de la guerre. Il avait été le rempart, l'irréprochable airain que les coups tumultueux

a partiellement atteint son but. D'autre part, il n'a pas lui-même
évité cette « usure », et s'est trouvé affaibli d'autant au moment
de la Somme. Au total, comme il n'a pu ni nous vaincre à Verdun,
ni empêcher notre offensive, c'est bien lui qui dans cette campagne a été le vaincu.

L. GILLET.

du marteau de Thor n'ont pu fausser : et voici qu'il brandissait l'attaque foudroyante. Verdun était l'épée comme le bouclier, suspendait à ses murs le double trophée de la victoire. On ne voyait plus que lui dans le monde. Les nations reconnaissantes lui décernaient leurs croix, leurs plus hauts témoignages d'estime [1]. Verdun devenait le symbole d'on ne sait quelle religion nouvelle, inaugurait un ordre de chevalerie inconnu. Les pèlerins y accouraient des extrémités de la terre. L'Angleterre plantait des arbres de Verdun. Le sénat romain demandait une pierre de Douaumont pour l'encastrer au Capitole.

III

Bataille d'écrasement... Anéantir du premier choc une des armées françaises ; faire tomber d'un coup d'épaule le point d'appui de nos forces de l'Est, tourner le front des Vosges, prendre à revers l'armée de Champagne, rouvrir par l'Est les portes de Paris, tandis que les armées de l'Ouest reprendraient par la vallée de l'Oise la marche de 1914, tel semble avoir été le plan dont la ruée de février n'était que le lever de rideau.

On se rappelle comment ce plan faillit réussir ; comment sous une tempête d'artillerie nos tranchées se nivelaient, nos abris s'écroulaient, les défenses broyées avec leurs défenseurs ; puis, pendant trois jours, les débris de deux divisions contre trois corps d'armée,

1. Le 13 septembre 1916, cf. H. Bordeaux, *Les Captifs délivrés*, p. 18.

reculant pas à pas, à bout de forces, de toutes parts submergés par le nombre ; la trouée faite, l'ennemi s'élançant par la brèche et cueillant Douaumont ; la bataille aux trois quarts perdue, lorsqu'en pleine nuit, en rase campagne, sous la neige, presque sans canons, opposant à la ruée allemande leurs poitrines et leurs baïonnettes, quelques divisions — Deligny, Nourrisson, Guignabaudet, Fonclare — se jettent toutes nues à la tête de l'ennemi, et l'arrêtent stupéfait.

Alors l'ennemi, étonné de cette résistance, essaie de la tourner par les ailes. Il échoue. Un mois, deux mois se passent en combats qui martèlent le front sans autre résultat que de le faire çà et là plier. Chaque jour au contraire fortifie notre résistance. Le front s'organise. Les divisions succèdent aux divisions. La route et le chemin de fer apportent nuit et jour les régiments et les obus. En face de la machine allemande, Pétain monte une machine égale, une chaîne sans fin qui déverse régulièrement dans les parcs et jusqu'aux batteries le travail quotidien de l'usine française. La chaussée de Verdun semble la courroie de transmission de quelque moteur gigantesque, transportant sans arrêt jusqu'à la ligne sanglante les forces du pays. Le rail et le camion dominent la bataille. En quelques semaines la situation se stabilise et l'équilibre se rétablit.

Et l'ennemi conçoit cette nouvelle forme de la bataille qui s'appelle la guerre d'usure. Sans doute, il n'a pas obtenu la percée, qui le conduisait à Paris en passant sur le ventre des réserves françaises. Qu'importe ? Il contraint l'adversaire à défiler sous le feu, à se faire détruire sur place. Toute l'armée française est prise dans l'engrenage et passe au laminoir. C'est un genre d'opération un peu plus long que l'autre, mais d'un résultat aussi sûr et aussi radical. Au lieu de poursuivre l'ennemi, on l'oblige à s'offrir aux coups et à se faire rouer automatiquement. La prise de Verdun n'est plus qu'un point secondaire et évidemment accessoire. La doctrine allemande a toujours dédaigné les objectifs géographiques. Ce qui compte, c'est la destruction des forces combattantes. Il viendra un moment où l'armée, usée jusqu'à la corde, devra tomber en poudre d'une dernière chiquenaude. Alors, ce sera la victoire avec toutes ses conséquences. Et toujours, sous le fléau qui s'abat implacable, les régiments français succèdent aux régiments, les divisions aux divisions, dans un mouvement de noria géante, et les hommes bleus de toutes nos provinces montent comme les gerbes au temps de la moisson s'engouffrent sous les mâchoires de la meule.

Sans doute, cette formule apparaîtra un jour comme une véritable régression de l'art. C'est l'âge d'une sorte de barbarie scientifique; tout est sacrifié à la puissance de la machine. Le combat, les idées tactiques ne comptent presque plus dans cette manière brutale. Ces longs mois de la bataille d'usure sont ce qu'il y a de plus pauvre en fait de conceptions militaires. L'esprit allemand semble témoigner d'un matérialisme profond. Tout se réduit à produire la masse de feu la plus compacte, des conditions physiques interdisant la vie. C'est la guerre où « les vieux territoriaux, en train de camoufler une route à l'arrière du front, courent autant de risques qu'en couraient autrefois les troupes d'une vague d'assaut »; où les deux artilleries fouillent et hersent sans trêve toute l'étendue de la zone de feu; où la zone de feu, c'est tout ce qui passe, tout ce qui se risque, tout ce qui ose vivre à l'extrême limite d'une portée de canon ; où de vingt messagers envoyés en un jour par le même chef de bataillon, tous furent retrouvés le lendemain égrenés sur la piste, dix à l'aller, dix au retour ; où, à partir de la région des batteries, tout le terrain intermédiaire est la proie du canon, moins une petite frange étroite que les deux artilleries s'efforcent d'épargner, frange saignante où les infanteries s'enchevêtrent comme deux ennemis se disputant le bord d'une fosse, les cinq pieds de terre de leur tombeau.

Ainsi pendant des mois, l'Allemagne entretint cette plaie vive. Elle calculait qu'au bout d'un certain temps, facile à supputer, la France serait fatalement amenée à succomber. N'ayant pu l'abattre d'un coup droit, elle la condamnait à mort par épuisement. Or il arriva que loin d'en mourir, l'armée française s'y trempa. Le commandement, par un jeu habile de relèves, sut renouveler toujours à temps les unités avant le moment où les pertes rendent une troupe inutilisable, diviser entre tout son monde la somme de souffrances, en répartir l'épreuve également sur tout le pays, si bien que la tâche, au lieu d'être le lot d'une seule armée de sacrifice, devenait l'entreprise collective de tous nos régiments. Il en résulte que Verdun étant l'œuvre commune, devint pour toute l'armée la source de la même gloire. C'est encore aujourd'hui la bataille la plus légendaire, celle où le peuple entier fraternisa pendant un an dans le plus de grandeur, de mort et de misère.

Fait de portée incalculable. La France fut révélée à elle-même, se connut à Verdun. A cette révélation, la Marne n'eût pas suffi : un jour d'inspiration, quelques heures d'ivresse, un sursaut d'enthousiasme, un de ces brusques élans de colère et d'amour d'où jaillissent les *Marseillaises*, le monde nous savait capables de ces éclairs. Ce qu'il ne savait pas, ce que nous ne savions plus nous-mêmes, c'était notre vertu. Nous étions le pays de l'improvisation, le pays d'un nonchaloir moqueur, coupé d'accès de fièvre; nous avions oublié notre force de continuité. Grâce à la durée de la bataille, la France put mesurer ses réserves de patience. Dans ce roulement continu qui amenait l'un après l'autre les hommes de chaque village sur la même scène tragique, chacun avait à cœur de ne pas faire moins que ses devanciers ; et, au retour, après des épreuves inouïes, en lisant indéfiniment dans les communiqués les mêmes noms de collines et de bois horribles où ils avaient tenu, ils apprenaient que d'autres à leur place tenaient toujours. Ainsi chaque soldat se connut comme membre, non plus d'un groupe particulier, mais d'un ensemble, d'une vaste création morale ; il eut, dans son obscurité, la vision de l'armée. Un esprit de corps souverain, l'unit à la société souffrante et magnifique, à la grande famille militante. Pour la première fois depuis longtemps, Bretons, Lorrains, Gascons, Tourangeaux se comprirent comme héritiers d'un patrimoine commun, comme une race de même sang, faisant la même histoire et dont tous les fils tour à tour montaient sur le rempart. Pour Verdun, tant que les camions charrièrent le peuple bleu sur la Voie Sacrée, tant qu'il fallut puiser dans le dévouement des foules, tant que la France voulut, elle trouva dans ce pays de la matière héroïque. Au lieu d'une épopée éparse et morcelée, il y eut pour l'armée entière une « geste », une poésie, des souvenirs communs. La France saigna des soldats par toutes ses blessures. Par Verdun, elle connut pendant un an quelque chose de saint, de grave et d'unanime, un état d'esprit de croisade.

On ne dira jamais assez ce que fut ce grand concours moral, cette fraternité, cette religion de Verdun. Une émulation d'honneur soutenait dans l'angoisse les humbles gens de France. Là où ils allaient, ils savaient que personne n'était certain d'en revenir, que beaucoup pour la dernière fois regardaient en partant des villages, des maisons, des champs ; ils savaient que là-haut, c'était quelque chose d'informe, d'effrayant et de maudit ; qu'il n'y avait plus rien, qu'on marchait devant soi jusqu'à ce qu'on trouvât, côte à côte sur la terre nue, les corps des camarades de la relève précédente, et que c'étaient là les lignes où il faudrait mourir. Ils montaient en silence, presque tous confessés, comme leurs aïeux du temps de Joinville, sous la conduite de leurs aumôniers, et ils faisaient de leur mieux, et quand ils redescendaient, avec on ne sait quelles visions et quelle horreur au fond des yeux, sans comprendre comment ils respiraient encore, ils en voyaient d'autres et toujours d'autres qui attendaient leur tour et s'apprêtaient à faire comme eux le même devoir. Alors, sous cet uniforme boueux qui donnait à tous les revenants de Verdun la même couleur de statues de terre et qui était le linceul des vivants comme des morts, ils prenaient conscience d'une majesté nouvelle. On a ouï dire parfois qu'après la retraite de Charleroi, l'ordre d'attaque du 5 septembre n'aurait pu être signé par aucun général d'un rang au-dessous du corps d'armée ; tous les chefs qui vivaient près de leurs hommes voyaient trop qu'ils n'en pouvaient plus. La bataille fut gagnée par des troupes exténuées. L'ordre d'attaque donné par le haut commandement fut une sorte de postulat, un acte de foi dans les facultés humaines d'endurance. L'expérience de Verdun montra que ces facultés étaient presque sans bornes, ou que la limite devait en être cherchée bien au delà de ce qu'on aurait cru possible, — là où, d'un seul élan, dans des combats tragiques, l'avaient portée dès le début nos corps de Lille et de Nancy, posant l'exemple et le modèle dont le reste de l'armée se fit une habitude.

Telle fut l'œuvre de ces longs mois de la bataille incomparable. Dans cette forge de Verdun, sur l'enclume de ces collines, se forgea, se durcit, s'aguerrit notre armée. Ce fut le séminaire d'où sortirent les cadres de la victoire : les généralissimes, un Pétain, un Nivelle, puis un Berthelot, un Guillaumat, qui commandèrent en chef en Roumanie, à Salonique; Mangin, Maistre, Debeney, nos commandants d'armées, Lecomte, Passaga, Niessel, Toulorge, Nudant, Prax, pour ne citer que ceux qui ont défilé à la tête de nos étendards sous le porche de l'Arc de Triomphe. Quant au soldat, le poilu de Verdun a sa physionomie et sa place dans l'histoire. Il a fixé l'idée d'un héroïsme dur, qui brille dans sa gangue de boue comme un diamant sombre. A partir de Verdun, l'armée prend cette couleur brunie, le hâle de grand feu qui n'était jusqu'alors que la teinte spéciale de l'Argonne ou des Éparges. On reconnaît à leur peau noire et à leurs yeux ardents les hommes brûlés de ces parages, les hommes-salamandres. Avec leur bourguignote ternie, leur casaque de mouton, leur air étrange qui tient du pâtre et du chemineau, et la brusque étincelle au fond de leurs regards, ces poilus de Bernard Naudin et de Gustave Pierre s'inscrivent dans la légende en fantômes plus fiers que les immortels grognards et les grenadiers de Raffet. L'État-major allemand, en comptant nos divisions qui passaient devant lui, s'applaudissait d'en dénombrer près du double des siennes; il se flattait d'avoir démoli presque la moitié de l'armée française. Il se figurait qu'un soldat retiré de Verdun n'était plus qu'une loque, une ruine humaine à jamais démoralisée, frappée de courbature et de neurasthénie. Pour nous, le soldat de Verdun était le meilleur soldat [1].

IV

Cependant, à mesure que la situation se prolonge, la première surprise se dissipe. On avait « tenu » d'abord avec des moyens de fortune. Avant le milieu de là bataille, les conditions s'améliorent. Nous reprenons peu à peu la supériorité.

On a vu que du côté allemand cette énorme bataille est assez pauvre d'invention. Ce n'est, au début, que la réédition presque sans variantes de notre programme de 1915, aux batailles d'Artois et de Champagne; toute la nouveauté se borne à forcer la dose et à la rendre plus massive. Dans la suite, la durée de cet effort d'artillerie n'est qu'une question de rendement industriel, qui témoigne de plus d'activité métallurgique que de pensée originale. L'emploi des lance-

1. Joseph Bédier, *L'Effort français*, 1919, p. 69. Il faudrait citer tout entière cette admirable étude intitulée : *Notre infanterie*. Je ne fais que la résumer.

flammes et des obus à gaz remontait à l'automne de 1914 et au printemps de 1915. En fait de tactique véritablement inédite, on ne trouvé guère à citer que l'institution des *Stosstruppen* ou bataillons d'assaut (*Sturmbataillon*), sorte de troupes chargées des attaques difficiles, spécialement nourries, soignées et entraînées, amenées en ligne toutes fraîches à l'instant du combat et retirées à l'arrière aussitôt après la victoire, comme une espèce de gladiateurs, une aristocratie de janissaires qui n'est pas faite pour le terre à terre misérable des tranchées. L'inventeur de cette école de guerre d'un nouveau genre est un certain capitaine Rœhr. Son bataillon, qui servit de modèle à tous les autres, fonctionna à Charleville vers le mois de mai 1916. Ces créations belliqueuses sont ordinairement un signe de décadence. C'est à l'attaque du fort de Vaux, dans la première semaine de juin, que les *Stosstruppen* firent leur apparition sur le champ de bataille.

Vers le même moment au contraire, l'infanterie française sortait de son dénuement. Elle avait, à force de travail, réalisé de grands progrès techniques. Elle dispose d'une variété d'armement qui lui donne sur l'ennemi une sensible avance. Dans un genre de combats où tout est subordonné à la puissance du feu, elle est devenue capable d'une gamme de feux extrêmement souple et puissante : feu de grenades bien en main, explosives, suffocantes, mortiers de tranchées, etc. Mais les conditions se sont surtout transformées par l'adoption de deux ou trois armes nouvelles. C'est d'abord l'invention de la grenade V. B. (Viven-Bessières), espèce de petit obus qui se lance par un tromblon adapté au bout du fusil. On peut avec cette arme soit réduire un nid de mitrailleuses, soit fournir un barrage très dense à une distance de 80 à 150 mètres. C'est ensuite la création du fusil-mitrailleur, plus léger que la mitrailleuse, et que le tireur peut manier à volonté comme un fusil, soit couché, soit marchant à la vitesse de la vague d'assaut. Le fusilier dispose de dix chargeurs de vingt cartouches. Il peut tirer soit coup par coup, soit par rafales, soit sans interruption et atteindre alors le débit de cent vingt coups à la minute. Enfin, l'infanterie est dotée d'un canon d'accompagnement, canon léger, docile, propre à la suivre dans toutes les circonstances du combat, ce bijou de 37 mm., dont le petit obus, comme une rapide grenade, traverse à 1.500 mètres un bouclier d'acier[1].

Il en résulte que la compagnie d'infanterie qui était partie pour la guerre avec la formule de Dragomiroff, en ne se fiant qu'à la baïonnette (« La balle est une folle, la baïonnette est une amie ») est, au printemps de 1916, un arsenal ambulant, une petite forteresse mobile, douée d'une variété d'outillage et d'une puissance de feux qui la rendent plus redoutable que n'était le bataillon de 1914. Pour le maniement de ces engins, on venait, à l'exemple des Anglais, de créer des écoles ; on commence à comprendre que la guerre (chose imprévue) ne s'apprend pas seulement dans la routine des tranchées, qu'il y faut des idées fécondes, l'instruction. La troupe, dans l'immobilité de la guerre de positions, a cessé d'être manœuvrière. Il faut lui rapprendre son métier, lui enseigner non pas à se faire tuer — ce qu'elle n'a jamais marchandé — mais à vaincre. Ce travail de refonte et d'éducation fut le principal soin de Pétain dans son groupe d'armées.

1. Bédier, *ibid.*

l'illustre soldat commence là l'œuvre admirable de grand maître de l'infanterie, qu'il étendra un an plus tard, comme généralissime, à toute l'armée française, et qui demeurera sa gloire [1].

Ces écoles bientôt fournissent des spécialistes, bombardiers, voltigeurs, les grenadiers d'élite qui lancent à 40 mètres dix grenades à la minute dans un cercle de deux ou trois mètres. Mais entre tous ces organes divers, il faut la cohésion. Des exercices de liaison, une gymnastique de l'assaut assouplissent ces membres complexes et les rendent homogènes. L'infanterie devient une force indépendante, capable d'une foule de combinaisons tactiques, pouvant résoudre par elle-même les problèmes du combat, réduire les obstacles secondaires, trouver à chaque moment et dans chaque situation la solution appropriée. A partir de la fin de juin, le fantassin français, grâce à son armement nouveau et à son instruction, a pris nettement conscience de sa supériorité. Il ne se borne plus à résister : il a pris l'avantage sur le soldat allemand. Il le bat dans chaque occasion. Il peut sortir enfin de son attitude passive. Il mord, il agit à son tour. C'est lui qui mène la bataille. Comme il dit en son rude et magnifique langage, ce n'est plus : « On les aura ! », mais décidément : « On les a ! » Après avoir organisé le rétablissement défensif, Pétain est arrivé à forger l'instrument offensif avec lequel Nivelle et Mangin achèvent sous ses ordres la victoire.

Un progrès parallèle s'est accompli en même temps dans les différentes armes : l'artillerie a appris à nuancer son tir, à le diversifier suivant les circonstances.

---

1. Voir plus loin, chapitre XI.

Les diverses sortes de repérage, les procédés de réglage et d'observation, les codes de signaux (optiques, par fusées, par T.S.F.), le travail en liaison avec l'aviation, et toutes les conséquences qui en découlent pour la possession de la maîtrise de l'air [1], acquièrent une précision inconnue. La technique de chaque arme devient un art d'une subtilité incroyable, à laquelle ses rapports avec les armes voisines ajoutent des ressources infinies. On n'imagine pas la somme d'organes et de rouages que met en jeu la nouvelle grammaire des batailles, le répertoire ou le clavier de procédés mis en œuvre dans la plus banale des opérations militaires, dans l'exécution d'un simple coup de main. A cette date de l'été de 1916, l'armée française, dans son ensemble, a le pas sur sa rivale. Débordée au début de l'année et prise au dépourvu, elle a rattrapé son retard et pris de nouveau l'avance. Elle domine l'adversaire. Verdun a été le laboratoire où se sont inventées, sous l'aiguillon de la nécessité, toutes les formes d'une guerre nouvelle.

En effet, dès cette époque, un observateur clairvoyant pourrait déjà s'apercevoir que la guerre de forteresse, qui a régné près de deux ans et conditionné toutes les idées depuis la première bataille de l'Aisne, est en voie de disparaître. Cette lourde ornière des tranchées, où la guerre s'est enlisée depuis la fin de 1914, tous nos efforts de 1915 ont échoué à l'en faire sortir ; l'Allemagne s'était flattée d'y réussir en février 1916 par un acte de force, d'échapper à la stagnation par un décret de sa volonté et de restituer à la bataille

---

1. Voir H. Bordeaux, *Guynemer*, 1918.

le mouvement. Elle avait dû s'avouer vaincue par ce problème. Mais voici que peu à peu, presque sans la chercher davantage, la solution se trouvait toute seule. Comme on passe insensiblement du polygone à la circonférence, les lignes commençaient à devenir moins rigides ; leurs contours s'émiettent, se dissolvent dans le pointillé des trous d'obus. Toute continuité disparaît. La bataille sur de larges fronts sans cesse pulvérisés tend à sortir des fortifications qui la garrottent encore. Les camps sont séparés par des lignes incertaines, dont il n'est pas aisé de reconnaître les bords. Une suite de cratères vaguement organisés, des entonnoirs en plein vent où des poilus hardis ont installé des mitrailleuses, voilà tout ce qui subsiste des anciennes positions. La lutte, moins enfermée dans des formes définies, comporte plus de va-et-vient, se rapproche davantage de la guerre en rase campagne : elle devient plus flexible, plus inquiète, plus mobile. Il est visible que sur ce terrain fracassé les conventions et le style de la guerre de siège ne sont plus de saison ; on n'est plus soumis à l'étiquette d'une savante poliorcétique. On reprend sa liberté d'action.

Il ne s'agit du moins que de la ressaisir, d'oser. Il ne faut pour cela qu'une dernière invention qui permette à une troupe de se mouvoir en sécurité parmi les obstacles du champ d'entonnoirs. Quelques mitrailleuses invisibles dans le désert des trous d'obus, il n'en faut pas davantage pour arrêter une attaque. Le problème était donc de parer à ces surprises en faisant marcher en quelque sorte l'artillerie devant l'assaut, en protégeant l'infanterie par une espèce de bouclier se déplaçant devant elle et épousant son mouvement. C'est le principe du « barrage roulant ».

« Cette invention toute française consiste à abattre, à l'instant de l'assaut, à 200 mètres en avant de la troupe d'infanterie qui attaque, un barrage aussi dense que possible d'obus de 75. Ce rideau de feu, chronométré à l'avance, se met en marche à la même seconde que la vague d'assaut ; il progresse à l'allure qu'a convenu de prendre l'infanterie ; l'infanterie le suit au plus près [1]. »

Idée hardie, ingénieuse, bien digne d'une race d'artilleurs de génie : rendre le feu mobile, actif, intelligent, en faire un élément docile, une avant-garde liée au mouvement de l'homme. La troupe apprend à marcher en collant au barrage. Les Allemands ne comprenaient pas par quel prodige nos soldats leur tombaient sur le corps en même temps que les obus. Ils n'avaient pas le temps de relever la tête que déjà nos poilus les avaient désarmés. Sans doute quelques-uns tentaient ensuite de se ressaisir ; mais alors ils ont affaire à des équipes de nettoyeurs qui ont pour fonction spéciale cette sorte de police et sont armés en conséquence. Pendant ces explications, le barrage a « roulé », et la vague d'assaut est bien loin en avant. Rien de plus parfait que cette tactique, chef-d'œuvre d'analyse où le combat se décompose en actions distinctes, où l'on règle, où l'on rythme la cadence de la bataille, où la manœuvre se déroule en phases déterminées par l'intelligence. L'inventeur qui a trouvé comme élément commun entre l'artillerie et le fantassin une unité de temps, un horaire fondé sur la vitesse de la marche, est de cette école des créateurs du système métrique, où la clarté de l'esprit devient proprement

1. J. Bédier, *ibid.*

de l'art. Il règne dans ces opérations finales devant Verdun une beauté toute française, ce caractère de justesse qui est celui des opérations purement intellectuelles, et que Nivelle définit par le mot d' « élégance ».

Ainsi, grâce aux progrès de l'armement et de la technique, nous étions arrivés devant Verdun à une supériorité complète. Vainqueurs en vingt combats, nos soldats se sentaient sûrs d'eux-mêmes. Les « bandits de Mangin » étaient la terreur de l'ennemi. Leurs succès leur donnaient une splendide assurance. Leur force, exaltée par la victoire, se redoublait du sentiment qu'ils avaient de la décadence de l'ennemi [1]. L'offensive, une fois de plus, démontrait sa valeur d'hygiène et de tonique. Quant au commandement, quatre mois de combats victorieux le confirmaient dans ses idées. Sa méthode avait fait ses preuves : essayée d'abord en petit, prudemment, sur des fronts de trois cents mètres, de cinq cents mètres, d'un kilomètre, étendue progressivement jusqu'à deux kilomètres, puis à sept, puis à dix, la continuité des succès lui donnait désormais la valeur d'une expérience. Les résultats croissaient en proportion géométrique : à la bataille du 3 août, un front de 2.000 mètres donnait 1.800 prisonniers ; nous en faisions 6.000 le 24 octobre sur un front de sept kilomètres, 12.000 le 15 décembre pour trois kilomètres de plus. Chaque fois, sur l'étendue choisie, nous avions emporté le front et réalisé la rupture. Nous avions manœuvré ensuite en liberté, la première fois pris Douaumont sans rencontrer d'obstacle, la seconde fois pénétré sans plus de difficulté jusqu'à la région des

1. Louis Gillet, *Louis de Clermont-Tonnerre*, 1919, p. 164.

batteries lourdes. Ces résultats mesuraient la profondeur de notre victoire. L'ennemi, quoi qu'il eût fait, avait toujours été surpris, n'avait pu nulle part opposer de résistance sérieuse. Ébranlé jusqu'aux os, dominé, démoralisé, il semblait une proie offerte à nos triomphes.

Était-ce désormais l'ère, toujours retardée, de la guerre de mouvement? Allions-nous voir se rouvrir la phase libératrice des marches, des combinaisons, de la grande manœuvre? Ces magnifiques succès tactiques de Douaumont et de Louvemont, couronnant une bataille commencée par un si grand revers, allions-nous pouvoir en tirer ailleurs les conclusions, entrer dans la phase de l'exploitation stratégique? Jamais les circonstances n'avaient paru plus favorables. L'ennemi arrivait battu à la fin de 1916, dans un état voisin de la décrépitude. Notre armée, soulevée par les nouvelles de Verdun, avait des ailes. Elle croyait tenir la formule de la victoire. La percée dont beaucoup, après trop de déconvenues, avaient fini par faire un mythe, devenait une réalité. Il faut avouer du moins que l'illusion était permise. Le soir du 24 octobre, Nivelle, avec dix divisions de réserve, pouvait se croire maître de coucher à Longuyon. Il le téléphonait à M. Aristide Briand.

On avait trouvé le mot cherché depuis si longtemps, la formule d'exorcisme, le sésame qui ouvrait la prison des tranchées. Le charme était rompu. Les jours de la guerre de position étaient comptés. La campagne allait reprendre, affranchie de ses chaînes. C'est sur ces espérances que nous laissait la bataille. Quand Nivelle arriva au commandement suprême, il y était désigné par Joffre et la Victoire.

V

Il y avait pourtant, à ce qui précède, une limite : c'est que ces dernières expériences n'avaient été faites que par un petit nombre de divisions françaises. Ce qui était vérité pour l'armée de Verdun ne l'était pas pour les autres. L'instruction manquait presque partout. Mais l'Allemagne avait senti le vent de la défaite. Elle savait mieux que personne à quoi s'en tenir sur nos succès. « Succès locaux », répétait-elle pour rassurer l'opinion. Le commandement allemand ne s'y est pas mépris : il ne lui échappait pas que nos victoires résultaient d'une méthode, et il était capable d'en déduire les conséquences. Il aperçut le danger, le mesura et se mit en devoir de le conjurer.

Les ordres que nous connaissons ne laissent aucun doute à cet égard. L'Allemagne sentit parfaitement la portée de nos victoires : elle eut nettement la sensation que ces attaques de plus en plus fortes et toujours victorieuses, n'étaient que la répétition d'une bataille qui, cette fois, avait des chances d'être la partie décisive. Elle ne se lassa pas de ruminer les causes de sa défaite et d'en méditer la leçon.

« Dans l'état de nos connaissances, dit un document de l'armée von Boehn en date du 21 décembre, l'organisation de la défense devant Verdun était irréprochable. Les secteurs étaient très étroits : moins de deux kilomètres par division. Les forces étaient correctement échelonnées en profondeur. Les mitrailleuses bien réparties, suivant les principes en vigueur. Les barrages n'étaient pas trop lâches (150 mètres par batterie). Les tirs de barrage, ainsi que les tirs à démolir sur les tranchées ennemies, étaient très bien réglés.

« Nonobstant, les Français ont réussi, dans un assaut qui n'a pas rencontré de résistance appréciable, à pénétrer d'un seul élan dans nos positions jusqu'à cinq kilomètres de profondeur. Ensuite, par des conversions à droite et à gauche, nos lignes ont été attaquées de flanc : 284 officiers et 11.000 hommes ont été faits prisonniers, 115 canons et plus de 100 mitrailleuses sont tombées entre les mains des Français. »

Un mémoire de l'État-major de l'armée de Kronprinz, qui était le plus directement intéressé dans cette affaire, n'est pas moins instructif [1]. Il montre quel ressentiment l'Allemagne conservait de nos victoires. Par deux fois, dit ce document, des divisions françaises « soigneusement instruites », après une préparation d'artillerie de plusieurs jours, ont chargé « comme à l'exercice ». Par deux fois, elles ont fait tout ce qu'elles ont voulu, franchi en se jouant les barrages, sans que les troupes ni l'artillerie allemandes aient su leur opposer un obstacle sérieux. Le Français n'est plus le Gaulois, le Celte brave et léger qui ne compte que sur son élan : chose plus grave, il a une méthode et cette méthode est de premier ordre. « L'ennemi, conclut l'instruction que je résume, *emploiera désormais les mêmes procédés, perfectionnés encore, et même les emploiera sur une plus grande échelle, dans des attaques de grande envergure.* Il faut que la défense s'oriente d'après cette règle. Les causes des succès de l'ennemi sont connues. Il faut que ces succès ne soient pas possibles à l'avenir. »

Dès le 4 novembre, sur la Somme, le prince de

1. *Considérations sur la défense et la construction des positions,* 3 février 1917. Document signé : von Schulenburg.

Bavière analyse les raisons de notre triomphe de Douaumont :

« On peut en dégager les principes des nouveaux procédés français dans l'offensive. Ces procédés se caractérisent par une préparation très soignée d'artillerie et une étroite collaboration de toutes les armes et de tous les moyens techniques.

« Les Français attribuent à cette circonstance le faible chiffre de leurs pertes. Un fait certain, c'est le succès répété de leurs dernières attaques tandis que ce succès nous a maintes fois échappé.

« Il semble qu'on doive chercher la cause de ces succès dans la préparation poussée jusqu'à la minutie de toutes leurs entreprises. En particulier, les missions de l'artillerie, l'allongement progressif du tir qui s'adapte au pas de l'infanterie dans les tranchées détruites, sont réglés dans le dernier détail, dans l'espace et le temps. »

On voit que les chefs de l'Allemagne ne se dissimulent pas le sérieux de la situation. Ils aperçoivent très bien que le commandement français ne peut faire autre chose que de continuer son offensive. Le choix de Nivelle à cet égard est significatif. Les Allemands seront attaqués au printemps de 1917. Hindenburg emploiera l'hiver à préparer sa défensive. Ces quelques mois qui le séparent de notre attaque seront occupés puissamment à la refonte du matériel, de la tactique et de l'armée.

En ce qui concerne le matériel, l'Allemagne, vers le mois de septembre 1916, avait éprouvé une crise fort grave des munitions. Trois mois de bataille de la Somme avaient produit ce résultat. Les consommations avaient dépassé toute prévision. On se rappelle les cris de l'agence Wolff, quand l'Allemagne se vit écrasée par l'acier anglais, sous la masse d'un matériel « produit par le monde entier ». C'est que l'Allemagne à court d'hommes, avait été quelques mois plus tôt contrainte de vider les mines et les usines et de renvoyer au front une foule d'ouvriers [1]. L'effet de cette mesure fut celui qu'on vient de voir. Un des premiers actes de Ludendorff (26 septembre 1916) est de rappeler à l'intérieur les spécialistes indispensables à la production du matériel de guerre.

On institue en même temps le service civil. Les fabriques reçoivent une vigoureuse impulsion. On active la fonte des obus, surtout on multiplie les armes automatiques (mitrailleuses, fusils-mitrailleurs) qui deviennent de plus en plus l'armature de la résistance sur le champ de bataille, l'armée défensive par excellence. Vers le mois de mars 1917, la crise est conjurée et beaucoup d'ouvriers reprennent le chemin du front.

La crise des effectifs (on vient de le voir par cet exemple) n'a pas été moins grave que celle des munitions. Le bilan de l'année est effroyable. Le premier mois de Verdun a coûté 154.000 hommes. Pour suffire aux dépenses courantes, à celles du front russe et de la Somme, l'Allemagne a créé une trentaine de divisions. Les pertes ont absorbé, dès le mois de juin, la classe 1916, celles de l'été ont consumé la classe 1917 ; la classe 1918, c'est-à-dire les recrues de 18 ans, se trouve tout entière dans les dépôts du front. Vers le mois de novembre, il n'y a plus personne dans ceux de l'intérieur. L'Allemagne est vide.

---

1. Plus de 220.000 hommes, assure-t-on, à la date du 1er novembre 1916 : 60.000 hommes de chez Krupp, les deux-tiers du personnel de Siemens et Schükert, un dixième des usines de Volklingen, etc.

Dans cette situation terrible, à deux doigts de la banqueroute, Ludendorff sut refaire sa main avec une audace incroyable. Cet homme montre une poigne de fer. Il déploie un surprenant génie d'organisation. En quelques mois, il sut se créer des ressources, sans grever l'avenir par un nouvel emprunt, par une manière hardie d'utiliser à l'extrême le capital en « personnel ». Jamais on n'a vu triturer plus impitoyablement la pâte ou la matière humaine. Ce pays à sec, une série de mesures d'une énergie extraordinaire lui fait suer encore une armée.

Dès le printemps de 1915, l'Allemagne a inauguré un type de divisions légères constituées à trois régiments, par la réduction des anciennes divisions à quatre régiments. Ce système ternaire est maintenant la règle à l'intérieur des régiments. On supprime partout les quatrièmes bataillons. L'effectif de combat est unifié dans le bataillon à 650 hommes ; les emplois de seconde ligne, cuisiniers, plantons, ordonnances (une centaine d'hommes par bataillon) seront remplis par des inaptes, des malingres, par une catégorie de vieux, employés jusqu'alors aux menus services de l'intérieur, douanes, postes, garde des prisons. Cette opération, à 25 hommes par compagnie, devra rendre à l'armée active 250.000 hommes aguerris. Par le même procédé on en extrait 25.000 autres des compagnies de mitrailleuses. Leurs remplaçants seront remplacés à leur tour par les auxiliaires du service civil. Cette substitution se poursuivra dans les bureaux, les hôpitaux, les ateliers, par tous les procédés. En principe, le service civil est volontaire, mais l'administration dispose de l'allocation, de la carte de viande. Grâce à cette mobilisation des deux sexes, l'Allemagne peut se vanter, à la fin de 1916, de posséder encore, après deux ans et demi de guerre, une armée non incorporée plus considérable que celle que Moltke a menée en campagne [1].

Ce système d'expédients et de récupérations, de compression et de remplacements permet une fois de plus de faire le plein dans les dépôts. L'Allemagne, (chose prodigieuse!) accroît encore son armée. Elle porte à 234 le nombre de ses divisions (l'armée de 1914 en comptait 123). Elle vient d'en créer treize (dix prussiennes, une saxonne, une bavaroise et une wurtembergeoise) et se prépare fiévreusement à en forger huit ou dix autres. La première série de treize sera prête à entrer en ligne le 1er mars 1917. La seconde, portant les numéros de la dizaine suivante, est en train de s'organiser à la fin de janvier avec les régiments de la série 600.

Enfin, des régiments de la série intermédiaire (501 à 535), en formation à Libau, à Grodno, à Kœnigsberg, doivent fournir les éléments des légions polonaises.

Ainsi par un effort de construction gigantesque l'Allemagne est sortie de la crise des munitions et de la crise des effectifs. Du fond de sa détresse, à force d'énergie, elle arrive à se reconstituer des armes, des stocks, une façade. Reste à porter remède à la crise la plus grave, la crise tactique. L'Allemagne, pendant toute l'année 1916, s'est vue prise en flagrant délit d'infériorité militaire. Force est de reconnaître « les progrès indéniables de l'infanterie française ». Le soldat allemand qui se croyait le premier du monde, a

1. Voir dans la *Revue des Deux-Mondes* du 15 août 1917 l'étude que j'ai des raisons de croire bien informée, *Où en est l'armée allemande?*

rencontré son maître. Il faut lui rapprendre son métier. Aussitôt, avec cette décision et cet esprit de suite qui le caractérisent, l'État-major allemand entreprend de remanier son système de combat et d'opposer à notre méthode d'attaque une nouvelle méthode de défense. De là le plan de la ligne Hindenburg.

Dans un mémoire confidentiel du 26 décembre 1916, Hindenburg analyse les raisons des « graves et douloureux revers » des semaines précédentes, et trace les grandes lignes d'un nouveau système de défense. L'essentiel du système, c'est de pratiquer à fond le principe de la « profondeur », par opposition à l'ordre mince ou linéaire. Une organisation du type Hindenburg comportera au moins trois « positions » comprenant chacune au moins deux « lignes », la ligne de défense et la ligne de soutien, réunies entre elles par des boyaux, de manière à produire un cloisonnement, un compartimentage étanche du terrain, avec flanquements et points d'appui constituant le squelette du système. On multiplie à l'intérieur les bretelles, les crans d'arrêt, les cadenas, les « verrous » (*Riegelstellung*) ; on les double en arrière par des lignes de sûreté. Peu d'abris en première ligne, mais partout en arrière une débauche de béton. En avant, une nuée de blockhaus, de « boîtes à pilules » et de coupoles à mitrailleuses : rien de régulier, une foule d'ouvrages de petite dimension, dissimulés, disséminés, se soutenant d'après un plan en chicane ou en échiquier. Les linéaments de cette organisation apparaissent nettement dès la fin de janvier. L'Allemagne y emploie les prisonniers, les déportés, l'immense main-d'œuvre de ses esclaves. Cette position dans sa pensée devait être imprenable.

Ce n'est pas tout. A ce système de fortification correspond une conception nouvelle de la défensive. Peu de monde en première ligne, afin de limiter les pertes : de plus cette ligne sera mobile et devra, si le feu rend la place intenable, se déplacer de côté et d'autre, en dehors de la zone de feu, de préférence *en avant*. L'assaillant parvient-il à déborder la position? Alors se déclenche le mécanisme de traquenards que j'ai décrit plus haut, et ont beau jeu feux d'enfilade, surprises latérales, mitrailleuses se démasquant sur les flancs de l'assaillant. Le soldat français a pour principe de filer droit devant lui pour s'emparer de points essentiels, sans s'attarder à étouffer en chemin les résistances. Il n'y a qu'à le laisser faire. Qui enveloppe, risque d'être enveloppé à son tour. Ce sera l'affaire des soutiens de lui régler son compte. Voilà la défense « élastique », la résistance en profondeur. La défense n'est plus localisée nulle part, arrêtée sur une ligne rigide : ce n'est plus la bataille frontale, qui se décide en un moment et où la poussée du plus fort fait céder ou éclater l'autre ; c'est un genre de combat diffus, sans bords ou sans contours précis et qui se passe « autour de la première ligne » avec des oscillations calculées pour en revenir au point mort.

La contre-attaque d'ailleurs y aidera puissamment. Les Allemands en distinguent plusieurs sortes. Celle des compagnies de soutien doit être automatique : plus elle tarde, plus elle perd de chances. Échoue-t-elle, le commandement fait donner les réserves. Enfin, en dernier ressort, si la situation l'exige, on lancera la grande opération « montée », avec préparation complète d'artillerie, ce que les Allemands appellent la « contre-attaque de profondeur » (*Gegenstoss aus der Tiefe*).

Toute une tactique était prévue contre les engins nouveaux, en particulier contre les tanks (apparus sur le front anglais au mois d'octobre 1916) : une artillerie spéciale était créée pour les combattre.

Une médication énergique entreprend enfin dans la troupe la cure du moral. A Verdun, le nombre alarmant des prisonniers avait paru, avec raison, un grave symptôme de fléchissement. On réagit contre le relâchement. On restaure la tenue, on resserre la discipline, on multiplie les « théories », on excite les rancunes, on enflamme les courages. « En prenant pour thème le refus de nos offres de paix, on fera comprendre aux hommes qu'il s'agit d'être ou de ne pas être. Plus de scrupules : la colère et la rage doivent nous inspirer seules pour les combats décisifs qui approchent... »

Ayant ainsi remonté, renfloué sa machine, reconstitué l'armée, imaginé une tactique, refait l'opinion allemande, Hindenburg peut attendre et regarder nos préparatifs sans trop d'inquiétude. Il en sait plus long que nous sur ce qui se passe chez quelques-uns de nos alliés, derrière la torpeur du front russe. Il a le sourire. Du reste, le vieux renard a plus d'un tour dans son sac et se réserve, au dernier moment, de nous en jouer un de sa façon. Il a eu le temps pendant l'hiver de replâtrer la situation et de trouver sa parade. Rien ne le presse. Il peut, comme on dit, voir venir.

VI

C'est dans ces conditions que s'engage la campagne de 1917. On voit à quel point elle dépend de celle qui vient de finir. L'Allemagne est partout réduite à la défensive. Mais elle en a pris son parti et fait de nécessité vertu : le monstre n'est plus le même que nous avons battu trois mois auparavant ; ce n'est plus cette armée fourbue, découragée, épuisée par dix mois d'excès et de surmenage. La bête est reprise en bride

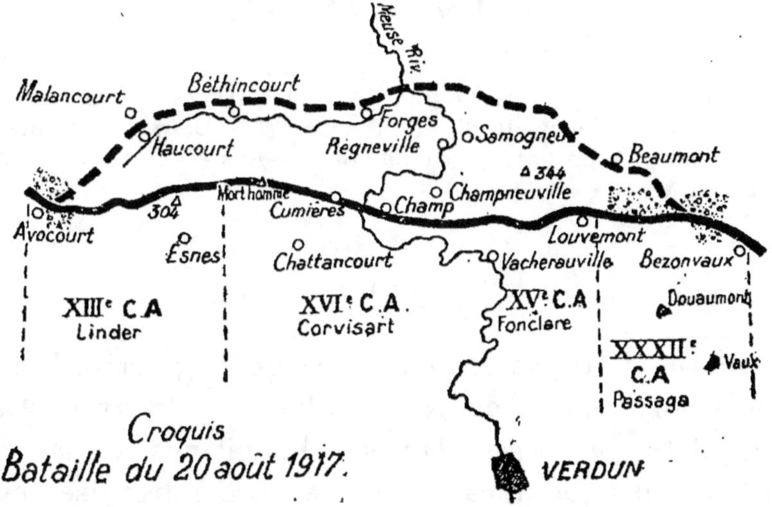

Croquis
Bataille du 20 août 1917.

Ch. X

par une poigne puissante. Elle s'apprête à faire une défense formidable.

Telle était pour l'Allemagne la leçon de Verdun. De notre côté, la leçon se résumait ainsi : six mois de défensive sanglante, avec d'immenses pertes en hommes et en terrain ; trois mois d'offensive, et la gloire, au prix de pertes trois fois moindres. L'expérience semblait concluante. Peut-être ce calcul avait-il toutefois le tort de ne pas tenir compte de tous les éléments du problème. Peut-être ne voyait-on pas surtout que les conditions avaient changé. Mais l'eût-il vu, Nivelle était lié par son passé. Fils de la victoire, il était condamné à la victoire. Il était l'Offensive. Il ne pouvait plus renâcler devant l'obstacle. Il fallait risquer le saut et tenter l'aventure.

CHAPITRE XI

VERDUN EN 1917.

La situation au mois de mai. — La bataille du Chemin des Dames. — Nécessité d'une diversion. — Le mois de juillet à Verdun. — La bataille du 20 août. — Les résultats. — Verdun en 1918.

I

On ne fait pas ici l'histoire de la guerre. Verdun reste en dehors de la bataille du 16 avril. Cette bataille, la plus vaste dans ses dimensions comme dans ses desseins que nous eussions encore entreprise depuis la Marne, ne fut qu'un brillant essai. Elle était bien loin de répondre à l'attente. La déconvenue fut cruelle. Habilement exploitée par des agents de défaite, qui ne l'avaient pas attendue pour entrer en campagne [1], le soldat en éprouva un amer mécontentement. Quarante régiments se mutinèrent. La peste russe qui fermentait depuis les événements de mars, menaça pendant quelques jours de tout emporter dans un flot de honte. D'une demi-victoire à laquelle ne manqua qu'une part de bonheur pour être une victoire éclatante, la propagande et l'or allemands réussirent à faire pis qu'un désastre. L'opinion est tout à la guerre.

---

1. Nivelle jette le cri d'alarme dans un rapport secret du 17 février. La révolution russe ne date que du 15 mars, le repli Hindenburg du 17 au 29 mars.

La bataille pouvait être gagnée sur le terrain; l'opinion la perdit. La fortune nous trahit moins que la France, en cette heure d'égarement funeste, ne fut près de se trahir elle-même.

Dans ces circonstances terribles, les plus tragiques assurément que la France eût traversées depuis la Marne, Pétain ne trembla pas d'assumer la charge du commandement. Sa conduite fut un chef-d'œuvre. Il vit nettement qu'à cette armée effarouchée il ne fallait demander aucune tâche qui ne fût pas nécessaire. Sa raison lumineuse, humaine comprit qu'on n'obtiendrait rien du Français qu'en faisant confiance à sa raison, en n'exigeant de lui que des choses raisonnables. Avec une fermeté pleine de souplesse, une main de velours, ce grand soldat, presque sans sévir, opéra ce redressement moral, plus difficile encore que celui qu'un an plus tôt il avait obtenu dans la grande angoisse de Verdun. Cette œuvre demeurera son grand titre dans l'histoire. Il sauva l'armée, la guérit, chassa l'esprit impur, le génie des ténèbres. L'atmosphère fut assainie. La France recouvra la lumière.

Dès avant le 16 avril, aux premières nouvelles de la chute du Tzar, Pétain avait compris que la Russie ne se battrait plus. Déjà nous avions devant nous 157 divisions allemandes, et il fallait prévoir le jour où il nous en tomberait sur les bras cinquante autres. Bientôt, nous aurions à porter, seuls avec les Anglais, tout le poids de la Germanie, jusqu'à ce que l'arrivée des contingents américains vînt de nouveau rétablir l'équilibre. En attendant, pendant un an ou dix-huit mois, il fallait tout réduire, mener la guerre avec une stricte économie, s'interdire sévèrement le luxe d'une dépense inutile. Il fallait préparer en même temps l'armée pour la crise fatale, qui ne pouvait manquer d'être terrible, lorsqu'à une échéance prochaine l'Allemagne, délivrée de la menace moscovite, précipiterait sur Paris ses deux millions de baïonnettes.

Dans les affaires d'avril, ce qui avait le plus manqué aux troupes, c'était l'instruction. La France, toujours sur la brèche, toujours obligée de tenir presque tout son monde en ligne, de faire face encore au Maroc, à Salonique, en Roumanie, n'avait jamais eu le loisir de respirer, d'apprendre la bataille moderne. Presque tout se faisait par empirisme et par routine. Le premier soin de Pétain fut d'organiser l'enseignement. Partout se créèrent des écoles avec des moniteurs, où se répandit l'expérience acquise par les différentes armées. Des cours spéciaux formèrent des cadres d'État-major, d'autres enseignèrent les secrets des différentes armes. Des manœuvres continuelles exercèrent les troupes. Un système de larges récompenses, de belles cérémonies pour la décoration de drapeaux, des revues fréquentes et solennelles restaurent la discipline, la notion de l'honneur. La division Paquette enlevait le plateau de Craonne aux cris de : *La fourragère !* Pétain était partout, familier, abordable, d'une majesté suprême, parlant aux officiers, aux hommes le langage simple qu'ils aimaient. En quelques mois, il avait accompli le miracle. L'armée, rassérénée, soumise, avait reçu le frein de l'amour.

Tout ceci était mené de front avec la plus rude des batailles. L'offensive d'avril, en s'attaquant de face aux falaises de l'Aisne, avait joué la difficulté. Enlever ce morceau d'un élan était une entreprise d'une singulière audace. Hindenburg savait ce qu'il faisait en ne nous laissant pas le choix d'un autre secteur d'attaque.

Il risquait gros cependant; c'était le pivot de sa manœuvre, et il s'en fallut d'un cheveu que ce pivot sautât. Le 16 avril, l'armée allemande était en pleine panique. Elle s'était ressaisie depuis et nous disputait cette muraille avec acharnement. Sur les dix-sept kilomètres du Chemin des Dames, c'était depuis lors cette horreur des batailles pour les crêtes, quand elles n'arrivent pas à déboucher en plaine; sur cette ligne incomparable d'observatoires, les deux adversaires mutuellement cherchaient à s'arracher les yeux. C'était un corps à corps sur un toit, où les deux lutteurs veulent se culbuter l'un l'autre au bas du mur. La même situation se retrouvait en Champagne, pour la possession du Mont Blond ou du Cornillet. Cette lutte épuisante, stérile, ne pouvait pas finir par une simple attaque de front. Il fallait une manœuvre de flanc, pour prendre l'adversaire à revers et le rejeter dans l'Ailette : manœuvre décisive, mais difficile, comportant l'enlèvement du fort de la Malmaison. Avant de la tenter, il convenait d'en faire une répétition sur un autre point du front. Cette action aurait sur l'ennemi un effet de diversion; elle soulagerait le front de l'Aisne. Autre avantage : un succès sûr, sans pertes, était le meilleur moyen d'élever le moral de la troupe, d'achever de lui rendre confiance. Après trois mois de soins, le moment paraissait venu d'éprouver la méthode par les faits. Des opérations limitées, à préparation impeccable, à réussite certaine, entreprises avec le maximum de moyens, étaient, en attendant mieux, de quoi rendre au soldat le goût de relever la tête, surprendre l'ennemi et lui prouver que nous étions d'aplomb. C'était en même temps appuyer les Anglais, dégager le Chemin des Dames. Pétain fit choix pour cette attaque du secteur de Verdun, secteur illustre, bien équipé, particulièrement sensible à l'ennemi, et où un succès aurait le plus de retentissement.

II

La contre-offensive française de l'automne, constituée par les deux opérations du 24 octobre et du 15 décembre, laissait la situation de la IIe armée notablement améliorée sur la rive droite de la Meuse. Nous occupons la côte du Poivre, Louvemont, les Chambrettes, les abords du ravin de Bezonvaux. Le fort de Douaumont est à trois kilomètres à l'intérieur de nos lignes. L'agitation dans ce secteur si longtemps tourmenté, s'apaise sans jamais s'éteindre tout à fait. Les coups de main y sont fréquents, le bombardement pour un rien s'irrite, enfle la voix, réveille les anciens échos de la bataille. Mais aucune action importante de part ni d'autre. Pour Verdun, c'est le calme plat.

L'ennemi a pris son parti de sa situation qui, du reste, n'est pas mauvaise. Il organise son nouveau front, en prévision de nouvelles attaques qu'il semble pressentir. De notre côté, tout est à faire : avant, arrière, routes, voies de 0 m 60, téléphones, liaisons de toute sorte, rien n'existe. Il faut tout créer avec une main-d'œuvre réduite. L'armée, de vingt-cinq divisions, est ramenée à quinze. Tout l'hiver et tout le printemps de 1917 sont consacrés à la consolidation des lignes et à l'aménagement de notre conquête. Dès le mois de février, on montait en voiture jusqu'à 500 mètres de Thiaumont. Un peu plus tard, le circuit était rétabli par Fleury et la chapelle Sainte-Fine par un large boulevard que suivaient les camions.

Sur la rive gauche, la situation ne s'est pas modifiée. On se rappelle qu'elle nous est extrêmement défavorable. L'ennemi occupe les crêtes, le Mort-homme depuis le début, 304 depuis la fin de mai. Il tient tous les hauts du terrain, nous domine de ses observatoires que redouble en arrière celui de Montfaucon. Il est au balcon, nous sommes à l'entresol, péniblement accrochés par les ongles à mi-pente. En un mot, nous y sommes aussi mal que possible. On se souvient que Nivelle, au début de novembre, avait envisagé une poussée de ce côté, à l'effet de rejeter les Allemands dans le ruisseau de Forges, et chargé le général Delestoille d'étudier l'opération. Les Allemands avaient pris les devants et c'est eux qui, le 6 décembre, achevaient de nous chavirer de la cote 304. La situation aurait pu être rétablie sans coup férir le 15 décembre. Nos avions aperçurent l'ennemi en train de plier bagage. Nos troupes, sans ordres, ne bougèrent pas et cette magnifique fortune fut perdue.

Les choses demeurèrent ce qu'elles étaient, détestables. Les Allemands, de leurs hauteurs, n'ont que la peine de démolir nos travaux, à peine ébauchés, à mesure qu'ils les voient entreprendre; ils tirent à coup sûr. Cette situation misérable coûte les yeux de la tête ; nous perdons tous les jours du monde, sans agir. La vie est impossible dans cette cuvette vue de toutes parts qui s'étend jusqu'aux Bois-Bourrus. Nos travaux d'organisation n'avancent pas ou ne sortent de terre qu'avec mille difficultés. Au contraire, les Allemands, bien à l'aise sur leurs terrasses, s'y rendent

L. Gillet.

inexpugnables. Ils font de leurs positions une véritable forteresse. Pour venir à couvert jusqu'à leurs premières lignes, un tunnel cyclopéen, une immense galerie de mine, longue de 500 mètres, large de quatre et haute de trois, aérée par des ventilateurs, illuminée de lampes électriques et parcourue par une double voie Decauville, magnifique ouvrage d'ingénieur, traverse le Morthomme de part en part, abrite des postes de secours et de commandement, sert de magasin, peut donner refuge à des régiments de réserve.

Cet état de choses devait être amélioré, et le général Guillaumat, commandant la IIe armée, avait dès le début de 1917 établi en ce sens un projet, qui fut relégué dans l'ombre par les événements d'avril. C'est ce plan qu'exhuma Pétain, dans le courant de l'été, aussitôt qu'il put se permettre une opération active.

La pensée de Pétain était vaste. Cet homme froid, au regard lointain, est de ceux dont on peut dire que leur vue a de l'horizon. Le souci du détail ne lui cache ni ne lui brouille les masses; seulement, il aperçoit chaque chose à son plan, dans une hiérarchie sévère subordonnée aux lois de la raison. Il ne prend pas ses désirs pour la réalité, distingue l'inaccessible d'aujourd'hui de ce qui sera faisable demain. L'ancien chef de la IIe armée est, par la même raison, un des hommes qui ont les vues les plus positives de la guerre et ont le mieux compris l'importance de ses conditions économiques. Il a vu fumer de loin au nord du champ de bataille le panache de nos usines lorraines ; c'est de là que sortait l'acier qui écrasait ses troupes. Une opération de grand style visant à s'emparer du bassin de Briey, ou du moins à se rapprocher assez de la région de Conflans-Longuyon pour empêcher les Allemands d'exploiter nos mines, aurait des conséquences militaires incalculables; elle priverait l'ennemi d'une de ses ressources principales : les industriels allemands l'ont avoué, ils ne pouvaient tenir le coup sans le minerai lorrain. Une conséquence non moins féconde serait de menacer les communications de l'adversaire en prenant sous le feu les voies ferrées qui alimentent ses armées de Champagne, et peut-être de l'obliger à un large repli sur cette partie du front. Ce double objectif atteint aurait donc des répercussions immenses sur l'ensemble de la guerre. C'était peut-être trancher dans le vif le nœud de la question. Une telle pensée, précise et ample, à la fois simple et radicale, donne bien la mesure du génie de Pétain et de ses idées sur la conduite rationnelle de la guerre. On ne pouvait attaquer l'ennemi sur un point plus vital.

Cette opération capitale était envisagée pour l'année 1918. Elle devait partir d'une base sensiblement jalonnée à travers la Woëvre par une ligne approximative Bezonvaux-Thiaucourt et se déclencher en direction générale du Nord-Est. Mais avant de songer à l'entreprendre, deux opérations préliminaires étaient indispensables :

1° D'abord la réduction de la hernie de Saint-Mihiel : il était impossible de s'engager en Woëvre avec cette pointe dans le flanc droit. Cette opération essentielle nous rendait en même temps deux chemins de fer importants, la voie de Commercy à Verdun et la voie directe de Bar-le-Duc à Toul, que doublait insuffisamment la longue variante par Gondrecourt. Ces deux chemins de fer formaient la condition *sine qua non* de notre liberté de mouvements au Nord-

Est. Du même coup, nous redevenions maîtres du cours de la rivière, de la route et du canal, ensemble de communications dont la perte, depuis septembre 1914, avait paralysé tout le saillant de Verdun. Telle était l'importance de la prise de Saint-Mihiel. Le plan étudié alors par la II° armée fut plus tard, dans des circonstances toutes différentes, en septembre 1918, exécuté presque à la lettre par les Américains.

2° Cette première opération devant nous couvrir à droite, il fallait nous couvrir à gauche en donnant de l'air à la région Nord de Verdun, afin d'avoir nos coudées franches pendant l'opération principale sur Briey, ou, comme on dit, de n'avoir plus « mal à l'épaule gauche ». Il fallait éloigner le canon ennemi de la voie ferrée Reims-Verdun et surtout de son prolongement vers l'Est (Verdun-Etain) par le tunnel de Tavannes, ligne dont le rétablissement et l'usage sont les conditions primordiales de toute opération ultérieure sur Briey.

Tel était, dans l'ensemble, le plan de notre État-major. Il se composait, on le voit, de deux opérations secondaires, précédant et conditionnant une dernière opération plus vaste, très définie, mais d'une portée considérable et peut-être décisive. L'ensemble constituait une manœuvre magnifique, raisonnée, ajustée en toutes ses parties ; elle aurait montré leur erreur à ceux qui reprochent à Pétain d'être un général « défensif ». Seulement, son cerveau critique ne lui représentait cette action comme exécutable que par étapes et dans des conditions d'armement (tanks) et d'effectifs qui ne seraient pas réalisées avant le printemps de 1918. En attendant, il fallait se borner. Des deux actes préparatoires à l'action principale, lequel s'adaptait mieux à nos ressources présentes et au but immédiat que Pétain se proposait ? Il s'agissait de relever le moral de l'armée. Dans cet esprit, c'est plutôt l'opération n° 2 qui paraît la mieux indiquée, eu égard aux moyens dont on dispose à cette époque. C'est donc elle qui est décidée, pour servir ensuite aux deux fins exposées ci-dessus : améliorer la situation locale et dégager, en vue d'une action ultérieure, la voie ferrée Verdun-Etain.

Cette opération sur le front nord de Verdun était déjà en soi une chose d'envergure. C'était la première fois qu'une action embrassait les deux rives. La faute capitale des Allemands le 21 février, en n'attaquant que par la rive droite, Pétain se garde d'y retomber. Pour donner l'échelle de son projet, cette action de « détail » mesure d'Avocourt à Bezonvaux un front de vingt-cinq kilomètres, égal à notre front d'attaque en Champagne le 25 septembre 1915. L'objectif est d'ailleurs strictement limité. Il consiste :

1° Sur la rive gauche, à s'emparer des observatoires de 304 et du Morthomme ; on connaît assez l'importance de cette position conjuguée qui, depuis dix-huit mois, a été le théâtre de tant de luttes acharnées. Il s'agit de la reprendre d'un seul coup et de rejeter l'ennemi au nord du ruisseau de Forges.

2° Sur la rive droite, il s'agit d'enlever aux Allemands leurs observatoires du Talou et de la cote 344, qui exercent des vues croisées très gênantes sur la rive gauche et sur toute la cuvette du Morthomme. On élargira en même temps nos avancées au nord de Douaumont, en se portant sur la ligne générale : Samogneux-Beaumont-Bois le Chaume-Bois des Caurières-Bezonvaux.

L'ennemi rejeté sur les deux rives au delà d'une ligne ainsi tracée, la route et le chemin de fer Sainte-Menehould-Verdun-Tavannes échapperont aux tirs de l'artillerie allemande de calibre moyen. Les arrières libérés de cette menace auront la vie plus facile et, par voie de conséquence, permettront dé faire vivre l'avant.

En gros, l'opération projetée aurait pour effet de repousser l'ennemi sur une ligne qui est sensiblement sa ligne de départ du 21 février 1916. Elle serait exécutable aux environs de la mi-août. Elle exigerait quatre corps d'armée, soit un total de seize divisions. La bataille du 15 décembre avait mis en ligne quatre divisions. La concentration devait être achevée à la fin de juillet. Les mouvements commencèrent à la fin de juin.

III

Les Allemands eurent-ils vent de ces mouvements ? Voulurent-ils eux-mêmes décongestionner leur front de l'Aisne en nous inquiétant à Verdun ? Tout se passa comme s'ils nous avaient devinés et avaient essayé de nous prévenir. Le 28 juin 1917 ils attaquaient sur la rive gauche, et il s'ensuivit un ensemble de réactions qui durèrent jusqu'au 3 août.

On sait que notre ligne à son extrémité gauche s'appuie au bois d'Avocourt ; de là, continuant à l'Est, le front traverse la route de Malancourt à Esnes, longe la cote 304, descend dans le ravin où est la route de Béthincourt à Esnes, et longe le Morthomme. Nous avons souvent indiqué l'intérêt de ces deux piliers, qui interdisent le progrès à l'ennemi par la rive gauche de la Meuse. Face au Nord, tant que nous en occupions le sommet, ils interdisaient aux Allemands la vue de notre seconde ligne. Une description saisissante de la cote 304 a été donnée vers cette époque par un correspondant allemand, K. Rosner. Il la compare à une bête couchée sur l'horizon, et qui le garde. Et c'est en effet ce qu'elle devait être autrefois pour l'ennemi. Elle lui cachait le grand ravin qui sépare notre première position (Morthomme-304) de la seconde (Bois Bourrus-cote 310). A vrai dire, il lui serait très difficile d'atteindre cette deuxième position. « Le grand intérêt pour lui de la cote 304 et du Morthomme n'est pas de permettre une progression ultérieure par la rive gauche, c'est de prendre d'enfilade nos positions de la rive droite. Toutes les fois que l'on se bat sur les deux rives d'une rivière, ces répercussions se produisent d'une rive à l'autre. Quand, en 1916, les troupes britanniques s'avançaient des deux côtés de l'Ancre, elles n'ont pu prendre Beaumont-Hamel sur la rive Ouest qu'après avoir pris Thiepval sur la rive Est. Jusque là il se produisait des tirs en ciseaux par lesquels une rive flanquait l'autre. Un cas analogue existe à Verdun. Au début de la bataille, nos tirs du Morthomme prenaient d'enfilade toute la position allemande entre Samogneux et Bras. Les Allemands voudraient bien retourner la situation et à leur tour battre de la rive gauche nos positions de la rive droite [1]. »

Le 28 juin, ils ont donc fait un effort de plus contre la ligne Avocourt-cote 304. Ils avaient en ligne sur la

1. H. Bidou, *Journal des Débats*, 19 juillet 1917.

rive gauche trois divisions : la 2ᵉ de Landwehr, la 10ᵉ et la 6ᵉ de réserve. C'est le centre qui attaqua d abord. Les Posnaniens, le soir, à 5 heures 25, enlèvent 2.000 mètres du front des deux côtés de la route Malancourt-Esnes, à l'endroit où elle passe au pied sud de 304, dans la dépression fameuse de Pomme-, rieu, sur une profondeur de 500 mètres. De plus, le 29 au matin, dans le bois d'Avocourt, un régiment wurtembergeois, profitant de l'avance des Posnaniens à sa gauche, enlève 300 mètres de tranchées sur une profondeur de 150 mètres. Enfin, les Allemands tentent d'exploiter ce succès le 29 au soir, mais cette fois plus à l'Est, en pénétrant par ce pylore, par cette porte ouverte entre 304 et le Morthomme. Ils y lancent leur division de gauche dans une attaque énergique, menée par des éléments de quatre régiments du Brandebourg et de Berlin. Ces éléments étaient précédés par l'élite des élites, le *Sturmtrupp* modèle, le bataillon Röhr. Tout ce mouvement est très clair : il s'agissait de déborder la cote 304 à la fois à l'Ouest et à l'Est, par les deux dépressions où elle est vulnérable, et d'arriver à Esnes en suivant les deux routes qui convergent dans ce village de Malancourt et de Béthincourt. L'attaque de la 6ᵉ division de réserve se heurta dans le couloir de la Hayette à l'ouvrage du Bec de Canard, défendu par les Bretons du 24ᵉ dragons ; elle fut refoulée sur la plupart des points, sauf sur les pentes Ouest du Morthomme. En même temps, à l'Ouest de la cote 304, une contre-attaque du 96ᵉ (lieut.-colon. Caré) reprenait aux Posnaniens une partie du terrain perdu la veille. Le 30 juin, l'ennemi essaie de déboucher des points conquis le 29 sur le Morthomme, sans y réussir. Les journées suivantes se passent en démêlés confus. Dans la nuit du 2 au 3 juillet, le mouvement recommence par une attaque de 500 mètres dans le bois d'Avocourt, et continue par trois assauts sur la cote 304 dans la journée du 4. Puis il n'est plus question que de luttes d'artillerie jusqu'au 7 juillet.

Dans la nuit du 7 au 8, le général Lebocq, après une courte préparation d'artillerie, attaque et enlève trois saillants ennemis au sud-ouest de 304 et à l'Ouest du Morthomme. Mais le 12, les Allemands reprennent ces positions et annoncent qu'ils ont rétabli l'intégralité de leurs gains du 28 juin. Le 14, nouvelle affaire assez obscure où deux attaques en sens contraire se télescopent et s'annulent. Enfin le 17 juillet, Guillaumat décide d'en finir. Il lance une nouvelle attaque, cette fois très vigoureuse, confiée à la brigade Bulot sur un front de 2.500 mètres, du bois d'Avocourt aux pentes Ouest de 304, à cheval sur la route d'Esnes à Malancourt, pour rejeter l'ennemi du col de Pommerieu. L'attaque part à 6 heures 45 du matin. Elle surprend l'ennemi en pleine relève. Le front se trouvait tenu par des éléments disparates de quatre divisions différentes. En une demi-heure, les premières lignes sont traversées, les secondes enlevées, le front est reporté à un kilomètre en avant, jusqu'aux lisières du bois Camard ; la situation est retournée. C'est nous qui avons des vues sur les pentes Nord de 304. Plus de 500 prisonniers restent entre nos mains. Un soldat, monteur de Saint-Quentin, égorgea trois Allemands de sa main, puis il demanda un autre couteau. Celui-là, il voulait le garder comme relique.

Les Allemands sont obligés d'opérer quelques mouvements de réserves et des relèves. Ces remaniements occupent une dizaine de jours. Ils présagent une nouvelle attaque qui éclate le 1er août.

L'ennemi sent en effet que, par le bois Camard, nous menaçons à revers la cote 304. Il tient à nous en déloger. L'affaire sera menée par 9 bataillons de la 29° division, entraînés par des *Stosstruppen* dressés pour cette attaque. L'attaque se fera par surprise : comme préparation d'artillerie, un *trommelfeuer* de 12.000 obus en sept minutes. L'attaque échoua dans son ensemble. Les éléments de tranchée perdus sont repris le 3 août.

Cette longue lutte de plus d'un mois montre le prix que les Allemands attachent à la possession de la cote 304. C'est, dit un ordre allemand, la « clef du front occidental ». « Si les Français l'avaient, dit un autre document, ils seraient maîtres de nous attaquer comme ils voudraient. » C'est peut-être beaucoup dire. Mais les Allemands sentent dans l'air la menace imminente ; et il est vrai que nous avons conquis, le 17 juillet, une base de départ précieuse pour l'attaque générale que les Allemands voient venir et n'ont pu empêcher.

IV

La préparation d'artillerie fut la plus puissante qu'on eût vue. Elle dura six jours. Pétain voulait la perfection. Ce qu'il fallait éviter avant tout, dans l'état de convalescence où se trouvaient les troupes, encore incertainement remises de leur grippe infectieuse du mois de mai, c'était l'apparence d'un échec qui aurait pu les rebuter. Cette fois, après tant de mauvaises chances, le bonheur nous sourit. Le temps se mit de la partie. Dans cet admirable été, succédant à un long hiver et à un printemps si douteux, le mois d'août fut éblouissant. Le soleil de Messidor venait dorer la moisson de tant de sacrifices. La longue bataille, commencée dix-huit mois plus tôt dans un dénuement affreux au milieu des rafales de février, s'achevait dans la gloire d'une saison triomphale. Il n'y eut pas de plus beaux jours ni de plus belles nuits.

Pétain avait voulu, par un immense déploiement de forces, écarter tous les doutes, donner à chaque poilu un sentiment de pleine confiance. La concentration des troupes s'était opérée à dessein près de ces vallées de Gondrecourt, où commençaient à s'entraîner, sous la direction de Pouydraguen, les premières divisions d'U. S. Nos hommes sentaient derrière eux la force américaine. Pendant la bataille il y eut quelques officiers de l'armée alliée dans chaque poste de commandement. On voulait leur donner le spectacle d'une bataille modèle. Les troupes étaient exaltées de faire voir à de tels témoins comment on remporte une victoire.

Le travail de l'artillerie passa en minutie et en autorité tout ce qu'on avait connu encore. Deux batteries de 400 écrasèrent la puissante forteresse du Mort-homme, ses organisations savantes, son tunnel ; toutes les ouvertures au Nord furent obstruées. Une des galeries s'effondra, enterrant plus de cent cadavres. Dans cette bataille, chef-d'œuvre de la technique de Pétain et le triomphe de sa formule, le canon joua sans contredit le premier rôle. Les forces d'artillerie atteignaient plus de 60 % des forces engagées. Un corps d'armée pour 20.000 fantassins, met en ligne 40.000 artilleurs. Sur les bois des Caures, de la Wavrille où se trouvent les batteries ennemies, nos obus spéciaux s'abattent méthodiquement ; on voyait sur leur nappe sombre se former un flocon blanc, une légère pelote d'ouate que le vent étirait sur la cîme des bois comme un coup de pinceau blanchâtre ; puis un second, puis un autre et bientôt le bois disparaissait sous cette tapisserie flottante de fils de la Vierge. Sur la côte du Talou, sur la cote 344, les ouvrages ennemis s'effacent sous un surprenant travail de piquage à la machine ; la terre desséchée, retournée par nos explosifs de 370, saute par blocs massifs comme des quartiers de roche. Sur un horizon de vingt-cinq kilomètres de collines, règne un rideau fait de colonnes verticales d'une fumée d'encre, haute de plus de cent mètres, forêt gigantesque où se mêlent de moment en moment les grosses explosions sulfureuses des torpilles. Extraordinaire paysage d'un calme souverain, mirage fantastique de quelque cité du feu. Nos avions sont les rois du ciel. La nuit, les Allemands se vengent par des bombes incendiaires, des bombardements d'hôpitaux, des meurtres d'infirmières. Un quartier de Bar-le-Duc brûla.

L'attaque se déclencha le 20 août. On a vu que nous avions en ligne quatre corps d'armée, deux de chaque côté de la Meuse. C'étaient, sur la rive gauche (de la gauche à la droite) :

Le XIII⁰ corps (Linder), avec quatre divisions : 25⁰ (Gratier), 97⁰ (Lejaille), 26⁰ (Pauffin de Saint-Morel), 120⁰ (Mordacq). Elles ont pour objectif le bois de Malancourt et la cote 304.

Plus à l'Est, le XVI⁰ corps (Corvisart) : 31⁰ division (Martin), la Marocaine (Degoutte), la 32⁰ (Daydrein) et la 48⁰ (Prax). Objectifs : le Morthomme-Régnéville.

Sur la rive droite :

Le XV⁰ corps (Fonclare) : 126⁰ division (Mathieu),

7e (Weywada), 123e (Saint-Just) et 20e (Hennocque).
Objectifs : le Talou-cote 344.

Enfin, à l'extrême droite, le général Passaga
(XXIIe corps) revenait sur son terrain bien connu du
15 décembre avec ses quatre divisions rangées dans
l'ordre suivant : 165e (Caron), 40e (Bernard), 42e
(Deville) et 69e (Monroë). Objectifs : bois des Fosses-
bois le Chaume-bois des Caurières.

On voit que l'ensemble de cette nouvelle ligne forme
en avant de la précédente un arc de cercle convexe
dont la plus grande courbe se forme sur la Meuse. Les
deux corps du centre ont à réaliser l'avance la plus
grande (de quatre à cinq kilomètres) tandis que les
deux ailes ne progressent que de 1.800 à 2.500 mètres.
Guillaumat voulait que l'avance, à l'aile droite, se
portât jusqu'à Beaumont, village en espalier très fortement organisé et qui, s'il restait en dehors de la progression, demeurerait une menace très gênante pour
notre centre droit ; il devenait dans le cas contraire
un point d'appui solide pour nos nouvelles lignes.
Le général Passaga rendu prudent par son échec du
16 avril devant Berry-au-Bac, estima que ce point
devait faire l'objet d'une opération distincte.

L'assaut partit au petit jour à 4 heures 40, voilé par
une brume légère. Le barrage ennemi se déclencha
avec un retard de quatorze minutes. A 7 heures 30, les
objectifs de la journée étaient atteints sur presque
toute la ligne. A gauche le corps Linder enlevait le bois
d'Avocourt, perdu le 20 mars 1916, emportait le bois
Camard, et enveloppait par l'Ouest la cote 304. Plus à
l'Est, la division Martin se jetait par le couloir de la
Hayette et s'emparait d'un bond de la cote 265 tandis
que la Marocaine, par une conversion d'une exécution

impeccable, attaquait, débordait la cote 295, franchissait la côte de l'Oie, et emportait le bois des Corbeaux, perdu dans les combats du 8 au 10 mars. Ceux qui virent cette manœuvre d'une perfection classique, purent augurer de celles qui devaient, deux mois après, illustrer Degoutte à la Malmaison, à la tête du XXXIIIe corps, puis en 1918 devant Château-Thierry, à la tête de la VIe armée, et devant la forêt d'Houthulst, comme chef d'État-major du Groupe d'armées des Flandres. Degoutte s'y révéla un tacticien de premier ordre. En une heure, le Morthomme était à nous, avec sa double crête, ses fortins, son fameux tunnel ; nous y faisions 600 prisonniers, dont un commandant de régiment et le comte Eugène von Bernstorff, néveu du célèbre diplomate. Ainsi assurée sur leur gauche, la marche des divisions de droite se faisait sans obstacle ; toute la côte de l'Oie et son bastion de Régnéville tombaient entre nos mains.

Dès lors, sur la rive droite, la boucle de la Meuse et la côte du Talou, qui s'y avance en pointe, s'incrustant en dent de crémaillière au sud de la côte de l'Oie, tombaient automatiquement. Les Allemands n'y avaient laissé qu'une faible garnison avec des mitrailleuses ; la 126e division n'y fit que 80 prisonniers. La défense devait se faire par les flancs, d'une part sur la rive gauche, de l'autre sur la cote 344 ; mais cette cote elle-même, quoique puissamment outillée, est prise avant midi par la division Weywada, tandis que la division Hennocque s'empare de la ferme Mormont. C'était de ce côté la clef de toute la position. Ici, nous rentrons dans les lignes perdues le 24 février. A partir de ce moment, la division Caron peut se répandre dans le bois des Fosses, sans avoir à redouter de feux d'écharpe sur sa gauche ; et ainsi de proche en proche, par la chute de ce point d'appui, toute la droite du corps Passaga se trouve débloquée et le mouvement se propage : les divisions Bernard, Deville, Monroë s'avancent dans le bois le Chaume et le bois des Caurières.

En fin de journée, tous les objectifs du premier jour étaient atteints, moins la cote 304, à demi encerclée, et dont les Allemands tiennent toujours le sommet. Nous prenions plus de cent canons, faisions plus de 10.000 prisonniers : la plupart (près de 8.000) pris sur la rive gauche. Il est clair que la rive gauche était pour les Allemands le point capital de la position. Tous les ordres le prouvent, et plus encore le dispositif des troupes. Il fallait tenir là à toute extrémité. Il n'est pas question sur ce point de défense élastique : perdre la première ligne, c'était perdre les observatoires, par conséquent toute la raison d'être de ces positions conquises par tant de luttes acharnées. De là, le nombre des prisonniers faits sur cette partie du front. L'État-major avait placé tout son monde en avant. Sur la rive droite, au contraire, il comptait pour nous refouler sur la contre-attaque, mais sur ce point non plus le système Hindenburg ne joua pas. Le piège était éventé : défense aux troupes de dépasser les objectifs. Les contre-attaques allemandes parties de trop loin donnèrent dans le vide. Le lendemain, 21 août, la division de gauche du XVe corps ne put se tenir d'occuper Samogneux, compris dans les objectifs de la troisième journée. Les Allemands prétendirent, pour diminuer notre victoire, avoir évacué le terrain volontairement. Un petit monument, élevé par eux, dit le contraire. Sur une source qui coule dans une tranchée, les soldats allemands avaient dressé une stèle votive qui portait en exergue cette inscription d'un goût antique : « A notre chère source, la 5e compagnie du 110e reconnaissante. » Suivait la date, 1er juillet 1917.

Avec Samogneux, nous recouvrions nos pertes du 23 février. Ainsi, en trois batailles, en trois pas gigantesques (24 octobre, 15 décembre, 20-21 août), les Allemands se trouvaient chassés de tout ce qu'ils avaient occupé depuis le troisième jour de la bataille. De toutes leurs conquêtes, il ne leur restait entre 'les mains que ce qui constituait autrefois notre ligne avancée, ligne sur laquelle nos divisions de couverture s'étaient héroïquement sacrifiées pendant les deux premiers jours de la bataille. Sur cette table de marbre des plateaux de Verdun, l'histoire se chargeait de graver la défaite allemande : sous les yeux de nos amis d'Amérique, on voyait d'étape en étape, comme le niveau d'une force débordée se retire, rétrograder l'invasion et baisser la puissance militaire de l'Empire.

Les Allemands se consolaient en disant que tout n'était pas perdu, tant qu'ils tenaient encore la cote 304. Ils ne la tenaient plus que pour peu d'heures. Le 24 août, le jour même où paraissait ce communiqué rassurant, la fameuse colline, la « clef du front occidental », flanquée de ses terribles réseaux de tranchées, le Peigne, la Toile d'araignée, était enlevée d'un élan par une brigade du IIe corps, avec 500 nouveaux prisonniers. Nos lignes, dans la nuit, étaient poussées partout à la hauteur du ruisseau de Forges. Malancourt, Béthincourt, le village même de Forges, redevenaient français. La bataille était terminée.

Les Allemands essayèrent de nous la disputer sur la

rive droite par de fortes contre-attaques venues de Beaumont. Ce nid de Boches, comme l'avait prévu Guillaumat, devenait gênant : nos lignes passant là dans le ravin des Fosses, au pied de la cote 240, se trouvaient dans une position délicate. Il fallait donner un coup de botte dans ce guêpier. La conquête en aurait été facile le 20 août, dans l'attaque générale. L'attaque se fit le 26 août, de nouveau le 2 septembre, nous rendit un moment le village et finit par échouer. Beaumont demeura désormais, sur l'étendue du front pacifié de Verdun, le dernier point de friction, le dernier tison de l'immense brasier.

V

L'ennemi avait en ligne, le 20 août, du bois d'Avocourt à la Meuse, quatre divisions : la 2e de Landwehr, la 206e et la 213e actives et la 6e de réserve ; en arrière, la 29e active et la 48e de réserve. Le soir, toutes ces divisions (moins la 2e de Landwehr) se trouvaient dépensées. Et l'ennemi devait faire appel à trois divisions nouvelles, la 54e de réserve, la 15e bavaroise et la 30e active. Ces deux dernières venaient tout droit du front de l'Aisne.

Sur la rive droite, il y avait quatre divisions en ligne : les 28e et 25e de réserve, les 228e et 28e actives ; en arrière trois divisions : les 80e, 46e et 78e de réserve.

Seules, les divisions de première ligne ont été dépensées et remplacées par celles en réserve de secteur. Le 25 août, il ne restait plus aux Allemands, sur tout le front de Verdun, que deux divisions en réserve, les 5e et 78e de réserve. Au total, treize divisions ont été abîmées en cinq jours, sur lesquelles huit peuvent être considérées à peu près comme détruites. La 6e de réserve, division de Brandebourgeois, frères des irrésistibles « tombeurs » de Douaumont, perdait à elle seule 2.794 hommes et 69 officiers prisonniers. Dans l'ensemble, les prisonniers appartenaient à 61 bataillons différents.

Le 26 août, le général Plumer, commandant la IIe armée britannique, adressait un télégramme de compliments au général Guillaumat, commandant de la IIe armée française. Celui-ci répondait à son ancien voisin de la Somme en le félicitant de ses belles manœuvres dans les Flandres : « D'un bout à l'autre du front, tous les succès se tiennent et nous sommes heureux de collaborer à vos victoires; nous y applaudissons. »

En effet, la nouvelle bataille s'insérait dans une série d'actions combinées pour marteler le front allemand : le 31 juillet, le 15 août, le 16 août, le 20 août, en Picardie, devant Ypres, sur la Meuse, les coups se succèdent et se répondent. Les divisions allemandes s'épuisent : quatre à Lens, cinq à Langemark, treize à Verdun. Le 21 août, Cadorna, par la prise du Monte Santo, commençait la onzième bataille de l'Isonzo, faisait 28.000 prisonniers. Verdun continuait à être le pivot du front occidental.

L'Allemagne, battue partout, mal sauvée par la campagne défaitiste du 16 avril, commençait elle-même de nouveau à bramer la paix et chargeait cette fois de ses ouvertures le Vatican. Une fois de plus Hindenburg changea la face des choses. Il lance von Hutier contre le front russe, force la Dwina, prend Riga (3 septembre). Le front russe vermoulu s'effondre. La capitulation bolcheviste se dessine. Et Ludendorff prélude par le coup de Riga aux coups plus formidables encore de Caporetto et de Saint-Quentin. La campagne de 1918 s'annonce par ce roulement de tonnerre.

VI

Il n'y a qu'un mot à dire de Verdun dans la dernière année de la guerre [1]. Pendant presque toute la campagne, ce front reste engourdi. La grande partie se joue ailleurs. L'Allemagne a renoncé à y chercher la décision. Sur ce front naguère tumultueux et tordu de tempêtes, Ludendorff laisse à peine quatre ou cinq divisions, un mince rideau, de quoi nous tenir en observation, pendant qu'il multiplie à l'Ouest les coups les plus terribles. Cependant, ce front tout passif ne perd rien de son importance. Le saillant de Verdun ne laisse pas de jouer son rôle de pivot. Pendant que le front craque sur la Somme, il continue de menacer les derrières de l'ennemi. Il peut toujours agir sur ses communications. Menace virtuelle plutôt qu'effective, mais qui peut d'un moment à l'autre se changer en réalité. Elle devient plus manifeste à mesure que l'ennemi approche de Paris. Toute campagne de France peut être contrebattue par une campagne de Lorraine en direction de Metz. A Fontainebleau, Napoléon, quand Blücher et Schwartzenberg sont à la porte de Clichy, songe encore à se jeter dans ses places de l'Est : il prendrait de là l'ennemi à revers et lui couperait la retraite. L'ennemi fût-il aux Tuileries, rien n'est

1. En janvier 1918, le général Guillaumat, nommé au commandement en chef de l'armée d'Orient, laisse celui de la II⁰ armée au général Hirschauer, qui commandait précédemment le XVIII⁰ corps.

désespéré tant que nous tenons la campagne sur la Meuse.

Le danger n'a pas échappé à l'État-major allemand. La grande offensive de mars devait se produire, nous le savons, dans deux directions, par un coup conjugué : en direction de l'Ouest et en direction du Sud, coupant à la fois Douglas Haig de Pétain, et coupant ensuite les armées françaises à Châlons. Au dernier moment, Ludendorff préféra masser toutes ses forces dans une seule attaque. Mais le coup qu'il n'avait pu faire le 21 mars, s'imposait plus que jamais après le succès du 27 mai sur le Chemin des Dames. Il fallait à tout prix agrandir la poche de la Marne, supprimer la menace de l'Est. Accrochés au pilier de Verdun, arc-boutés sur Paris, c'était la seconde édition de la Marne qui se dessinait. De là l'offensive du 15 juillet entre Reims et l'Argonne. On sait quel sort lui fit la manœuvre de Gouraud.

Dès lors, ce qui était prévu arriva : contre-offensive de Degoutte et de Mangin le 18 juillet ; contre-offensive de Rawlinson et de Debeney le 8 août ; nouvelle attaque de Mangin, combinée avec celle de Byng, le 20 août et la suite de la campagne triomphale de Foch. Tout cela appuyé, comme en 1914, au rocher de Verdun. Cependant le moment est venu de faire de la menace latente une menace positive. Dans le calme du front de l'Est, l'armée du général Pershing a relevé l'armée Hirschauer. Elle prend à son compte le plan de Guillaumat et réduit le 12 septembre la hernie de Saint-Mihiel. Elle prend 16.000 prisonniers et 443 canons [1].

En même temps, Douglas Haig crève la ligne Hin-

1. Lieutenant-colonel de Chambrun et capitaine de Marenches, *L'Armée américaine dans le conflit européen*, in-8°, 1919, p. 264 et suiv.

denburg. Les Britanniques sont à Cambrai. C'est au tour de l'armée des Flandres de secouer le dernier point d'attache de la ligne allemande. Il ne reste plus alors qu'à faire jouer le dernier ressort de la machine montée

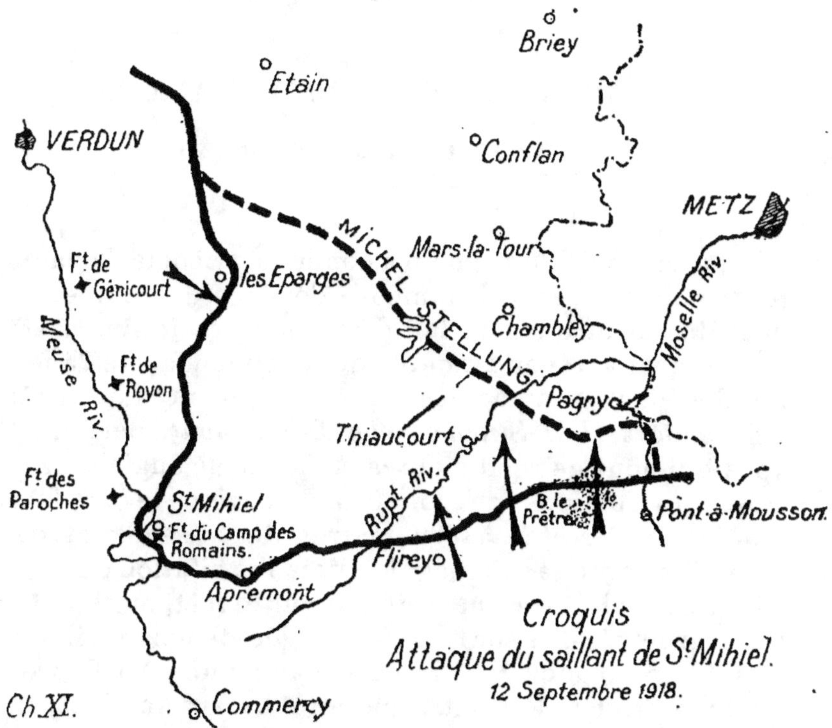

par Pétain dans l'été de 1917. De Laon, où il était entré le 20 octobre, Foch transporte Mangin à Verdun, deux ans presque jour pour jour après sa victoire de Douaumont, qui est le premier acte de cette immense contre-offensive. Il masse dans les forêts de la Woëvre vingt divisions françaises et quatre américaines. Il ne reste aux Allemands devant cette masse terrible que six divisions épuisées. Rien n'empêchait Mangin d'être à Metz dans trois jours. L'attaque devait se déclencher le 14 novembre. L'ennemi capitula le 8.

L'armistice est signé le 11.

APPENDICE A

LA PRISE DU FORT DE DOUAUMONT

D'APRÈS UN RÉCIT ALLEMAND

Longtemps l'Allemagne n'a connu la prise de Douaumont que par les termes de la fameuse dépêche de l'Empereur. Il vient de paraître sur ce fait d'armes un récit plus exact dû au lieutenant C. von Brandis, qui commandait le 25 février une des deux compagnies du 24e régiment qui entrèrent dans le fort (*Die Stürmer von Douaumont*, Berlin, 1919). Nous donnons ce récit d'après une analyse anglaise[1].

Les instructions de von Brandis, pour le 25 février, étaient de s'arrêter à 800 mètres des réseaux et de s'y retrancher avec sa compagnie. Mais l'excitation de la poursuite le grisait, et « quand il aperçut le fort, massif et sans vie, accroupi là-bas sur la crête chargée de neige », il n'y tint plus et commanda : « Direction Douaumont. » Pourquoi ? Il n'en sait rien : « Peut-être que ce fut hasard, instinct, vague intuition ; en tout cas ce ne fut pas l'effet d'une résolution calculée, d'une décision réfléchie ; et l'ordre n'était pas plus tôt donné, que je fus assailli de doutes. Je ne souhaiterais pas à mon pire ennemi les minutes qui suivirent. » Mais il n'était plus temps de balancer : les obus tombaient de tous côtés ; on était pris entre deux feux. Les hommes refusaient de marcher ; ils voulaient faire demi-tour. Il neigeait. Un loustic s'écrie : « Il y aura des lits, là-haut ! » Ce bon mot ranime les courages. La troupe pratiqua une brèche à coups de cisailles dans les fils de fer ; des patrouilles reconnurent les coffres de flanquement ; elles n'y virent per-

1. *Literary Times* du 21 août 1919.

sonne ; on se laissa glisser le long de perches dans les fossés. On remonta le mur d'escarpe sur un talus de neige, et l'on entra dans le fort sans aucune résistance. On fit prisonniers un petit lot de dix-neuf Français ; une nouvelle perquisition en ramena une cinquantaine d'autres. A ce moment, les vainqueurs furent rejoints par la compagnie Haupt, du même régiment, qui avait appuyé le mouvement. L'officier qui commandait le fort, trompé par la tempête de neige, avait pris les assaillants pour des Français qui se repliaient et n'avait fait aucun effort pour arrêter leur marche. « Voilà, ajoute von Brandis, l'inconvénient de commander un fort du fond d'une cave, et non pas d'un observatoire ! » Les vainqueurs firent l'appel : ils étaient 19 officiers (?) et 79 hommes.

Haupt, plus ancien que von Brandis, envoya ce dernier rendre compte à l'arrière, demander des munitions, des vivres, des renforts. Aux environs du fort, von Brandis, chemin faisant, ramasse trois cents « embusqués » égaillés dans les trous d'obus, et à force de leur promettre à manger, de bons lits, du feu (« *Essen, Betten, OEfen* ») envoie ces héros à Douaumont, comme premier et précieux renfort. Il pouvait être 8 ou 9 heures du soir. En se dirigeant à la boussole dans la bourrasque et les ténèbres, trébuchant parmi les blessés et dans les trous d'obus, il finit par trouver, au bout d'une heure et demie, un état-major de régiment. Il rentre, et se réveille le lendemain à midi pour apprendre que l'Empereur lui octroie, ainsi qu'au capitaine Haupt, l'ordre « Pour le mérite ». La décoration arrive quatre jours après, *par la poste*, circonstance qui inspire à notre auteur cette réflexion prudhommesque : « La guerre ne gagne pas avec l'âge. Au bon vieux temps, le chevalier était, à son retour, couronné par de jolies femmes. » Le 24ᵉ régiment fut laissé quatre semaines dans le fort, « sans air ni lumière, quatre semaines à la triste lueur d'insuffisantes bougies, sous le martelage éternel des obus qui faisaient résonner les voûtes comme un tonnerre ; il y avait tous les jours des malades de la vermine ; tout le monde grelottait la fièvre et se tordait de coliques ». Quand les vainqueurs descendirent au repos, leurs camarades les accueillirent par un feu roulant de plaisanteries : « *Herr Gott !* D'où venez-vous ? On a dû oublier de vous enterrer. » Les hommes avaient en effet la mine de revenants; ils n'avaient plus figure humaine.

On voit que ce récit pittoresque et sincère s'accorde peu avec la version officielle. L'irrésistible assaut se réduit à un coup de surprise, à l'un de ces heureux hasards du champ de bataille. L'attaque de Douaumont n'était même pas dans le programme de la journée.

APPENDICE B

L'ENGAGEMENT DES RÉSERVES ALLEMANDES
A VERDUN

L'étude suivante de l'engagement des forces allemandes à Verdun explique très clairement le rythme de la bataille. A cet égard, la bataille, du 21 février au 30 août 1916, peut se diviser en quatre phases :

1° Attaque brusquée (21 février-2 mars), exécutée avec une masse de choc tirée des réserves générales.

2° Bataille générale (2 mars-15 avril), livrée avec des unités tirées des réserves du front occidental, ou des unités ramenées du front oriental.

3° Bataille d'usure (15 avril-1er juillet), entretenue avec des divisions ramenées de Serbie et des divisions prélevées sur les secteurs calmes du front occidental.

4° À partir du 1er juillet, l'attaque sur Verdun ne reçoit plus aucune division nouvelle étrangère au front entre Argonne et Moselle. Elle est réduite à ses propres forces et cesse de progresser. C'est la période de stagnation, qui sera suivie, en automne, par la contre-offensive française.

*
* *

Au mois de février, au moment de la bataille, l'État-major allemand a réuni sur le front de Verdun une masse de quinze divisions, dont dix prennent part à l'attaque, soit tout entières, soit par quelques-uns de leurs éléments, à savoir : le VIIe corps de Réserve, les XVIIIe, IIIe et XVe corps actifs et le Ve de Réserve. Les cinq autres divisions (2e de Landwehr, VIe corps de Réserve et 22e division de Réserve, sur la rive gauche, ainsi que la 5e de Landwehr sur la rive droite) restent dans l'expectative.

En dehors de cette masse d'attaque, l'armée allemande, à cette date, ne dispose, sur le front occidental, que de huit divisions en réserve, réparties de la manière suivante :

4 divisions dans le Nord, face aux troupes britanniques, savoir : le XXVIIe corps de Réserve dans la région de Roulers, la 1re division de Réserve de la Garde et la 4e de la Garde dans la région de Cambrai.

1 division en Champagne (192e brigade).

3 divisions dans l'Est : la 113e à Metz, la 58e à Sarrebourg, la 19e de Réserve à Mulhouse.

En outre, dans la première quinzaine de février, trois divisions nouvelles (XXIIe corps de Réserve et 11e bavaroise) sont ramenées du front oriental. Trois autres le seront encore dans la suite (1re et 103e divisions, Corps Alpin), et formeront, ajoutées aux huit précédemment énumérées, une réserve totale de quatorze divisions.

Ces quatorze divisions, jointes aux quinze de la première mise, vont alimenter la bataille. Il est curieux de comparer ces chiffres de 1916 à ceux de 1918, aux quatre-vingts divisions qui forment la masse de choc de Ludendorff à la bataille du 21 mars. On ne peut nier que Ludendorff, dans une école qui étouffait de médiocrité et de mesquinerie, a au moins ramené le style.

*
* *

Nous allons voir ces divisions entrer l'une après l'autre dans la bataille de Verdun.

La 1re phase, dans les dix premiers jours (21 février-2 mars), commencée avec six divisions, finit par en absorber douze.

La deuxième (2 mars-15 avril), en consomme neuf et demie. Quatre de ces divisions proviennent des réserves de l'Est et de Champagne (113e, 58e, 192e divisions et 19e de Réserve). Une division et une brigade sont tirées de secteurs calmes : la 121e division du Bois-le-Prêtre, et une brigade d'Ersatz de la Garde venant du front de la Woëvre. Quatre autres divisions (12e bavaroise, 1re division et XXIIe corps de Réserve) viennent du front oriental. En outre, on voit reparaître pour la deuxième fois les deux divisions du XVIIIe corps, qui ont été reconstituées.

La troisième phase (15 avril-1er juillet) est celle de la bataille d'usure. L'ennemi juge désormais inutile d'attaquer sur tout le front. Il suffit, dans ce système, de tenir l'adversaire en haleine en le menaçant partout par un bombardement général et en attaquant sur des points convenablement choisis. Les Allemands vont ainsi se livrer pendant près de trois mois à une opération de martelage du front; ils procèdent par une série d'attaques locales à fronts restreints, et précédées de très violents bombardements. Seulement, vers la fin de cette période, pressés de cueillir les fruits du travail précédent, ils reviennent, le 23 juin, au système de la rupture et de l'attaque brusquée, qui les amènera jusqu'à Froideterre et à Fleury.

Au moment où cette phase s'ouvre, toutes les réserves disponibles en Champagne et dans l'Est ont, comme on vient de le voir, déjà été engagées. Dans le Nord, le XXVIIe corps de réserve a relevé au début d'avril le VIIe corps, qui devient disponible. La 1re division de réserve de la Garde et la 4e de la Garde sont toujours au repos dans la région de Cambrai.

Les Allemands, dans cette période, engagent douze divisions nouvelles et une brigade, savoir:

Le VIIe corps;

2 divisions tirées du front anglais, c'est-à-dire le Ier corps bavarois, relevé dans la région de Lens par le corps de Réserve de la Garde (Ire D. R. G. et 4e D. G.), jusqu'alors en réserve à Cambrai;

6 divisions et une brigade tirées de secteurs calmes : 50e et 4e divisions venues du front de Reims; 38e et 54e, venues du front de l'Oise; 56e division et 8e de Réserve, venues du front de Champagne; la 11e brigade bavaroise (du IIIe corps bavarois) venue de Saint-Mihiel;

2 divisions venues de Serbie (Corps Alpin et la 103e division).

En outre, 3 divisions reconstituées (IIIe corps et 22e D. R.) vont prendre part à la bataille.

A partir du 1er juillet, dans la dernière phase de l'offensive allemande, la poussée ennemie est enrayée. L'Allemagne doit faire face aux attaques de Galicie et de la Somme. Le Kronprinz ne dispose plus que de ses propres forces, celles qui tiennent le front entre Argonne et Moselle. Ces forces ne suffisent plus à alimenter le combat. La rive gauche devient un secteur passif. Sur la rive droite, le front se rétrécit de plus en plus, et se réduit à un secteur de trois kilomètres, de Froideterre à Souville. La pression diminue chaque jour. L'attaque ne fait plus que piétiner ; à la fin d'août, elle s'arrête tout à fait.

Dans cette période, on voit paraître, jusqu'au 21 août, six divisions nouvelles, toutes empruntées au front entre Argonne et Moselle. Ce sont :

La 12e brigade bavaroise, venue de l'est de Saint-Mihiel ;

Une brigade d'Ersatz de la Garde, venue du front de Woëvre ;

Quatre divisions venues de l'Argonne : les 25e et 21e de Réserve, les 33e et 34e actives ;

La 14e active, transportée de la rive gauche sur la rive droite de la Meuse.

Il faut y ajouter : 1° le 364e régiment de la 8e division d'Ersatz, qui ne paraît que quelques jours, et formera le noyau de la 14e division bavaroise ; 2° deux divisions reconstituées (les 4e et 50e actives) qui paraissent pour la deuxième fois sur le champ de bataille. Au total, huit divisions passent sur le front dans cette période.

*
* *

En résumé, on compte, du 21 février au 21 août :

Ire phase : 12 divisions (VIIe C. R. ; XVIIIe C. A. ; IIIe C. R ; Ve C. R. ; XVe C. A. ; D. E. B. ; 5e D. L.), sur la rive droite.

— 4 divisions en place sur la rive gauche (2e D. L. VIe C. R. ; 22e D. R.).

IIe phase : 9 divisions 1/2 (113 D. I. ; 58e D. I. ; 19e D. R. ; 192e D. I. ; 121e D. I. ; 1/2 D. E. G. ; 11e D. B. ; 1re D. I. ; XXIIe C. R.). En outre, le XVIIIe corps reconstitué.

IIIe phase : 12 divisions 1/2 (VIIe C. A. ; Ier C. B. ; 50e D.

I. ; 4e D. I. ; 38e D. I. ; 54e D. I. ;7e D. R. ; 1/2 6e D. B. ;
Corps Alpin, 130e D. I. ;

En outre, 3 divisions reconstituées : 22e D. R. et IIIe
C. A.

IVe phase : 5 divisions (1/2 6e D. B. ; 1/2 D. E. G. ; 25e D.
R. ; 21e D. R. ; 33e D. I. ; 34e D. I.).

1 régiment (364e) du la 14e D. B.

Plus deux divisions reconstituées (4e et 50e D. I.).

Plus, une division (la 14e) transportée de la rive gauche
sur la rive droite.

Total : 43 divisions différentes (44 en y comprenant la
14e bavaroise), ou 50 divisions en comptant celles qui
ont paru deux fois.

*
* *

2° — Tableau d'engagement
des grandes unités allemandes sur le front de Verdun
(25 février-30 juin 1916).

DATES	DIVISIONS MISES EN LIGNE		DIVISIONS RETIRÉES DU FRONT	
	RIVE GAUCHE	RIVE DROITE	RIVE GAUCHE	RIVE DROITE
25 Février		D. E. B. venue de St-Mihiel.		
2 Mars		113ᵉ D. I. venue de Metz.		
13 »		58ᵉ D. I. venue de Sarrebourg.		
14 »	11ᵉ D. B. venue de Serbie.			
15 »		121ᵉ D. I. venue du Bois-le-Prêtre.		
18 »		19ᵉ D. R. venue de Mulhouse.		
20 »		1/2 D. E. G. venue de Woëvre.		XVIIIᵉ C. A. au repos. 1/2 5ᵉ D. I. relevée en Woëvre ; 1/2 D. E. G.
22 »	192ᵉ D. I. venue de Champagne.			

DATES	DIVISIONS MISES EN LIGNE		DIVISIONS RETIRÉES DU FRONT	
	RIVE GAUCHE	RIVE DROITE	RIVE GAUCHE	RIVE DROITE
24 Mars		1re D. I. venue de Russie.		IIIe C. A. au repos à Mulhouse.
7 Avril				58e D. I. mise sur le front E. de Reims.
9 »	XXIIe C. R. venu de Serbie.			
10 »		XVIIIe C. A. (2me fois).		113e D. I. mise sur le front de l'Oise.
17 »			22e D. R.	
20 »		50e D. R. venue de Reims.		121e D. I. au repos à St-Avold.
25 »		IIIe C. A. (2me fois).		XVIIIe C. A. mis sur le front E. de Craonne.
1er Mai	4e D. I. venue de Reims.		11e D. R. au repos à Cambrai.	
10 »			12e D. R.	

DATES	DIVISIONS MISES EN LIGNE		DIVISIONS RETIRÉES DU FRONT	
	RIVE GAUCHE	RIVE DROITE	RIVE GAUCHE	RIVE DROITE
12 Mai	22ᵉ D. R. (2ᵐᵉ fois).		4ᵉ D. I. au repos à Sedan.	
14 »	38ᵉ D. I. } venues du front de l'Oise.			
16 »	54ᵉ D. I. }		11ᵉ D. B. envoyée en Russie.	
23 »		Iᵉʳ C. B. venu de Lens.		
28 »		7ᵉ D. R. venue de Champagne.		IIIᵉ C. A. (2ᵐᵉ fois) sur le front de Champagne.
29 »	56ᵉ D. I. venue de Champagne.		44ᵉ D. R. au repos à Sedan.	
5 Juin		Corps Alpin venu de Serbie.		

DATES	DIVISIONS MISES EN LIGNE		DIVISIONS RETIRÉES DU FRONT	
	RIVE GAUCHE	RIVE DROITE	RIVE GAUCHE	RIVE DROITE
10 Juin	VIIe C. A. venu de La Bassée (relevé par le XXVIIe C.R. qui était au repos à Tournai).		43e D. R. transportée en Russie; 22e D. R. (2e fois) mise au repos à St-Quentin.	
20 »		103e D. I. venue de Serbie.		7e D. R. transportée en Argonne.
23 »		11e Brigade Bavar. venue de St-Mihiel.		

3° — Pertes allemandes à Verdun jusqu'au 30 août 1916

(d'après les renseignements de l'armée britannique).

Échelle du pourcentage des pertes par division. — Les divisions marquées d'une croix (+) sont celles qui ont reparu sur la Somme.

			Pour cent
100 °/₀ de pertes et au-dessus :			
+ 5ᵉ D. I.	IIIᵉ corps	....	104
6° D. I.	—	....	100
75 °/₀ de pertes et au-dessus :			
+ 21ᵉ D. I.	XVIIIᵉ corps	....	99
1ʳᵉ D. I.	—	....	92
22ᵉ D. R.	—	....	90
+ 30ᵉ D. I.	XVᵉ corps	....	87
4ᵉ D. I.	—	....	86
2ᵉ D. B.	1ᵉʳ corps bavarois	....	80
19ᵉ D. R.	—	....	79
11ᵉ D. B.	—	....	76
50 °/₀ de pertes et au-dessus.			
Corps alpin		....	71
+ 12ᵉ D. R.	VIᵉ C. R.	....	71
39ᵉ D. I.	XVᵉ corps	....	69
+ 11ᵉ D. R.	VIᵉ C. R.	....	68
1ᵉ D. B.	Iᵉʳ corps bavarois	....	68
+ 25ᵉ D. I.	XVIIIᵉ corps	....	64
192ᵉ D. I.	—	....	58
+ 125ᵉ D. I.	—	....	56
D. E. G.	—	....	54
10ᵉ D. R.	Vᵉ C. R.	....	54
54ᵉ D. I.	—	....	52
38ᵉ D. I.	—	....	52
13ᵉ D. R.	VIIᵉ C. R.	....	51
43ᵉ D. R.	XXIIᵉ C. R.	....	50

4° — *Perles allemandes avouées par les listes officielles jusqu'au 6 décembre 1916.* (Ce calcul s'arrête au 5 novembre.)

Tués..........................	68.500
Prisonniers....................	8.500
Blessés........................	226.500
Manquants......................	23.000
Morts de maladie	2.000
	328.500

A la même date, les pertes de la Somme s'élèvent à 444.933 tués, blessés, etc.

APPENDICE C

TABLEAU

DES DIVISIONS FRANÇAISES AYANT PARU A LA IIe ARMÉE
DU 21 FÉVRIER AU 1er JUILLET 1916.

A la R. F. V. au début de l'attaque allemande :

29e D. I. du 21 février au 1er avril.
67e D. I. du 21 février au 20 mars.
51e D. I. du 21 février au 8 mars.
72e D. I.　　　　id.
37e D. I. du 21 février au 12 août.
14e D. I. du 21 février au 22 mai.
48e D. I. du 21 février au 23 mai.
3e D. I. du 21 février au 28 juin.
4e D. I. du 21 février au 1er mai.
132e D. I. du 21 février au 29 juin.
16e D. I. du 21 février au *24 février*

Postérieurement au 21 février 1916 :

38e Brigade du 21 février au 7 avril.
25e D. I. du 23 février au 28 mars.
26e D. I. du 24 février au 28 mars.
120e D. I. du 23 février au 25 mars.
39e D. I. du 25 février au 24 avril.
~~153e D. I.~~ *31e Brigade du 24 au 26 février au soir*
1e D. I. du 26 février au 11 avril.
2e D. I. du 26 février au 1er avril.

59e D. I. du 26 février au 11 avril.
68e D. I. du 27 février au 24 septembre.
27e D. I. du 27 février au 3 septembre.
28e D. I. du 27 février au
70e D. I. du 7 mars au 12 avril.
77e D. I.   id
11e D. I. du 12 mars au 21 avril.
40e D. I. du 13 mars au 11 juin.
42e D. I. du 7 mars au 30 juin.
13e D. I. du 3 mars au 6 avril.
43e D. I. du 4 mars au 15 avril.
76e D. I. du 13 mars au 29 avril.
22e D. I. du 23 mars au 27 avril.
34e D. I. du 23 mars au 29 juin.
5e D. I. du 3 avril au
6e D. I. du 1er avril au
24e D. I. du 2 avril au 28 juin.
23e D. I. du 2 avril au 29 juin.
69e D. I. du 4 avril au 5 juin.
154e D. I. du 4 avril au 25 août.
17e D. I. du 13 avril au 22 juin.
18e D. I. du 13 avril au 29 juin.
152e D. I. du 13 avril au 23 mai.
45e D. I. du 21 avril au 30 juin.
35e D. I. du 27 avril au 5 juin.
36e D. I. du 27 avril au 6 juin.
124e D. I. du 8 mai au 21 juin.
56e D. I. du 10 mai au 6 juin.
123e D. I. du 15 mai au
126e D. I. du 15 mai au
151e D. I. du 22 mai au 18 août.
63e D. I. du 22 mai au 24 juin.
38e D. I. du 25 mai au
21e D. I. du 26 mai au
19e D. I. du 28 mai au 5 septembre.
52e D. I. du 31 mai au 3 juillet.
64e D. I. du 3 juin au
65e D. I. du 3 juin au
129e D. I. du 6 juin au 9 juillet.
130e D. I. du 6 juin au 4 juillet.

12e D . I. du 11 juin au 29 juillet.
127e D . I. du 13 juin au 29 juillet.
30e D . I. du 15 juin au 23 août.
131e D . I. du 24 juin au 20 juillet.
60e D . I. du 24 juin au 18 juillet.
71e D . I. du 26 juin au
128e D . I. du 30 juin au 27 juillet.

APPENDICE D.

VERDUN ET FALKENHAYN.

Les *Mémoires* de Falkenhayn, chef d'Etat-major général prussien du 14 septembre 1914 au 28 août 1916 [1], ont apporté, depuis que ce livre est écrit, des lumières précieuses sur la conduite de la guerre pendant cette période qui comprend, sur le front occidental, la première bataille des Flandres, les batailles d'Artois et de Champagne, celles de Verdun et de la Somme.

C'est seulement aux environs de Noël 1915 que, s'il faut en croire ces *Mémoires*, le major général précisa, dans un rapport à l'Empereur, les raisons qui devaient décider à l'offensive de Verdun. Le Kronprinz ne fut instruit *verbalement* de ce qu'on attendait de lui, qu'à peu près à la même époque, entre le 20 et le 25 décembre 1915. La lettre du général Herr au général en chef (voir p. 25) est du 16 janvier 1916. L'attaque fut donc presque aussitôt connue que décidée. L'alarme jetée dès le mois d'août par le Lieutenant-Colonel Driant et les incidents inquiétants qui suivirent jusqu'en décembre paraissent donc relever d'un ordre de pressentiments que le commandement avait le droit de juger prématurés.

Dans son rapport à l'Empereur, le chef d'État-major général fait l'examen de la situation et conclut que l'enne-

---

1. Erich von Falkenhayn, général de l'infanterie, *Le commandement suprême de l'armée allemande (1914-1916) et ses décisions essentielles*, traduction et avertissement par le général de division A. Niessel, gr. 8°. Paris, Charles-Lavauzelle, édit., 1920.

mi le plus redoutable de l'Allemagne est l'Angleterre.
« L'Angleterre mène contre nous la guerre qu'elle a faite
à l'Espagne, aux Pays-Bas, à la France, à Napoléon. »
Malheureusement l'Angleterre est inaccessible dans son
île. L'atteindre en Egypte ou aux Indes n'apporterait pas
la décision. On pourrait, il est vrai, la battre sur le continent, et Falkenhayn semble avoir esquissé un moment le
plan de la bataille du 21 mars 1918, en direction d'Abbe-
ville, qui devait être plus tard la grande idée de Ludendorff. Mais ce projet exigerait au moins trente divisions,
alors que les réserves générales de l'armée n'en com-
prennent que vingt-six ; il aurait l'inconvénient de laisser
l'armée française intacte, et il faudrait alors une seconde
opération pour réduire celle-ci, tandis que l'Angleterre elle-
même, non atteinte dans son territoire ni dans ses forces
vives, pourrait continuer la lutte grâce à sa flotte et à ses
alliés continentaux.

Ainsi le vrai moyen d'abattre l'Angleterre consiste : 1°
dans la guerre sous-marine, 2° dans la défaite des principaux appuis militaires de l'Angleterre. « Pour l'Angleterre,
écrit cet Allemand, la guerre continentale, avec des
troupes britanniques, n'est au fond qu'un détail. Ses véritables troupes sont en réalité les armées française, russe
et italienne. » Ce sont donc celles-là qu'il faut battre.

Dans ces conditions, quelle est la conduite indiquée ?
Battre l'Italie, c'est faire plaisir à l'Autriche-Hongrie, mais
n'avance pas la solution. La campagne de Russie mène
dans le vide. Reste la France.

La France touche à la limite de son effort militaire.
qu'elle a donné d'ailleurs « avec un dévouement admirable ». Cette idée que la France est militairement affaiblie, et que la vie économique est irréparablement ané-
miée par la perte des houillières du Nord, est un axiome
sur lequel Falkenhayn insiste avec complaisance. « Si l'on
parvient à faire comprendre clairement à son peuple qu'il
n'a plus rien à espérer au point de vue militaire, la
« limite » sera franchie, et l'Angleterre privée de sa meilleure
épée. Inutile pour cela de tenter la trouée en masse, opération douteuse et au-dessus de nos forces. Même en
employant des effectifs limités, notre but, selon toute

vraisemblance, peut encore être atteint. Derrière le secteur français du front Ouest, il existe en effet à portée accessible des objectifs pour la conservation desquels le commandement français est moralement obligé de sacrifier son dernier homme. S'il le fait, les troupes françaises s'épuiseront par leurs pertes, car il leur sera impossible d'éviter le combat, que nos objectifs soient atteints ou qu'ils ne le soient pas. Si le commandement français trompe nos prévisions et qu'il laisse tomber l'objectif entre nos mains, l'effet moral sera énorme. La zone d'opérations étant nettement limitée l'Allemagne ne sera pas forcée d'employer des effectifs tels que tous les autres fronts se trouveraient dégarnis d'une manière inquiétante. On peut même envisager avec confiance les diversions probables et conserver l'espoir d'économiser assez de monde pour répondre aux attaques, car nous serions les maîtres d'exécuter notre offensive avec plus ou moins de lenteur ou de rapidité, de la suspendre au besoin ou de la renforcer, selon qu'il semblerait conforme à nos intentions.

« Les objectifs en question sont Belfort et Verdun.

« Tout ce qui précède s'applique à ces deux objectifs. Toutefois, c'est Verdun qui mérite la préférence. Les lignes françaises y sont à peine à une vingtaine de kilomètres des voies de communication allemandes. Verdun est toujours pour l'ennemi le point d'appui le plus puissant, le jour où il lui plairait de nous rendre intenable tout le front de France et de Belgique, même en n'y employant que des forces médiocres. Écarter cette menace est une considération d'une telle importance militaire, que le succès politique d'une offensive sur Belfort, qui nettoierait le sud de l'Alsace, n'offre en comparaison que peu de poids. »

On voit que Falkenhayn se défend de toute ambition de percée, selon le schéma de nos attaques d'Artois et de Champagne. L'expérience de ces batailles l'a convaincu que cette forme de combat doit être absolument proscrite. « Les essais de percée contre un ennemi de moral intact, bien armé et n'offrant pas une notable infériorité numérique n'ont aucune chance de succès, même en accumulant de très gros effectifs et des masses de matériel. Dans la plupart des cas, le défenseur réussira à boucher le trou. Cela lui est facile s'il se décide à un repli volontaire. On ne peut pas l'en empêcher. Les poches, fort exposées aux feux de flanc, menacent alors de devenir le tombeau de masses de troupes. Les difficultés techniques que présentent la conduite et le ravitaillement des troupes dans les poches conquises deviennent telles, qu'elles paraissent insurmontables. » On reconnaîtra que ces vues sont une critique très forte de la campagne de Ludendorff en 1918. On est seulement étonné que le major-général prussien regarde comme impossible de réunir, sur 170 divisions, plus de 25 divisions de réserve, c'est-à-dire à peine un septième de ses forces, pour la manœuvre et la bataille ; encore de ces 25 divisions, se garde-t-il d'en engager plus d'un tiers, afin de disposer du reste en cas de « diversion » possible. Cette absence de souplesse et cette mesquinerie ne pouvaient produire que des résultats étriqués. Elles devaient peser lourdement sur le succès de la bataille.

Au point de vue de l'exécution, ce calcul d'effectifs conduisait Falkenhayn à l'attaque par la seule rive droite de la Meuse. Cette rive offrait sans doute un avantage précieux, celui de la forme saillante très prononcée du front, avec le bénéfice de l'action enveloppante. Mais la progression de ce côté exposait l'attaque aux feux de flanc venus de la rive gauche. Cet inconvénient ne pouvait être écarté que par une progression égale sur cette rive, par conséquent par une nouvelle attaque. Falkenhayn raisonne longuement sur les difficultés d'une attaque frontale dans le terrain à l'ouest de la Meuse, difficultés qui interdisaient de commencer l'opération par là. Au contraire, la progression à l'est, facilitée par la forme saillante de nos lignes, faciliterait elle-même l'opération à l'ouest, en permettant d'agir de flanc par les feux de l'autre rive, surtout si les Français, inquiétés sur la rive droite, avaient dégarni la rive gauche pour renforcer la première. De là le mécanisme de cette attaque en deux temps, beaucoup trop compliquée, trop savante et trop académique pour produire un effet réel. Tout l'échafaudage de raisons apportées par Falkenhayn, tout cet excès de calcul et de circonspection ne prévalent point contre le fait que l'attaque du 21 février eût décuplé ses résultats si elle s'était produite simultanément par les deux rives. Falkenhayn répond qu'il n'avait pas pour cela les ressources nécessaires. On sera toujours fondé à lui reprocher de n'avoir pas su se les créer. L'avenir sera étonné de cette conséquence du dogme de la rigidité des fronts, et de cette timidité pleine d'arrière-pensées, qui a paralysé le commandement ennemi. Il paraîtra à peine croyable que sur deux millions d'hommes l'état-major allemand n'ait réussi à en prélever que cent cinquante mille pour une action décisive, d'où il attendait l'écroulement de l'armée française.

Il est vrai que Falkenhayn se vante de cette économie, et qu'il prétend par ce moyen avoir voulu, plutôt qu'une bataille de rupture, instituer une nouvelle forme de bataille d'usure, qu'il resterait le maître d'activer ou de ralentir à son gré et où, par la menace sur Verdun, il mettrait le commandement français en demeure de faire défiler toutes ses forces sous le feu et de les faire démolir les unes après les autres. Dans ce système le vrai objectif aurait été, dès le début, non la prise de la ville, mais la destruction de l'armée ennemie. On a vu dans le cours du volume comment le commandement français déjoua ce calcul, et comment il finit par le retourner contre son auteur. Il est toujours très difficile d'apprécier exactement les pertes de l'adversaire. Les chiffres à cet égard sont sujets à plus d'une erreur. Falkenhayn se flatte que les pertes françaises sont aux pertes allemandes dans la proportion de 2,5 à 1. Il est certain que le résultat le plus clair de la bataille fut que l'Allemagne y gaspilla son armée de métier. Dans l'été de 1916, après Verdun et la Somme, l'armée allemande, telle que Ludendorff la reçut des mains de son prédécesseur, n'était plus que l'ombre d'elle-même ; Ludendorff à force d'énergie put la reconstituer en matériel et en effectifs ; il ne retrouva jamais la qualité d'instruction et le moral de l'armée si follement sacrifiée sur les collines de la Meuse.

Le tableau de la bataille, au point de vue des faits, est tracé par Falkenhayn de la manière suivante. C'est d'abord le puissant assaut par la rive droite, du 21 février au 2 mars, jusqu'à l'intervention des réserves françaises. A ce moment la progression, arrêtée par nos contre-attaques, est gênée par les feux venus de la rive gauche, où nous avions, « avec un rapidité surprenante », accumulé des masses d'artillerie « franco-anglaise » (?). Il paraît que l'ennemi se consulta sur le point de savoir s'il fallait continuer une opération qui risquait de ne plus « payer », ou en monter une nouvelle sur un autre point du front, en se contentant des mêmes bénéfices initiaux. Mais le déplacement de l'artillerie exigeait une perte de temps que nous aurions mise à profit. On décida de poursuivre sur place.

Les opérations de la rive gauche commencèrent le 6 mars et durèrent sans interruption jusqu'à la prise de la crête de la cote 304, c'est-à-dire jusqu'au 7 mai. Sur ce terrain difficile, il était impossible de pousser l'artillerie assez loin. On se trouvait donc réduit à la progression pied à pied. Cependant les réactions françaises contre la pression allemande se faisaient de plus en plus vives. « Aux petites entreprises du défenseur succédaient fréquemment de grandes sorties avec des forces bien supérieures en nombre à celles de l'assaillant (?). C'est ainsi que les 22 et 23 mai eut lieu dans la région de Douaumont une attaque particulièrement vigoureuse qui, pendant un certain temps, mit ce fort en danger. » Il apparut que les lignes allemandes devaient être portées beaucoup plus en avant, si l'on voulait s'assurer pour longtemps la possession du fort. Il fallut se décider à frapper un grand coup pour améliorer la situation. Rien n'était d'ailleurs plus propre à fixer les réserves françaises et à les empêcher de prendre part à l'offensive imminente sur la Somme. De là la bataille du 23 juin, qui vaut aux Allemands la prise de Fleury et de Thiaumont. On décide même de continuer, pendant les semaines suivantes, les travaux préparatoires pour l'attaque de la ligne Souville-La Laufée. On s'assurerait ainsi l'avantage de positions enveloppantes dont l'occupation transformerait pour nous les ouvrages du noyau central en un véritable enfer, tout en diminuant notablement les pertes allemandes. Cette nouvelle attaque eut lieu le 11 juillet. A partir de ce moment, la bataille de la Somme interdit au commandement toute grande entreprise sur Verdun ; mais il fut recommandé au groupe d'armées du Kronprinz de conserver toujours une attitude agressive, ce qu'il fit en effet jusqu'à ce que, le 30 août, le nouveau commandant en chef, le maréchal von Hindenburg, vînt mettre le point final à l'offensive de Verdun.

ERRATA

Page 8, note 1, ligne dernière, au lieu de : Appendice A, *lire :* Appendice D.

Page 56, ligne 15, au lieu de : Crépet, *lire :* Crépy.

TABLE DES CROQUIS

TABLE DES MATIÈRES

MACON, PROTAT FRÈRES, IMPRIMEURS.